In die Tiefe des Seins

Titel der Originalausgabe:
The Unfolding Now

Herausgegeben von:
SHAMBHALA PUBLICATIONS, INC.
Boston, Massachusetts, 2008

A.H.Almaas: In die Tiefe des Seins

info@kamphausen.media
Projektkoordination:
Marianne Nentwig

Übersetzung: Susann Willmore
Lektorat: Hendrik Bönisch
Umschlaggestaltung,
Typografie/Satz: Wilfried Klei
Druck & Verarbeitung:
CPI – Clausen & Bosse, Leck

www.kamphausen.media

7. Auflage 2021

Bibliografische Information der Deutschen Nationalbibliothek

Die Deutsche Nationalbibliothek verzeichnet diese
Publikation in der Deutschen Nationalbibliografie;
detaillierte bibliografische Daten sind im Internet
über **http://dnb.de** abrufbar.

ISBN Printausgabe: 978-3-89901-274-3
ISBN E-Book: 978-3-95883-212-1

A. H. ALMAAS

In die Tiefe des Seins

Realisieren Sie
Ihre Wahre Natur
durch die Praxis
der Präsenz

Dieses Buch ist allen Schülern des Diamond Approach gewidmet.

Indem wir lernen, das Erleben, Verstehen und Akzeptieren dessen, wo wir wirklich sind, wertzuschätzen und anzuerkennen, geben wir unserem Potenzial die Möglichkeit, sich zu vertiefen, und steigen zu Höhen auf, derer die Menschheit dringend bedarf. Es hat mich immer sehr inspiriert, mitzuerleben, wie uns die Realität ihre Vollkommenheit enthüllt, wenn wir durch die ernsthafte Praxis einer authentischen Lehre eine Öffnung dafür schaffen und der Welt auf diese Weise einen kurzen Einblick in die Harmonie gewähren, die sie erlangen kann.

Vorwort des Herausgebers

Der verborgene Reichtum in unserem Leben, in unserem Herzen, in unserer Erfahrung ist *hier* – nicht *dort drüben* in irgendeinem besseren Leben, in einem anderen Haus, in einer anderen Karriere, in einer anderen Beziehung, einem anderen Land oder einer anderen spirituellen Schule. Vielleicht wussten wir das ja irgendwann einmal – und dann haben wir es wieder vergessen. Von Zeit zu Zeit werden wir durch andere an diesen Reichtum erinnert, oder wir entdecken ihn möglicherweise selbst wieder. Aber immer und immer wieder vergessen wir ihn.

Wenn wir die Verbindung mit der Fülle dessen verlieren, wer wir wirklich sind, wenn wir sie selbst weder erkennen noch wertschätzen können, wenn sie für uns unsichtbar oder nicht erreichbar ist, wird das Wissen, dass wir selbst der Ort und die Quelle dessen sind, was wir suchen, nur noch zu einer abstrakten Information, die nichts mit unserer persönlichen Situation zu tun hat. Sie kann das, wer wir sind oder wie wir leben, nicht berühren, wenn wir diesen Reichtum nicht in unserer unmittelbaren Erfahrung wiederfinden, wenn wir ihn nicht spüren, schmecken oder direkt erleben können. Tatsächlich passiert uns oft, dass das meiste in unserem Leben dagegen arbeitet, wenn es darum geht, dieses Wissen in die Währung unseres persönlichen inneren Reichtums umzuwandeln.

Unsere Überzeugungen in Bezug auf das, was uns überleben lässt, was uns dabei helfen kann, unsere Probleme zu lösen, was uns glücklich macht, oder selbst in Bezug auf das, was uns unseren Wunsch erfüllen wird, etwas in der Welt zu bewirken, – all das scheint uns von *hier* wegzuführen. Wir gehen immer irgendwohin, entweder innerlich oder äußerlich – in ein Geschäft zum Einkaufen, ins Kino, an den Strand, ins Büro, ins Restaurant, vor den Fernseher, ins Internet oder vertiefen uns in eine Zeitung. Wir sind auf dem Weg zu dem neuesten spirituellen Lehrer, der in unsere Stadt kommt, zu unseren Partnern, unseren Kindern, unseren Freunden, unseren Eltern, unseren Sorgen, unseren Belangen, unseren Ängsten, unseren Hoffnungen. Und so weiter und so weiter. Wir sind in Bewegung, sind hinter etwas her, suchen etwas, sind unruhig, nie zufrieden, nie im Einklang mit uns selbst.

Das scheint das zentrale Dilemma des menschlichen Lebens zu sein – dass es leichter ist, sich danach zu sehnen, was *dort drüben* ist, anstatt das wertzuschätzen, was *genau hier* ist. Tatsächlich scheint das, was hier ist, so wesentlich schlechter, geringfügiger oder unzureichend zu sein verglichen mit dem, was dort drüben ist, dass es kaum die Mühe wert zu sein scheint, hier nachzuschauen. Warum gehen wir nicht gleich nach drüben?

Ja, warum eigentlich? Alle spirituellen Pfade, Traditionen und Schulen haben versucht, uns diese Frage seit Tausenden von Jahren zu beantworten. Jede Lehre vermittelt auf ihre eigene Art und Weise, dass Ihr Geist oder Ihre Seele – Ihr ursprüngliches, unkonditioniertes Bewusstsein – allein in Ihnen existiert. Deshalb kann das Weggehen Ihnen auch nie den Zugang zu Ihrer essenziellen Natur verschaffen, zu dem, der Sie in Wirklichkeit sind. Und die Essenz, die *Sie* sind, sollte eigentlich etwas ganz Großartiges sein: Ihre wahre spirituelle Natur ist mutmaßlich voller Liebe, Frieden, Stärke, Schönheit, Mitgefühl, Weisheit und Intelligenz.

Aber selbst wenn Sie sich vorstellen, dass Sie diese spirituelle Natur besitzen, erscheint sofort der Glaubenssatz, dass Sie diese Qualitäten nur woanders finden können. Denn schließlich empfindet man sich nicht so, richtig? Sie sind noch nicht da ... jedenfalls jetzt noch nicht. Spirituelle Pfade und Techniken werden deshalb zu Wegen, um *dorthin* zu gelangen – an den Platz, wo Sie sich real fühlen, wo Sie all diese wundervollen Eigenschaften haben werden. Und aus diesem Grund meditieren Sie: Sie versuchen, Ihren Geist zu entleeren oder ruhiger zu werden, Sie konzentrieren sich auf ein Bild oder lassen alle Anhaftungen los. Vielleicht beten Sie ja auch oder gehen auf Visionssuche. Aber all diese Techniken, Ihr tieferes Selbst zu finden, implizieren ja nur ganz subtil, dass da, wo Sie jetzt in sich sind, nicht da ist, wo Sie sein sollten.

Sie suchen irgendein Ideal des spirituellen Selbst und benutzen diese Methoden, um es zu erreichen. Mit dem Ergebnis, dass die spirituelle Suche dasselbe Dilemma auslösen kann, welches durch alle anderen Aspekte Ihres Lebens gespiegelt wird. Da Sie nichts Essenzielles oder Profundes in Ihrer jetzigen Erfahrung entdecken können, müssen Sie sich von hier wegbewegen, um das zu finden, wonach Sie suchen – selbst wenn es sich um Ihre eigene Wahre Natur handelt.

Was würden Sie sagen, wenn Sie eine spirituelle Methode finden würden, die sich einzig und allein darauf fokussiert, hier im Jetzt zu sein? Wenn diese Methode in keiner Weise von Ihnen verlangen würde, dass Sie sich verändern müssen, um sich zu finden? Wenn Sie sich gar nicht weit von sich selbst wegbewegen müssten, um tiefer zu gehen? Wenn Sie damit aufhören könnten, sich mit etwas oder jemandem zu vergleichen, von dem Sie glauben, dass es oder er besser, authentischer oder spiritueller ist? Wenn die Transformation ein ganz natürlicher und spontaner Prozess wäre, der erst dann geschieht, wenn Sie aufhören, sich unbedingt verändern zu wollen?

In die Tiefe des Seins ist eine Einführung in und eine Einladung zu einem solchen Weg. A. H. Almaas, der Begründer des Diamond Approach, einer Methode zur Selbstverwirklichung, erläutert in diesem Buch schrittweise, was es bedeutet, „dort zu sein, wo Sie sind".

Obwohl der Umstand, dort zu sein, wo Sie sind, gleichbedeutend damit zu sein scheint, mit der Suche aufzuhören, das Selbst zu durchschauen oder zur Einheit der Wirklichkeit zu erwachen, unterscheidet sich der Diamond Approach deutlich vom Advaita-Pfad der spirituellen Erkenntnis. Diese Methoden laden uns ein, die falschen Identitäten des Selbst direkt zu durchschauen, um die Einheit der Wirklichkeit zu erkennen und sein zu können. Aber im Diamond Approach geht es nicht darum, sofort zu erwachen oder einen radikalen Durchbruch zu erleben, sondern um eine schrittweise, behutsame Entfaltung der Erkenntnis unserer Wahren Natur. Diese subtile Erkenntnis führt nicht zu einem einzigen Zustand, sondern schließt Myriaden von Möglichkeiten ein – einschließlich des Zustands der Einheit.

Auf eine Weise ist es die einfachste mögliche Erfahrung, in diesem Moment genau so zu sein, wie Sie sind, ohne irgendeine innere Bewegung weg von sich selbst, ohne ein Urteil oder eine Reaktion, ohne irgendeine Erklärung oder Rechtfertigung, ohne irgendeine Sehnsucht oder ein Suchen nach etwas. Und trotzdem enthüllt uns Almaas auf diesem Weg, wie mannigfaltig diese Einfachheit des Seins in Wahrheit ist. Normalerweise verstehen wir nicht, warum die simple Tatsache des Seins so einfach ist und warum sie uns so sehr herausfordert, was die vertraute Wahrnehmung unseres Selbst betrifft. Ganz besonders konfrontiert sie uns mit unserer Überzeugung, dass wir nur durch unseren eigenen Einsatz realer und mehr diejenigen sein können, die wir wirklich sind. Aber genau diese Überzeugungen veranlassen uns ja dazu, uns andauernd von uns fortzubewegen. Und genau aus diesem Grund glauben wir auch, dass unsere spirituelle Entwicklung gleichbedeutend ist mit großer Anstrengung und einer großen Leistung.

Dieses Buch bietet uns eine willkommene Alternative zu diesem Kampf an: ein Weg, wie Sie sich selbst dafür ehren können, wo Sie sind und wer Sie sind, ohne Urteil und ohne Vergleich mit irgendeiner Norm.

Dort zu sein, wo Sie sind, ist nicht gleichbedeutend mit einer besonderen spirituellen Haltung wie zum Beispiel Klarheit oder Gelassenheit oder einer offenherzigen Haltung von Mitgefühl und Liebe. Dort zu sein, wo Sie sind, bedeutet genau das: dort zu sein, wo Sie sind. Genau dort, wo Sie sind – mit all Ihren menschlichen Fehlern und Schwächen. Aber es bedeutet eben auch, sich dessen bewusst zu werden, wo das ist – bewusst auf eine Art und Weise, die offen, respektvoll, neugierig und einladend ist.

Zu diesem Prozess – sich dafür zu öffnen, wo Sie sind – lädt Almaas Sie ein. Mit großem Mitgefühl und großer Direktheit ermutigt er Sie dazu, diesen Pfad zu beschreiten. Er enthüllt uns viele der speziellen Hindernisse für das zulassende Gewahrsein und die natürliche Wertschätzung dessen, wo wir sind – wo immer das auch sein mag. Und während wir die Hindernisse nach und nach erkennen, zeigt er uns, dass wir damit auch die darin verborgene Unwissenheit erkennen können. Diese Unwissenheit – das, was uns einfach nicht bewusst ist – hat viele unserer Überzeugungen bezüglich uns selbst und die Realität entstehen lassen, die wir dann beibehalten haben. Wenn diese Unwissenheit dem Verständnis weicht, werden viele der Hindernisse weniger stabil und unbeweglich. Unser Wissen von dem, wer wir sind, wächst.

Auf diese Weise erweckt die Lehre in uns ganz behutsam die Kostbarkeit dessen, was es bedeutet, uns selbst in Frieden zu lassen und all unsere permanenten, subtilen inneren Aktivitäten zu stoppen, mit denen wir uns in unser eigenes Leben einmischen. Wir können geradezu schmecken, wie tief entspannt und ruhig wir uns fühlen, wenn wir nicht versuchen, unsere Erfahrung in irgendeiner Form zu lenken oder zu manipulieren. Und wir können auch unseren Widerstand gegen diese Erfahrung spüren, der auf der tiefen Angst beruht, passiv, abhängig oder machtlos gegenüber unserem Leben zu bleiben.

Unsere Entspannung in genau das, wer und wo wir sind, erlaubt uns, damit aufzuhören, stets zu verteidigen und zu verstecken, wer wir wirklich sind. In dieser Ruhe können wir ganz einfach sein – mit Bewusstsein, Wachheit und Lebendigkeit einfach nur sein. Das ist etwas ganz anderes als die Passivität, die uns solche Angst eingeflößt hat. Indem wir einfach nur sind, entdecken wir die implizierte Natur des Seins, *unseres* Seins. Wir entdecken, dass dieses Sein dynamisch und intelligent ist. Es wird der Träger der Veränderung – es transformiert unser Bewusstsein, indem es immer tiefere Wahrheiten enthüllt. Während dieses Prozesses fangen wir an, den Geschmack und die Qualitäten unserer Wahren Natur, unserer Essenz, zu erkennen.

Dies ist die zeitlose Weisheit: Derjenige, der wir wirklich sind, ist immer genau hier, er versteckt sich in unserer Erfahrung und wartet darauf, sich zu offenbaren. Diese Enthüllung liegt in unserer Reichweite und wird geschehen, wenn wir willens sind, uns dem zu öffnen, was es wirklich bedeutet, dort zu sein, wo wir sind. Wenn wir uns selbst das Geschenk machen, nirgendwohin zu gehen, nicht zu versuchen, irgendetwas zu tun und woanders danach zu suchen, haben wir die außerordentlich reale Möglichkeit, die Essenz dessen kennen zu lernen, der wir sind. Dieses Kernprinzip liegt der Praxis des Untersuchens zugrunde, der wichtigsten Methode des Diamond Approach. Die Lehren, die in diesem Buch vorgestellt werden, erläutern dieses Prinzip und seine tiefgreifende Bedeutung für ein befriedigendes menschliches Leben.

In die Tiefe des Seins beruht auf der Niederschrift eines Sommerretreats, das Almaas für die Mitglieder seiner spirituellen Schule gehalten hat. Dabei wurde das ursprüngliche Format ein wenig geändert, damit sich der Inhalt in gedruckter Form klarer vermitteln lässt. Gleichzeitig wurde die empirische Komponente der Untersuchung des Materials, mit dem die Schüler sich befasst haben, beibehalten.

Diese Komponente erscheint in Form von Übungen am Ende jedes Kapitels. Die Reflexionen und Fragen leiten den Leser dazu an, sich dem Thema direkter und persönlicher nähern zu können. Wir schlagen vor, dass Sie sich den Übungen mit so viel Neugier, Offenheit und Bereitwilligkeit widmen, wie Ihnen möglich ist.

Jetzt möchte ich mich gern mit einer alten Sufi-Geschichte von Ihnen verabschieden. Sie beleuchtet das grundsätzliche Missverständnis, welches das Bedürfnis nach der inneren Reise schafft, die Almaas in diesem Buch beschreibt.

> Jemand sah, wie Nasrudin nach etwas auf dem Boden suchte.
> „Was hast du verloren, Mulla?" fragte er.
> „Meinen Schlüssel", antwortete der Mulla. Also knieten beide nieder und suchten danach. Nach einer Weile sagte der andere Mann: „Wo hast du ihn denn genau verloren?"
> „In meinem Haus."
> „Warum suchst du dann hier danach?"
> „Hier ist es heller als in meinem Haus."
>
> Idries Shah, „Die Geschichten des unvergleichlichen Mullah Nasrudin"

In die Tiefe des Seins lädt uns dazu ein, Licht in unser eigenes Haus hineinzulassen, damit wir das finden können, wozu wir in uns selbst den Kontakt verloren haben.

Byron Brown

Anmerkungen für den Leser

In die Tiefe des Seins ist eine Einführung in einen spirituellen Weg, der darauf basiert, wie Sie auf eine ebenso vertrauliche wie neugierige Art und Weise mit Ihrer unmittelbaren Erfahrung verweilen können. Es geht nicht darum, diese Erfahrung in irgendeiner Form verändern zu wollen, genauso wenig hat es damit zu tun, sich von ihr zu distanzieren. Die spirituelle Praxis, die es Ihnen ermöglicht und Sie dabei unterstützt, mit Ihrer Erfahrung zu verweilen, nennen wir die Untersuchung. Die Untersuchung beruht auf dem offenen, neugierigen Bedürfnis, die Wahrheit Ihrer Erfahrung genau so zu erleben, wie sie ist. Diese Wahrheit ist in jedem Moment vorhanden, deshalb wird ein ernsthaftes Interesse an ihrer Entdeckung sie dazu einladen, sich Ihnen zu enthüllen.

Die Art, wie Almaas diese Lehre präsentiert, ist an sich schon eine Einladung zur Untersuchung. Deshalb sollten Sie sich gestatten, jederzeit eine Pause einzulegen und mit Hilfe Ihrer persönlichen Erfahrung das zu erleben, was er beschreibt. Um Ihnen dabei zu helfen, sich auf Ihre Erkundigungen zu konzentrieren, beinhaltet der Text spezielle Vorschläge für Ihre Untersuchung. Am Ende eines jeden Kapitels wird eine Übung zur Erforschung des Themas genauer erläutert, um Sie bei Ihren Untersuchungen anzuleiten und Ihre Entwicklungsmöglichkeiten für die Praxis zu fördern. Diese Übungen sollten Sie entweder allein durch Aufschreiben oder verbal mit anderen Schülern durchführen.

Wenn Sie die erste Methode wählen – also Ihre Antworten in einem Tagebuch niederschreiben –, sollten Sie sich für jede Übung etwa 15 bis 30 Minuten Zeit nehmen. Auf diese Weise können Sie die Fragen in sich einsinken und die Antworten in Ihnen aufsteigen lassen, die aus tieferen Bereichen Ihres Bewusstseins stammen, anstatt sich mit dem zu begnügen, was spontan erscheint. Zerbrechen Sie sich nicht den Kopf über Ihren Schreibstil, Ihre Grammatik oder die Orthografie – wichtig ist dabei nur, dass Sie all Ihren Gedanken, Gefühlen und Erkenntnissen erlauben, zu fließen und sich zu artikulieren. Das wird Raum für Einsichten und Erkenntnisse schaffen und Ihrer Erfahrung ermöglichen, sich immer mehr zu entfalten.

Wenn Sie sich dafür entscheiden sollten, die Übungen mit jemand anderem durchzuführen, wird im Allgemeinen angeraten, sich für die Untersuchung eine Stunde Zeit zu nehmen, aber es kann natürlich auch weniger sein. Sie können auch die einfache Form wählen, dass sich jede Person 15 bis 20 Minuten Zeit für die Übungen nimmt. Während einer das Thema untersucht, ist der andere ein stiller Zeuge. Die Praxis besteht hier darin, bei der Erfahrung des anderen anwesend zu sein und der Untersuchung auf eine offene, interessierte Art zuzuhören. Der besondere Vorteil bei der gemeinsamen Untersuchung ist folgender: Ihr eigener Prozess wird dadurch vertieft, dass Sie Zeuge bei der Untersuchung eines anderen sind. Außerdem ist es ratsam, sich Zeit dafür zu nehmen, gemeinsam über den Untersuchungsprozess zu sprechen und sich gegenseitig zu erläutern, was Sie herausgefunden haben.

Falls Sie sich über dieses Buch hinaus besonders für diese Untersuchungspraxis interessieren sollten, lesen Sie *Spacecruiser Inquiry: True Guidance for the Inner Journey* von A. H. Almaas aus dem Jahr 2002.

Die Untersuchung ist eine spirituelle Praxis und genau wie jede andere entwickelt sie sich erst mit der Zeit. Wenn Sie dieses Buch wieder und wieder lesen, während Sie der schrittweisen Entfaltung Ihres Innenlebens beiwohnen, kann dies die Tiefe und Feinheit Ihrer inneren Reise unterstützen und bereichern. Wenn Sie Ihren eigenen Rhythmus und das richtige Tempo für Ihre Öffnung finden, erlaubt dies der Untersuchung, die verborgenen Reichtümer Ihres Seins zu offenbaren.

1.
Das Reale lieben

Ohne Herz sind wir nicht wirklich menschlich. Und die Möglichkeit, ein authentisches und tief befriedigendes menschliches Leben zu führen, bleibt nur ein Wunschtraum, wenn unsere Liebe nicht auf das ausgerichtet ist, was das Herz wirklich erfüllt. Um wahre Erfüllung zu finden, wenden sich viele von uns an einem bestimmten Punkt in ihrem Leben der spirituellen Suche zu. Aber was ist dran an der Spiritualität, das uns diese Erfüllung schenkt? Woher kommt diese tiefe Zufriedenheit?

Um diese Frage zu beantworten, müssen wir zunächst herausfinden, warum wir überhaupt auf die spirituelle Suche gehen. Wonach suchen wir, wenn wir diese Reise beginnen? Wollen wir neue, bemerkenswerte Bewusstseinszustände erleben? Wollen wir in außergewöhnliche Bereiche jenseits der Alltagswelt vordringen? Wollen wir von den Schwierigkeiten und Beschränkungen der Welt befreit werden? Oder wollen wir Sinn und Bedeutung unseres Lebens hier auf Erden bereichern und vertiefen? Wenn unser Ziel darin besteht, sich der spirituellen Arbeit zu widmen, damit sie Einfluss auf unser Leben nehmen und es transformieren kann, müssen wir uns zunächst anschauen, was wir tatsächlich damit machen. Was haben wir vor? Was wollen wir wirklich?

Wir leben in einer großen, lauten Welt voller Ablenkungen. Und wenn wir tief in unser Herz hineinschauen, entdecken die meisten von uns, dass eins der wichtigsten Dinge, die wir uns wünschen, etwas recht Einfaches ist: Wir wollen Frieden. Wir wünschen uns Ruhe, Entspannung und Stille. Wir wollen aufhören, dauernd aktiv zu sein. Wir wollen Abstand von all dem Kampf, diesen Konflikten, den Wünschen, der Angst und dem Hass. Wir fühlen uns zu Menschen hingezogen, die mit sich im Einklang sind, zu Situationen, in denen wir Ruhe und Frieden erleben können. Einfachheit ohne Stress. Mit uns selbst im Reinen sein. In einem sehr tiefen Sinn führt diese Sehnsucht uns zu größerer Erfüllung als unser Verlangen nach Vergnügen, Glück und Freiheit. Denn ohne die Leichtigkeit des einfachen Seins wird uns keins der anderen Dinge, denen wir nachjagen, wirklich befriedigen können.

Die meisten von uns suchen nach der Ruhe, indem sie ihre physische Umgebung verändern. Wir suchen außerhalb von uns nach Frieden und Entspannung. Aber vieles von dieser permanenten Aktivität spielt sich tatsächlich in unserem Kopf ab. Selbst wenn wir die Autobahnen, die Supermärkte, den Fernseher und das Telefon hinter uns lassen und uns hinsetzen und meditieren – selbst in der Stille unseres eigenen Zimmers –, heißt das noch lange nicht, dass wir dadurch dem inneren Lärm entgehen können. Und warum ist da so viel Lärm, so viel Aktivität? Die Antwort präsentiert sich uns natürlich in Gestalt von noch mehr Lärm – noch mehr Aktivität in unserem Geist. Wenn man zu erklären, zu analysieren, damit zu arbeiten oder darüber zu diskutieren versucht, warum unser Verstand so beschäftigt ist, nimmt die innere Geschäftigkeit nur noch mehr zu. Vielleicht haben Sie das ja selbst schon bemerkt.

Unser Verstand ist also für gewöhnlich laut und ständig beschäftigt, genau wie die Welt, in der wir leben. Wir hören dauernd so viel Lärm, dass wir nach einer Weile gar nicht mehr wissen, was wir hier überhaupt machen. Es existiert nicht genügend stiller Raum, damit wir uns in einer einfachen, direkten Art spüren können, wir haben nicht genug Raum, um einfach nur wir selbst zu sein. All der andere Kram wetteifert dauernd um unsere Aufmerksamkeit. Und wenn wir Raum schaffen, um uns zu spüren, finden wir in unserem Inneren vor allem Geschäftigkeit vor – deshalb erscheint uns die Möglichkeit des Friedens auch wie ein bloßes Hirngespinst. So ist unsere Welt, so ist das Leben, und so ist auch unser Verstand. Die meiste Zeit über stellen wir das gar nicht in Frage; wir glauben, dass es einfach so ist. Die Welt ist nun einmal voller Lärm und wir müssen lernen, damit zu leben.

Kein Wunder, dass manche Menschen erst dann ruhig werden, wenn sie kurz davor sind, diese Welt zu verlassen. Wenn der Prozess des Sterbens sich langsam vollzieht, herrscht für gewöhnlich im Inneren erst dann Stille, wenn sie gehen. Vielleicht haben Sie das ja schon einmal bei jemandem beobachtet, den Sie kennen. Oft braucht es etwas ganz Radikales, damit wir uns endlich beruhigen können, so etwas wie den Tod. In diesem Buch wollen wir lernen, wie der Tod uns noch während unseres Lebens ruhig werden lassen kann, wie wir inmitten des Lärms Stille erfahren können, bevor wir das Ende des Lebens erreichen.

So viel passiert in der Welt und in unserem Verstand, dass es mich an das Kino von heute erinnert. Eigentlich geht man dort hin, um sich zu entspannen und einen Film zu genießen, doch immer öfter wird man von ohrenbetäubendem Krach überfallen. Man empfindet auch gar nichts mehr bei dem, was man sieht, denn die ganze Zeit herrscht ein höllischer Lärm, dauernd explodiert etwas, alles schreit und ruft, es geht nur noch um laute Action und nervenzerreißende Spannung. Genau so, als würde man ein Kriegsgebiet betreten. Alles ist auf maximale Lautstärke hochgedreht.

In unserem Verstand zu leben, ist aber tatsächlich genau dasselbe. Ist Ihnen schon einmal aufgefallen, wie ausgelastet Ihr Geist ist, während Sie nur diese Worte lesen? Der Verstand ist immer mit Reaktionen beschäftigt, mit Urteilen, Fragen, Assoziationen, Wünschen und Haltungen. Und wir sind inzwischen wie Teenager, die all diesen Lärm gewohnt sind. Wir glauben, dass er die Wirklichkeit abbildet, und erkennen gar nicht mehr das, was wirklich real ist. Wir spüren uns nicht mehr auf diese vertraute, einfache, entspannte Art, die wir zwar sehr mögen, von der wir aber möglicherweise vergessen haben, dass sie überhaupt existiert – das Gefühl, das wir gern hätten, wenn wir ins Kino gehen, um uns zu entspannen und um etwas Interessantes zu sehen.

Statt in unsere modernen Multiplexkinos mit ihren Blockbustern aus Hollywood würden viele von uns am liebsten in ein altmodisches Kino gehen, wo der Ton ein bisschen gedämpfter und ruhiger ist und wo die Geschichte sich langsam entwickelt, sodass wir tatsächlich unseren Gefühlen folgen können. Und dasselbe würden wir auch gern selbst erleben. Wir würden gern mit uns selbst auf eine solche Weise zusammen sein, sodass wir sehen können, wo wir sind, dass wir erkennen können, was passiert, und dass wir wissen, wie wir darüber empfinden. Das würde uns dabei helfen, uns realer zu fühlen.

Was wir vermissen, wenn wir diese einfache Ruhe nicht fühlen, ist ein Bewusstsein von uns selbst in der ganzen Fülle unserer unmittelbaren Erfahrung. Stattdessen hören wir Echos, ständigen Widerhall und erleben eine permanente Reflexion. All unsere Ideale, unsere Ideen, unsere Projekte, unsere Sorgen und Ängste werden zu Lärm, der unsere direkte Erfahrung und das subtile Gefühl für denjenigen, der wir sind, überwältigt. Die Kostbarkeit des reinen Hierseins im Moment wird vergessen, geht in dem Gedränge verloren, versinkt im Lärm.

Der Sinn der spirituellen Reise besteht nicht darin, Erfahrungen zu machen, interessante Erkenntnisse oder ungewöhnliche Wahrnehmungen zu erleben, obwohl sie als Teil der Erfahrung durchaus auftauchen können. Ich will nicht behaupten, dass sie keinen Platz und keinen Wert haben, aber sie sind nicht das, worum es bei der inneren Reise geht. Es geht bei der inneren Praxis vor allem darum, sich hinzusetzen und ruhig zu werden. Es geht darum, sich in die Einfachheit zurücksinken zu lassen, einfach nur wir selbst zu sein und unser Wirklichsein zu spüren – sich in der Realität aufzuhalten und nicht in den Echos der Realität.

Die Natur des Wirklichseins

Die Wirklichkeit ist nicht das, was unser Geist normalerweise widerspiegelt. Sie ist so viel reiner und einfacher und – im Vergleich zur lärmenden Welt unserer gewöhnlichen inneren Erfahrung – so viel geordneter und entspannter. Es liegt eine wunderbare Vertrautheit darin, uns als wir selbst zu fühlen, wir selbst zu sein. Wenn wir uns so ruhig in unserer Mitte befinden, fühlen wir uns einfach real. Wir erkennen das Wirklichsein unseres Seins, das Wirklichsein unseres Gewahrseins.

Wirklichsein vollzieht sich, wenn der Lärm zum Schweigen gekommen ist, wenn sich die Schwierigkeiten aufgelöst haben und wir uns so wahrnehmen, wie wir in unserem natürlichen Zustand sind. Nicht wie die Überlegung, nicht wie das Bild, nicht wie das Echo, nicht wie die Erinnerung, nicht wie der Gedanke, nicht wie die Reaktion, sondern wie die Sache selbst. Normalerweise gehen wir immer davon aus, dass die Wirklichkeit voller Geräusche und Lärm ist, und wir glauben das meiste von dem, was wir hören. Wir konzentrieren uns darauf, was der Lärm uns sagt, oder sind vielleicht damit beschäftigt, darauf zu antworten – wir verteidigen oder rechtfertigen uns, reagieren, erklären, beurteilen, denken nach, planen und erinnern uns. Aber diese Aktivitäten sind nur Reflexionen auf das, was wirklich ist.

Wirklich zu sein, bedeutet, das zu sein, was wir sind, was wir wirklich sind, und das erfahren wir im Moment. Wirklich zu sein, verlangt nicht, dass wir irgendetwas Besonderes erleben. Es geht mehr um die *Art*, wie wir sind, als um das, *was* wir sind. Es ist wie der Unterschied zwischen der Wahrnehmung von tausend lauten Geräuschen und einer einzigen Note, einfach und sanft, die uns dem näherbringt, wer und was wir sind. Näher zu unserem Herzen. In diesem Moment fühlen wir, dass unser Herz lebendig und voller Zärtlichkeit ist. Unser Herz versprüht seine Zärtlichkeit, wenn wir uns selbst spüren. Wir erkennen uns in dieser Zärtlichkeit wieder, in der Nähe dessen, was wirklich ist.

Wenn wir Jahre des Lärms und des Dramas durchlebt haben, der Manipulation und des Kampfes, wenn wir hin- und her gezerrt wurden, dann können wir vielleicht nach jahrelanger spiritueller Praxis oder Arbeit erkennen, dass wir einfach nur wirklich zu sein brauchen. Wir wollen das sein, was in uns real ist, wir wollen uns daran erinnern oder erkennen, was es bedeutet, ein menschliches Wesen zu sein – ein bewusstes, erwachtes Wesen – und dieses Sein dann bewusst erleben. Mit anderen Worten hat das, was wir sind, etwas mit der Realität zu tun, mit dem Wirklichsein – nicht damit, an irgendeinen besonderen Platz zu gelangen, sondern nur so zu sein, wie wir sind. Wir wollen lernen, wie wir auf die realste Art und Weise hier sein können: Wie kann ich vollständig hier und absolut ich selbst sein, oder zumindest so vollkommen wie möglich? Wie können meine Atome, die zerstreut sind und auf eine wahnsinnige Art und Weise oszillieren und vibrieren, langsamer werden, sich sammeln und sich als das etablieren, was ich bin?

Die Sehnsucht nach dem Wirklichsein

Im Verlauf des Buchs werden Sie sehen, dass wir lernen können, real zu sein, uns mit unserer Wirklichkeit zu verbinden und ihrer bewusst zu werden. Dabei werden Sie merken, dass etwas daran uns sehr anzieht. Wir fühlen uns angezogen von dem Zustand, wirklich zu sein. Wir mögen es, real zu sein. Der Grund dafür ist, dass wir den Unterschied zwischen dem kennen, was es bedeutet, wirklich zu sein, und dem, was den größten Teil unserer normalen Erfahrung ausmacht. Das meiste davon ist nicht das, was real ist, es sind nur Reflexionen und Verzerrungen davon.

Viele Menschen verlieren sich in spirituellen Erfahrungen und Beobachtungen und allen möglichen interessanten, subtilen Eindrücken, von denen manche bestimmt aufregend und erhebend sein können. Aber es gibt nichts Besseres als die Einfachheit, man selbst sein zu können – in sich selbst zentriert zu sein, zu erkennen, wer man ist, und das Gefühl der Vertrautheit und der Wirklichkeit darin zu verspüren. Die ganze innere Reise, die gesamte spirituelle Praxis, hat im Grunde nur ein einziges Ziel: wirklich diejenigen zu sein, die wir sind. Wenn Sie innere Praxis betreiben wollen, um bestimmte Kräfte zu entwickeln, um in andere Dimensionen zu gelangen oder besondere Erfahrungen zu machen, werden Sie dennoch nicht erfahren, was spirituelle Arbeit wirklich bedeutet. Und das hängt damit zusammen, dass Sie noch nicht erkennen, was Wirklichkeit bedeutet oder was es tatsächlich heißt, real zu sein.

Andererseits schätzen Sie es bereits, real zu sein, wenn Sie aus tiefstem Herzen innere Arbeit um ihrer selbst willen machen wollen. Real zu sein, heißt, genau so zu sein, wie Sie sind, wenn Sie ganz bei sich und ruhig sind. „Ich weiß, das bin ich, ich weiß, wie sich das anfühlt, und ich fühle mich wohl dabei. Damit habe ich kein Problem. Und wenn ich mit jemandem in Beziehung trete, ist es meine Wirklichkeit, die damit in Beziehung tritt." Normalerweise machen sich Menschen nicht die Mühe der inneren Arbeit, wenn sie nicht real werden wollen, wenn sie nicht spüren, dass wirklich zu sein etwas Gutes ist, etwas, das sie wollen und wertschätzen. Es liegt etwas Kostbares darin, in einer Begegnung real zu sein, etwas, das man nicht analysieren kann. Real zu sein, hat nichts damit zu tun, etwas zu bekommen oder zu geben, gesehen zu werden oder dem anderen das Gefühl zu geben, dass er gesehen wird – nichts davon. Es geht nur um mich als den, der ich bin und der tatsächlich der ist, der etwas tut oder sagt.

Aber es würde Ziel und Sinn verfehlen, wenn man real werden wollte, um sich dann zufrieden, glücklich oder kompetent zu fühlen. Nein, wir wollen wirklich sein, weil wir es tatsächlich lieben, wirklich zu sein. Wir lieben die Realität und wir lieben es, sie zu spüren, sie zu sehen und uns so oft wie möglich darin aufzuhalten. Nur wenn wir ruhiger werden und in den einfachen, kostbaren Augenblicken des Lebens verweilen können, erkennen wir, dass wir diese Qualität der Wirklichkeit um ihrer selbst willen lieben und nicht für das, was sie uns bringt.

Wir lieben sie nicht, weil wir uns durch sie gut fühlen, weil sie gut für uns ist, weil wir dadurch irgendetwas bekommen oder weil sie irgendeine Art von Erleuchtung oder Fortschritt bedeutet. Wir lieben sie, weil wir wissen, dass wir zu Hause sind, wenn wir wirklich sind – egal, wie sich das anfühlen oder wie es schmecken mag. Manchmal kann real zu sein auch bedeuten, Schmerz zuzulassen oder eine schmerzvolle Wahrheit zu akzeptieren. Trotzdem richtet sich etwas in uns nach dem Grund einer inneren Authentizität aus, wenn wir wirklich sind. Wir lieben diesen Zustand aufgrund seiner inhärenten Richtigkeit in unserer Seele, dem Gefühl von „Aha, hier bin ich, und es gibt nichts anderes zu tun, als zu sein".

Die Liebe zum Wirklichsein

Wirklich sein zu wollen, zeigt an, dass man ein bestimmtes Maß an Selbstliebe besitzt, eine bestimmte Art von Liebe dessen, was wir sind. Wenn wir uns also in Richtung Wirklichsein vorwärtsbewegen wollen, drücken wir dadurch bereits etwas Liebevolles aus und demonstrieren eine Wertschätzung, die essenziell wichtig für die spirituelle Arbeit ist. Wenn dieses Liebevolle nicht präsent ist, wird unsere Praxis aus den falschen Gründen ausgeübt, sie wird dann zum Teil des allgemeinen Lärms. Damit meine ich keine selbstsüchtige Art von Eigenliebe, sie hat nichts Besitzergreifendes oder Selbstbezogenes. Diese Herzhaltung gegenüber dem Wirklichsein – dieses Gefühl, das unser Bewusstsein, unsere Seele, unsere Aufmerksamkeit in Bezug auf das Wirklichsein hat – ist sehr subtil und schwer zu erklären. Diese Wertschätzung des Realen in uns selbst zu erkennen, bedeutet, dass wir bereits einen bestimmten Reifegrad und eine spezielle Führung in unserer Praxis erreicht haben.

Es ist ein besonders kostbarer Moment, diese Liebe, diese Wertschätzung zu erkennen – wenn wir wissen, dass wir nicht praktizieren, um etwas Bestimmtes zu erreichen. Ich meditiere, bete, chante oder arbeite nicht an mir, um mich selbst zu verbessern. Ich mache diese Arbeit nicht, damit ich so gut wie jemand anders bin, weil ich eine Idee oder ein Ideal entwickelt oder von irgendetwas gehört und entschieden habe, dass es eine gute Sache ist, die sich für mich lohnen würde. Es hat überhaupt nichts damit zu tun, irgendetwas hinterherzujagen. Es geht einfach nur darum, in mir selbst zur Ruhe zu kommen.

Es bedeutet zu lernen, unsere aufgeregte Aktivität, den Lärm, den wir machen, zu erkennen und ihm nicht auf den Leim zu gehen. Stattdessen lernen wir, uns einfach nur hinzusetzen, zu entspannen und zu sein. Und damit meine ich nicht, dass Sie nur sitzen und meditieren, wenn Sie sich entspannen und hier sind. Meditation ist etwas, was wir praktizieren, aber letztlich sind die Ausübung einer inneren Praxis und das Leben zu leben nicht zwei verschiedene Sachen. Wirklich zu sein, zu lernen, real zu sein, ist unsere Praxis in jedem Moment; sie wird zum lebendigen Inhalt unseres wahren Lebens. Und real zu sein, transzendiert jede Dimension, jede Erfahrung, jede Beobachtung – unabhängig vom Inhalt. Es geht dabei nur um das Erleben, keine Distanz zu sich selbst zu empfinden – keine Dissoziierung, keine Zerstreuung, keine Ablenkung. Je mehr Sie diese Zentriertheit, diese Präsenz, dieses Hiersein, diese Ordnung erkennen, desto stärker wird Ihr Gefühl, real zu sein, Ihr Gefühl für die Wirklichkeit.

Deshalb erkennen wir auch an einem ganz bestimmten Punkt, dass es bei der spirituellen Praxis darum geht, die Wirklichkeit zu erkennen, zu lernen, das Wirklichsein zu erkennen, zu lernen, real zu sein, und zu lernen, in unserem Wirklichsein wir selbst zu sein. Und wir sehen, dass wir nur dann daran interessiert sind, diese Dinge zu lernen, wenn wir das Wirklichsein schätzen und lieben. Wir müssen es lieben, authentisch zu sein, um uns die ganze Mühe und Disziplin der inneren Arbeit zu machen. Weil wir authentisch sind, weil wir uns der Wirklichkeit nähern, weil wir von der Wirklichkeit berührt werden, lieben wir sie und sind gewillt, durch die verschiedenen Erkenntnisprozesse zu gehen und die Wahrheit zu erkennen – ob sie nun schmerzhaft, erschreckend oder angenehm ist.

Der erste Schritt besteht darin, die Liebe und Wertschätzung in uns zu erkennen, die uns zur Wirklichkeit zieht. Egal, aus welcher Motivation heraus wir mit der inneren Arbeit beginnen, unsere Liebe zur Realität wird sich an irgendeinem Punkt offenbaren, wenn wir ehrlich gegenüber uns selbst sind. Dann erkennen wir, dass wir es mögen, der Realität nahe zu sein, wir lieben es, uns mit ihr wohlzufühlen und nicht mit ihr im Konflikt zu sein; wir lieben es, mit ihr so vertraut wie nur möglich zu sein. Wir wollen so vertraut mit ihr werden, dass wir einfach nur das sind, was real ist, … und genau das lieben wir.

Übung

Ihre Beziehung zum Wirklichsein

Diese Übung wird Ihnen dabei helfen, Ihre eigene Beziehung zur Realität und zum Wirklichsein zu klären und herauszufinden, wie sie Ihr Leben und Ihre spirituelle Reise beeinflusst.

Wann haben Sie sich bisher in Ihrem Leben am realsten gefühlt, und wie haben Sie das erkannt? Denken Sie an eine Situation, in der Sie das Gefühl hatten, wirklich Sie selbst zu sein. Vielleicht war das für Sie ja auch eine richtige Herausforderung. Welche Reaktionen haben Sie in Ihrem Geist bemerkt? In Ihrem Herzen? In Ihrem Körper? Stellen Sie dieses Gefühl einem anderen Ereignis gegenüber, bei dem Sie sich von Ihrer eigenen Wirklichkeit oder Authentizität distanziert gefühlt haben. Was haben Sie da erlebt?

Glauben Sie, dass es eine gute oder moralisch richtige Sache ist, real zu sein? Gehört das Wirklichsein zu Ihrem spirituellen Ideal? Spielt der Wunsch, real zu sein, eine Rolle bei Ihrem Interesse für dieses Buch?

Ist Wirklichsein etwas, von dem Sie in Ihrem Leben mehr haben wollen? Wenn ja, warum? Was würden Sie aufgeben, um noch realer zu sein? Fühlen Sie sich dazu gezwungen, authentisch Sie selbst zu sein? Lieben Sie es? Falls ja, hat diese Liebe zum Wirklichsein Ihre Entscheidungen motiviert oder Sie in bestimmten Bereichen Ihres Lebens zur Praxis geführt?

2.

Lernen, wirklich zu sein

Zu lernen, wirklich zu sein, ist ein 24-Stunden-Job. Es wird nicht funktionieren, wenn Sie es nur zu gewissen Zeiten praktizieren. Aber um sich dazu zu verpflichten, müssen Sie die Realität lieben und wertschätzen. Sie müssen um jeden Preis wirklich sein *wollen*. Sie müssen es *lieben*, real zu sein – selbst wenn Ihnen nicht gefällt, was Sie spüren oder wer Sie glauben, in irgendeinem speziellen Moment zu sein. Diese Art von Liebe ist das stärkste Motiv – die wirkliche Inspiration – für unsere innere Arbeit. Wenn Ihre Sehnsucht nach der Realität nur lauwarm ist oder wenn sie kommt und geht, woher sollen dann die Leidenschaft und die innere Unterstützung kommen, die Ihnen dabei helfen werden, durchzuhalten, während Sie lernen, wirklich zu sein? Je mehr Sie in Kontakt mit ihrer Liebe zum Wirklichsein sind, desto mehr werden Sie inspiriert werden … und desto mehr Leidenschaft werden Sie für die Arbeit empfinden.

Aber was bedeutet es, wirklich zu sein?

Sie selbst sein

Sie können nicht wirklich sein, wenn Sie nicht Sie selbst sind. Sie können nichts anderes sein, als Sie sind und gleichzeitig wirklich sein. Beobachten Sie sich, und Sie werden herausfinden, dass Sie die meiste Zeit über nicht wirklich sind, weil Sie nicht Sie selbst sind. Aber was sind Sie dann? Und wer sind Sie? Was tun Sie? Die meisten von uns sind nur ein Abbild von sich, das sie ausagieren – eine Idee, eine Vorstellung, ein Konzept. Wenn Sie in diesem Moment ein Abbild von dem sind, der Sie wirklich sind, können Sie nur in Distanz zu sich selbst sein.

Die meisten von uns sind sogar noch weiter von ihrem wahren Selbst entfernt, denn wir sind ein Abbild von etwas *anderem,* als was wir sind – wir haben zum Beispiel ein ganz bestimmtes Bild von unserem Körper oder von uns als Kind. Noch unwirklicher wird das Ganze, wenn wir ein Bild oder Abbild von jemand ganz anderem werden, wie zum Beispiel einem unserer Elternteile.

Worin besteht also die Praxis des Wirklichseins? Sie ist gleichbedeutend mit der Praxis, man selbst zu sein. Real zu sein, bedeutet: „Ich bin keine Idee meiner selbst. Ich gebe nicht vor, ich selbst zu sein. Ich reagiere nicht auf etwas, auf jemanden oder auf jemandes Bild von mir. Ich bin genau das, was ich bin." Aber es ist natürlich nicht so, als könnte man einfach aufhören, unwirklich zu sein, und anfangen, man selbst zu sein. Denn wer weiß schließlich schon, was das tatsächlich bedeutet? Wie wollen Sie versuchen, Sie selbst zu sein? Es ist ja nicht so, als hätten Sie viele verschiedene Selbste auf einem Regal stehen und würden dann das wahre Selbst herausgreifen und es sich aufsetzen.

Die gute Nachricht besteht darin, dass – unabhängig davon, wie distanziert Sie von sich selbst sind – etwas in Ihrer Erfahrung jeden Moment denjenigen ausdrückt, der Sie wirklich sind. Sie können sich sehr weit von Ihrem Wirklichsein entfernen – Sie können davon sogar abgetrennt sein. Aber wer ist derjenige, der weit weg oder abgetrennt ist? Das sind immer noch Sie. Was Sie auch erleben, wo Sie auch sind, was Sie auch wahrnehmen, ist verbunden mit dem, was und wer Sie wirklich sind.

Wenn Sie ein wenig darüber nachdenken, wird Ihnen auffallen, dass Sie ständig irgendetwas erleben. Es gibt immer einen Eindruck, immer ein Gewahrsein, dass etwas in diesem Moment passiert. Jetzt gerade geschehen eine ganze Menge Dinge, und Sie sind sich ihrer bewusst. Während Sie zum Beispiel diesen Satz lesen, sehen, verstehen und denken Sie vielleicht auch. Sie fühlen, spüren den Druck Ihres Körpers auf einem Stuhl und hören Klänge um sich herum.

Wir halten uns also immer irgendwo im empirischen Feld auf. Dieser Platz verändert sich zwar ständig, aber wir sind immer irgendwo in einem Feld von Myriaden von Möglichkeiten. Darin liegt nichts Esoterisches, es ist nur das, was wir in jedem Moment erleben. Sie können in Ihrem eigenen Leben erkennen, dass Sie nur dann nichts erleben, wenn Sie tief und traumlos schlafen. Also ist da stets eine gewisse Bewusstheit und Erfahrung. Das trifft immer zu, egal, ob es sich um eine (ihrem Wertesystem entsprechende) besondere Erfahrung handelt oder ob es etwas ganz Gewöhnliches ist. Denken Sie doch einfach nur einmal darüber nach, was alles passiert, wenn Sie frühstücken. Sie bewegen Ihre Arme, Sie kauen, Sie erleben verschiedene Geschmacksrichtungen, Sie nehmen Dinge in die Hand, und vielleicht geht es Ihnen gut oder Sie ekeln sich vor etwas oder sind gelangweilt. Gedanken, Gefühle, Vorstellungen – all dies geschieht.

Folglich passiert die ganze Zeit irgendetwas! Was immer es auch sein mag, hängt mit dem zusammen, der Sie sind, denn es spiegelt mehr von demjenigen wider, der *Sie* sind, als von irgendjemand anderem. Wenn Sie meditieren, ist Ihre Erfahrung mehr eine Reflexion dessen, wer Sie sind, als wer – zum Beispiel – Präsident Bush ist.

Wenn Sie sich also selbst finden wollen, sollten Sie sich nicht die Erfahrung von George Bush anschauen, sondern Ihre eigene.

Wahre Natur

Was bedeutet diese Tatsache für unsere Praxis? Um zu lernen, wir selbst zu sein, müssen wir mit dem anfangen, was wir haben. Und was wir immer haben, ist unser momentanes Erleben. Wenn wir uns erlauben, in diesem Moment in unserer Erfahrung zu verweilen – sie zu fühlen, sie zu sehen, sie zu spüren, sie zu hören, sie zu riechen, uns ihrer bewusst zu sein – bekommen wir die Möglichkeit, herauszufinden, was wir sind, und die zu sein, die wir sind.

Wir selbst zu sein oder real zu sein, bedeutet im Grunde nur, dass wir unser wahres Selbst sind oder dass wir das Wirkliche dessen sind, wer wir sind. Vielleicht haben Sie ja schon einmal jemanden sagen hören: „Meine Wahre Natur ist die wahre oder selbstexistierende Natur dessen, der ich bin." Das klingt vielleicht esoterisch, aber es bedeutet nur, dass Ihre Wahre Natur nicht falsch ist, nicht konstruiert, dass sie von niemandem kreiert wurde; es ist das, was Sie wirklich sind. Es ist das wahre Sie.

Um diejenigen zu sein, *die* wir sind, müssen wir zunächst einmal herausfinden, *wo* wir sind. Und obwohl bewusst zu sein, wo wir sind, nicht unbedingt heißen muss, wir selbst zu sein, ist es trotzdem ein Anfang. Der Grund dafür ist, dass es ein Element oder einen Geschmack unseres wahren Selbst enthält. Und dieser Geschmack oder dieses Element ist das, was wir die „Wahrheit" nennen. Wo immer wir also sind, was auch immer unsere Erfahrung sein mag, hängt in irgendeiner Form mit unserer Wahren Natur zusammen. Vielleicht ist es sehr weit weg oder abgetrennt, vielleicht ist es eine Reaktion, eine Reflexion oder ein Ersatz. Aber es ist trotzdem in irgendeiner Form mit demjenigen verbunden, der wir wirklich sind.

Im frühen Stadium unserer Praxis wissen wir oft nicht, wie diese Verbindung aussieht. Aber wir können damit anfangen, uns unsere Erfahrung anzuschauen und herauszufinden, wo wir sind: „Ich sitze hier und langweile mich ... Oder: Während ich durch die Gegend fahre, um ein Restaurant zu finden, das geöffnet hat, bin ich hungrig und gereizt ... Oder: Ich liege im Bett und fühle mich schuldig wegen dem, was ich vorhin zu meinem Mann gesagt habe ... Oder: Ich sitze vor meinem Computer und rutsche unruhig auf meinem Stuhl hin und her, dabei mache ich mir Sorgen um meine Aktien ... Oder: Ich versuche, mich zu entspannen und kann nicht aufhören, nachzudenken ... Oder: Ich meditiere und fühle mich ängstlich und leer." Wenn Sie genauer hinschauen, werden Sie entdecken, dass jeder dieser Zustände irgendwie mit demjenigen zusammenhängt, der Sie wirklich sind.

Das ist der Schlüssel: Wenn Sie verstehen lernen, in welcher Weise Ihre momentane Erfahrung mit Ihrer Wahren Natur zusammenhängt, werden Sie zu ihr auch einen näheren Zugang finden – und dieser nähere Zugang lautet *die Wahrheit.* Wie machen Sie das also? Wenn Sie als Erstes ein Gefühl dafür entwickeln, wo Sie sind, verstehen Sie nicht alles, was in einer beliebigen Situation geschieht. Die meisten unserer Erfahrungen sind uns nur halb bewusst und nicht unbedingt verständlich. Wenn Sie mit Ihrer Erfahrung vertrauter umgehen und sie allmählich verstehen, können Sie sagen, dass Sie die Wahrheit der Erfahrung erkennen. Aber was ist die Wahrheit unserer Erfahrung, und warum gibt es so etwas überhaupt?

Die Wahrheit ist immer ein Ausdruck unserer Wahren Natur, die gleichbedeutend mit der ultimativen Wahrheit ist. Um Ihr Erleben zu verstehen, müssen Sie erkennen, in welcher Weise es mit Ihrer Wahren Natur verbunden ist und wie es mit dem zusammenhängt, wer und was Sie wirklich sind. Deshalb fühlen Sie sich auch jedes Mal, wenn Sie Ihre Erfahrung verstehen und die Wahrheit erkennen, ein bisschen realer, quasi näher an Ihrer Wahren Natur – weil Sie anfangen zu erkennen, wie die Erfahrung mit dem verbunden ist, der Sie wirklich sind.

Hier ein Beispiel: Ich verbringe meine Zeit damit, einem Hobby nachzugehen, das mir normalerweise Freude bereitet. Nach einer Weile wird mir klar, dass ich mich langweile. Wenn ich versuche, diese Langeweile zu vertreiben, werde ich Widerstand gegen jenen Punkt leisten, an dem ich bin. Weil ich realer werden möchte, entscheide ich mich dafür, bei meiner Erfahrung zu bleiben, auch wenn sie unangenehm ist. (Darüber werden wir später noch sprechen.) Wenn ich meine Langeweile untersuche, wird mir klar, dass ich gelangweilt bin, weil ich eine Art Leere spüre, eine bestimmte Art von Sinnlosigkeit. Ich erkenne die Wahrheit meiner Erfahrung, die die Realität meines Gefühls der Langeweile ist, die ich als sinnlose Leere erfahre. Ich erkenne die Wahrheit und fühle ich mich dadurch ein bisschen realer. Aber mental verstehe ich immer noch nicht, wie das mit meiner Wahren Natur zusammenhängt.

Wenn ich allerdings ein wenig darüber nachdenke, sehe ich, dass die Tatsache, wo ich bin und wie ich mich fühle, mit meiner Wahren Natur verbunden ist. Die Tatsache, dass ich eine sinnlose Leere verspüre, spiegelt die Tatsache wider, dass ich eine Wahre Natur habe und von ihr distanziert bin. Das ist deshalb der Fall, weil die Wahre Natur in sich ein Gefühl für Bedeutung einschließt. Wenn ich keine Wahre Natur hätte, gäbe es überhaupt gar keine Möglichkeit für mich, eine sinnlose Leere zu verspüren. Warum ist das so? Normalerweise gehe ich davon aus, dass ich mit Sinnlosigkeit den Verlust einer äußeren Quelle von Sinn verbinde, an die ich mich gewöhnt habe. Wenn ich jedoch der Erfahrung der Sinnlosigkeit selbst Aufmerksamkeit schenke, kann ich erkennen, dass es sich in Wahrheit um den Verlust des Kontakts mit meinem eigenen Gefühl für Sinn handelt. In anderen Worten, ich weiß ganz genau, wie sich Sinn in meiner Seele anfühlt, und dieses Gefühl fehlt mir.

Wenn wir also untersuchen, *wo* wir sind, die Wahrheit erleben und dem Faden der Wahrheit folgen, wird uns dieser Faden am Ende wieder mit der Wahrheit dessen verbinden, *was* wir sind. Deshalb bringt Wahrheit auch mehr Realität mit sich. Wahrheit und Realität sind eng miteinander verknüpft, sie sind zwei Seiten derselben Sache. Je mehr wir die Wahrheit erkennen, wo wir in diesem Moment sind, desto mehr erfahren wir über die Beziehung zwischen dem, *wo* wir sind und *was* wir sind. Diese Erkenntnis verringert den Abstand zwischen den beiden, und wir fühlen uns realer. Aus diesem Grund möchten wir mehr von der Wahrheit in einer Situation erkennen, wenn wir wirklich sind – es funktioniert demnach für beide Richtungen.

Sich bewusst sein, wo man ist

Wenn wir daran interessiert sind, wirklich zu sein, wollen wir unbedingt mehr Klarheit haben über das, was passiert, und wir wollen es so innig und so vollständig wie möglich erfahren – wir wollen damit vollständig in Kontakt sein. Wenn ich zum Beispiel Sorgen oder Angst habe oder völlig erschrocken bin, bin ich mir dessen bewusst. Was bedeutet das? Damit meine ich nicht, dass man es sich von weit entfernt durch ein Teleskop anschauen sollte: „Oh, da drüben ist Angst." Nein, es geht darum, zu *fühlen*, um welche Art von Schrecken, von Besorgnis, von Zorn, von Liebe oder von Schmerz in meinem Knie es sich handelt.

Sich über etwas bewusst zu sein, bedeutet Unmittelbarkeit. Es bedeutet, dass die Tentakel meiner Seele sich um das Gefühl herumwinden, dass sie es in all seinen Teilen durchdringen und von innen und außen befühlen – weil mein Bewusstsein sich überallhin erstreckt. Wenn ich mir der Situation nicht voll bewusst bin, wie soll ich sonst die Wahrheit darüber herausfinden? Und wenn ich nicht daran interessiert bin, dem, was jetzt passiert, Aufmerksamkeit zu schenken, was bedeutet es dann, wenn ich sage, dass ich es liebe, ich selbst zu sein?

Wenn Sie jemanden lieben, wollen Sie alles über ihn oder sie herausfinden, nicht wahr? Wenn Sie etwas lieben, was wollen Sie dann damit tun? Sie wollen es kennen lernen. Die Liebe wird immer in Gewahrsein übersetzt, in Verstehen. Wenn Sie jemanden lieben, wollen Sie diese Person sehen, Sie wollen so vertraut wie möglich mit ihr sein. Wenn Sie wirklich daran interessiert sind, Sie selbst zu sein, beginnt dieses Interesse mit dem Gewahrsein dessen, wo Sie jetzt in diesem Moment sind. Derjenige zu sein, *der* Sie sind, kann nur aus der Liebe zu dem entstehen, *wo* Sie sind.

Damit wird jetzt klar, dass der zentrale Punkt der Praxis, wirklich zu sein, darin besteht, dort zu sein, wo Sie sind. Das unterscheidet sich nicht von der Praxis der Selbstuntersuchung, denn nur diese wird uns schließlich gestatten, einfach nur zu sein, indem sie uns in sehr engen Kontakt mit dem bringt, was wir sind. Selbstuntersuchung besteht aus zwei Elementen:

1. Ihre Erfahrung zu beobachten, bis Ihnen ganz klar ist, wo Sie sind. Das bedeutet, dass Ihnen in jedem Moment bewusst ist, was Sie tatsächlich erleben. Erinnern Sie sich daran: Da Sie sowieso ständig irgendwo sind, ist es immer möglich, zu erkennen, wo Sie sind.

2. Man muss damit anfangen, sich zu fragen: „Was löst dieses Ereignis aus?" In dem Moment, wo Sie diese Frage stellen, erweitert die Untersuchung unsere Erfahrung von dem Ort, an dem Sie sich befinden. Da Sie die meisten Ihrer Erfahrungen nicht sofort verstehen können, ist es ganz natürlich, dass Sie in jeder Situation wissen wollen: „Was veranlasst mich dazu, mich so und so zu fühlen?" Wenn Sie danach fragen, was geschieht, wenn Sie daran interessiert sind, mehr zu verstehen von dem Ort, an dem Sie sich

> befinden, wird Ihnen die Wahrheit Ihrer Erfahrung immer mehr einleuchten. Und dieses Verständnis führt schließlich dazu, dass Sie die Beziehung zwischen Ihrer Wahren Natur und dem Ort, an dem Sie sich befinden, erkennen.

Wenn man das erkennt, was wir Wahrheit nennen – etwas, das dem, was geschieht, Bedeutung oder Zusammenhang schenkt –, gibt uns das ein Gesamtbild, das wir verstehen können. Es handelt sich dabei nicht nur um eine mentale Erklärung, sondern um das ganz reale Gefühl, dass dies empirisch bedeutsam für uns ist. Es ergibt einen Sinn für unser Herz, für unsere Seele. Wenn dieser Sinn offenbart wird, erfährt unser Herz Einsicht, wir entdecken einen Teil der Wahrheit, etwas, das wir von nun an auch mental begreifen können. Und wenn wir fortfahren, dort zu sein, wo wir sind, und von dort aus erforschen, woher wir gekommen sind, wird die Entdeckung der Wahrheit ein Prozess, ein Faden, der immer dicker wird.

Das Licht der wahren Natur

Das Erkennen der Wahrheit – wenn Sie sie wirklich sehen können, wenn Sie sie in ihrer Aktualität erfahren können – führt zu mehr Bewusstsein, das Ihre Erfahrung noch weiter öffnen wird. Das bedeutet, dass Sie noch mehr sehen können – so als hätten Sie mehr Licht zur Verfügung. Dies wird das Licht des Bewusstseins genannt. Ihre Erfahrung wird vom Licht Ihrer Wahren Natur durchdrungen. Wenn Sie die Wahrheit erkennen, wenn Sie Einsicht gewinnen in das, was geschieht, fühlt es sich so an, als wäre ein Licht durchgebrochen. Das bedeutet, Einsicht zu haben: Einsicht führt zu Erleuchtung. Man kann es sogar noch wortwörtlicher verstehen. Sie werden sehen, wie Unwissenheit und Schatten sich auflösen und Helligkeit Ihre Erfahrungen durchfluten wird. Was ist das für ein Licht, das dies bewirkt? Es ist das Licht Ihrer Natur. Es ist das Licht dessen, der Sie sind und was Sie sind. Wenn Sie daher die Wahrheit erkennen, wo Sie sind, werden Sie lernen, real zu sein, und Sie werden lernen, Sie selbst zu sein.

Nehmen wir mein früheres Beispiel: „Ich bin gelangweilt, weil ich ein sinnlose Leere empfinde." Wenn ich untersuche, warum ich mich sinnlos und leer fühle, erkenne ich, dass das so ist, weil ich mich mit einer Vorstellung, einem bestimmten Selbstbild identifiziere. Wenn ich untersuche, warum mich das sinnlos und leer fühlen lässt, wird mir klar, dass mich diese Identifikation vom einfachen Sein abtrennt. Und mir wird ebenfalls klar, dass ich nicht ich selbst bin, wenn ich nicht einfach nur hier bin.

Was ich gerade erklärt habe, klingt simpel. Aber ich erinnere mich noch sehr gut daran, wie ich früher zehn Tage oder zehn Wochenenden damit verbracht habe, diesen Umstand zu erklären, weil es wirklich ein riesiger Schritt ist, dies zu verstehen. Deshalb lassen Sie uns jetzt das, was wir verstehen wollen, in die folgenden drei Schritte herunterbrechen, damit sie etwas leichter zu verdauen sind:

1. Worin besteht unsere Praxis?
2. Was sind die Einsichten, die unserer Praxis zugrunde liegen?
3. Wofür brauchen wir Gewahrsein, um mit der Praxis beginnen zu können, und wie entwickelt sich dieses Gewahrsein?

Die Antwort auf die erste Frage ist ganz einfach: Die Praxis besteht darin, zu lernen, wirklich zu sein, daher müssen wir verstehen, was es bedeutet, wir selbst zu sein.

Zweitens liegen folgende elementare Einsichten unserer Praxis zugrunde:

- Wir lernen, wir selbst zu sein, indem wir die Wahrheit unserer Erfahrung erkennen.

- Wir können die Wahrheit unserer Erfahrung nicht erkennen, wenn wir nicht wissen, wo wir uns in diesem Moment befinden.
- Wir werden nicht erkennen können, wo wir sind, wenn wir gegen den Ort, an dem wir uns befinden, Widerstand leisten. Uns nicht zu gestatten, dort zu sein, wo wir sind, hindert uns daran, unsere Erfahrung als das wahrzunehmen, was sie ist, daher werden wir auch die Wahrheit in der Situation nicht erkennen können.
- Wenn wir die Wahrheit der Situation nicht erkennen können, dann deshalb, weil etwas den Lichtstrahl blockiert, der durchbrechen könnte.

Praktisch läuft es darauf hinaus, dass wir erkennen müssen, wo wir sind. Allerdings ist, *wo* wir sind, nicht gleichbedeutend mit dem, *was* wir sind, – wenigstens nicht am Anfang des Wegs. Aber wir haben bereits gesehen, dass wir durch das Verständnis dessen, wo wir gerade sind, unsere Entfernung von unserer Wahren Natur erkennen können.

Wie können wir nun jedoch sehen, wo wir sind, wenn wir nicht im Moment sind, wenn wir dem, was geschieht, keine Aufmerksamkeit schenken? Wir müssen uns dafür interessieren, was geschieht, wir müssen uns dessen bewusst sein, was in unserer Erfahrung erscheint. Die nachfolgenden Punkte werden dieses dritte Schlüsselelement der Praxis noch genauer erläutern.

Wie die Praxis aussieht: Bewusstsein in den gegenwärtigen Moment hineintragen, in jedem Moment, von einem Moment zum anderen.

Was sie bedeutet: Einfach nur dem Aufmerksamkeit schenken, was geschieht, sich dessen bewusst sein, was geschieht.

Was wir tun müssen: Uns dem, was auch immer in diesem Moment geschieht, widmen. Sie brauchen sich nur ihrer tatsächlichen Erfahrung bewusst zu sein, wie sie auch aussehen mag: „Ich rede ...

Ich sitze ... Mein Rücken tut weh ... Ich atme ... Ich habe Hunger ... Ich bin gelangweilt ... Mein Essen schmeckt nach nichts ..."

Warum das notwendig ist: Wenn wir es wirklich lieben, real zu sein, wird diese Liebe sich in ein Interesse an dem verwandeln müssen, was gerade geschieht. Wir können nicht dort *sein*, wo wir sind, wenn wir nicht *sehen*, wo wir sind.

Wie das im wirklichen Leben aussehen kann: Wenn ich gelangweilt bin, aber nicht weiß, dass ich gelangweilt bin, wie werde ich denn je erkennen, dass meiner Langeweile eigentlich die Sinnlosigkeit zugrunde liegt? Wenn ich gelangweilt bin, aber glaube, dass das nur so ist, weil mein Essen nach nichts schmeckt, habe ich keine Chance, die Situation zu verstehen. Deshalb muss ich auch als Erstes dem, was geschieht, Aufmerksamkeit schenken. Vielleicht fällt mir dann zuerst gar nicht auf, dass ich gelangweilt bin, sondern dass mein Essen nicht schmeckt. Vielleicht bin ich gelangweilt, aber ich fühle mich nicht gelangweilt. Stattdessen fühle ich, dass eher ich es bin als das Essen, das etwas fade ist. Oder vielleicht schenke ich dem geschmacklosen Essen auch gar keine Aufmerksamkeit, weil ich am Telefon mit jemandem rede, nur um die Geschmacklosigkeit nicht schmecken zu müssen. Und das Essen ist nicht schmackhaft, weil ich tatsächlich gelangweilt bin. Ich bin tatsächlich gelangweilt, weil mir das Leben sinnlos vorkommt. Und weil ich es vorziehe, nichts davon wahrzunehmen, hänge ich letztendlich lieber am Telefon rum und rede mit jemandem über einen Film oder irgendeine Familienangelegenheit.

Wie es funktioniert: Wenn wir bewusster werden, fangen wir an zu erkennen, dass wir vorher *nicht* bewusst waren. Je mehr wir uns der Situation bewusst sind, desto deutlicher erkennen wir, dass wir sie nicht verstehen, dass sie Lücken aufweist und dass sie keinen Sinn macht. Das gibt uns die Möglichkeit, das Ganze zu untersuchen, bewusster zu werden und die Wahrheit in der Situation zu erkennen.

Was dazwischenkommen kann: Zuerst werden die meisten von uns unserer Erfahrung, die von einem Moment zum anderen reicht, nur dann Aufmerksamkeit schenken, wenn sie angenehm ist – wenn das Essen gut schmeckt und wir glücklich sind, oder wenn wir uns sicher und geliebt fühlen. Dann werden wir vielleicht ein wenig aufmerksamer, vielleicht sind wir auch präsent genug, um zu erfahren, wie das Essen wirklich schmeckt. Aber die meiste Zeit sind wir dafür einfach zu zerstreut.

Des Weiteren geraten wir ganz leicht in die Falle, mehr von der Erfahrung haben zu wollen oder uns zu wünschen, dass etwas ganz Bestimmtes geschieht. Wahres Gewahrsein bedeutet aber, einfach nur das zu bemerken, was tatsächlich passiert, und zu erkennen, dass es in sich selbst Wert hat, dass es etwas ist, was wir wertschätzen können.

Was als Erstes kommen muss: Unsere Wertschätzung und Liebe zur Realität muss für uns von vordringlichstem Interesse sein. Kein Interesse im Sinne von Anhaftung – also etwas davon haben zu wollen –, sondern Interesse daran, es kennen lernen zu wollen, sich seiner bewusst werden zu wollen, es fühlen zu wollen, es so vollständig wie möglich zu erfahren, damit wir damit vollkommen vertraut sein können. Wenn Ihre Liebe für das Realsein wirklich stark ist, sind Sie ganz natürlich daran interessiert und inspiriert, bewusst zu sein.

Wonach wir wirklich suchen: Eine Situation zu verstehen, hängt nur davon ab, wie man sich dessen, was geschieht, immer bewusster werden kann. Je mehr wir uns seiner gewahr sind, desto dynamischer wird dieses Bewusstsein, und es enthüllt uns die Bedeutung des Geschehens. Dieses Gewahrsein erschafft einen Zusammenhang für unsere Erfahrung, durch den wir uns realer und authentischer fühlen, weil es uns dem, was wir wirklich sind, näherbringt.

Manchmal, wenn Sie bewusst sind, bemerken Sie vielleicht, welche Mühe Sie sich geben, um bewusst zu sein, und manchmal fühlen Sie, dass es einfach geschieht. Egal, was von beidem zutrifft, für Ihre Praxis ist das unerheblich. Tatsache ist, dass Gewahrsein immer von sich aus geschieht. Wenn es sich so anfühlt, als würden wir etwas tun, um bewusst zu sein, bedeutet es, wir disziplinieren unser Gewahrsein dadurch, dass wir der Situation Aufmerksamkeit schenken und auf diese Weise unserer Neigung zur Ablenkung entgegenwirken. Denn im Allgemeinen leisten wir Widerstand gegen das Gewahrsein. Wenn wir daher in irgendeiner Form das Gefühl haben, dass *wir* es tun, benutzen wir unseren Willen oder unsere Disziplin. Aber wenn Sie die Sache genau unter die Lupe nehmen, werden Sie erkennen, dass dieses Tun tatsächlich eine Aufhebung unseres Widerstands gegen Gewahrsein ist.

Sie werden das Gewahrsein so viel wie möglich praktizieren wollen. Bei Ihrer Praxis sollten Sie sich immer daran erinnern, dass Sie die ganze Zeit über – ob Sie nun meditieren, beim Essen sind, mit einem Freund sprechen oder sich einen Vortrag anhören – präsent und bewusst sein können. Sie können daran denken, dem gegenüber, was geschieht, präsent zu sein. Zu lernen, wirklich zu sein, muss mit der Erkenntnis dessen beginnen, was in unserer Erfahrung real ist. Das fängt immer mit dem Gewahrsein darüber an, wo wir uns im gegenwärtigen Moment befinden.

Übung

Sich bewusst werden, wo Sie sind

Diese Übung wird Ihnen dabei helfen, sich noch mehr darüber bewusst zu werden, wo Sie sind. Fangen Sie mit Ihrer momentanen Erfahrung an. Was geschieht gerade? Wo sind Sie in diesem Moment? Was passiert mit Ihnen? Was fühlen, spüren, denken, bemerken Sie um sich herum?

Sie wollen spüren, wo Sie sind. Sie wollen es sehen, erfahren, erkennen und verstehen. Sie wollen nirgendwohin gehen; Sie versuchen nicht, irgendetwas zu erreichen. Sie wollen nur herausfinden, wo Sie zufällig in diesem Moment sind, und erforschen, wo Sie bewusst, vollständig und mit Aufmerksamkeit und Präsenz sind.

Nachdem Sie das eine Weile praktiziert haben, denken Sie über die Erfahrung nach, die Sie gerade gemacht haben. Ihr Gewahrsein kann sich ausbreiten und vertiefen oder beschränkter und enger werden. Was hat Ihre Aufmerksamkeit erweitert? Was hat sie begrenzt?

3.
Hände weg von Ihrer Erfahrung

In Kapitel 2 haben wir herausgefunden, dass die Art und Weise, wie wir lernen können, real und wir selbst zu sein, darin besteht, unsere Wahre Natur zu erkennen. Wirklich zu sein und wir selbst zu sein, bedeutet, dass wir unsere Wahre Natur sind. Einfach nur da zu sein, wo wir sind, ist für die normale Erfahrung die größte Annäherung an unsere Wahre Natur.

An dieser Stelle ist es nützlich, darauf aufmerksam zu machen, dass die Unterweisung darüber, wo wir sind, nicht notwendigerweise die fundierteste Unterweisung ist – und sie ist auch nicht notwendigerweise die Unterweisung, die uns sofort in den tiefsten Bewusstseinszustand bringen wird. Aber es ist eine Unterweisung, die auf jeden Zustand zutrifft – für jeden von uns, egal, wo wir sind.

Alle Unterweisungen in Bezug auf das Wirklichsein stammen in Wahrheit aus der Wahren Natur. Daher besteht die Herausforderung darin, zuzuhören und herauszufinden, was unsere Wahre Natur uns über das Wirklichsein mitteilt und wie wir es praktizieren können.

Die wahre Natur sagt: „Hände weg!“

Unser Verstand will die Dinge normalerweise immer verkomplizieren, aber die grundlegende Unterweisung der Wahren Natur ist ganz einfach. Sie lautet: „Hände weg!“ Das ist die wichtigste Lehre. Tun Sie gar nichts. Hören Sie komplett mit allem auf, was Sie mit sich selbst anstellen wollen. Lassen Sie die Finger weg von Ihrer Erfahrung.

Man fragt sich natürlich, was das heißen soll, denn „Hände weg“ klingt zunächst ja einmal sehr passiv, als ob wir alles einfach über uns ergehen lassen und nicht mehr aktiv an der Welt teilnehmen sollen. Aber die Wahre Natur will damit nicht sagen, dass Sie die Finger von den Aktivitäten in Ihrem Leben lassen sollen; sie meint, dass Sie Ihre Erfahrung in Ruhe lassen sollen. Wie auch immer Sie sich selbst erfahren, was auch immer in Ihrem Bewusstsein erscheint – das sollen Sie in Frieden lassen. Das heißt natürlich nicht, dass Sie nicht essen sollen, wenn Sie hungrig sind. Und ich empfehle Ihnen hier auch nicht, dass Sie sich nicht verteidigen sollen, wenn jemand Sie angreift.

Ich gebe Ihnen mal ein einfaches Beispiel: Stellen Sie sich vor, Sie beißen in einen Pfirsich und entdecken, dass er faul ist. Worin besteht dann die Unterweisung? Hände weg! Hände weg heißt, dass ich einen Bissen nehme, ich erlebe den faulen Geschmack, deshalb lege ich zwar den Pfirsich weg, distanziere mich aber nicht von meiner Erfahrung des faulen Geschmacks. Viele Menschen missverstehen „Hände weg“. Sie glauben, es heißt, dass sie den Pfirsich weiteressen sollen. Aber das ist nicht gemeint. Der faule Geschmack ist ja schon in meinem Mund. Ich habe ihn bereits als eine innere Empfindung erfahren, die in meinem Erleben erscheint. Wenn ich versuche, diese Empfindung zu unterdrücken, spalte ich mich selbst; ich sage Nein zu einem Teil meiner Erfahrung. Wenn wir also sagen „Hände weg“, meinen wir damit Hände weg von allem, was in unserem inneren Erleben erscheint.

„Hände weg" trifft aber genauso zu, wenn der Pfirsich köstlich schmeckt. Wenn wir merken, wie lecker er ist, wollen wir manchmal an dieser Erfahrung festhalten. Dann bedeutet „Hände weg", dass ich den Pfirsich esse und ihn genieße, ohne zu versuchen, die Erfahrung zu intensivieren oder zu verlängern. Es bedeutet nicht, dass Sie aufhören sollen, den Pfirsich zu essen, um Nichtanhaftung zu praktizieren. Der Trick beim „Hände weg" besteht darin, den köstlichen Pfirsich als das zu genießen, was er ist – ohne zu versuchen, daran festzuhalten, ohne Ihre Gefühle zu unterdrücken und ohne ihn weglegen zu müssen.

Den faulen Pfirsich probieren Sie und schmeißen ihn dann weg; den köstlichen Pfirsich probieren Sie und essen ihn auf – aber in beiden Fällen tut ihr Geist nichts, um Ihre innere Erfahrung zu manipulieren.

Und genau das lehrt uns die Wahre Natur. Sie stellt nichts mit sich an. Sie ist einfach nur. Daher müssen wir lernen, genau so zu sein. Darin besteht die Praxis. Die Wahre Natur sagt nicht: „Tu dies oder tu das." Stattdessen rät sie uns, *nichts* zu tun, was in den Prozess eingreift: „Kein Druck, manipuliere es nicht, darum geht's nicht." Immer wenn wir etwas mit uns anstellen wollen, sagt sie uns: „Nein, Hände weg – lass deine Erfahrung in Ruhe."

Deshalb beinhaltet die Praxis, zu lernen, sich selbst in Ruhe zu lassen. Stellen Sie sich vor, dass Sie mit einer Person oder einer Gruppe von Menschen zusammen sind, die Ihnen ständig sagen, was Sie tun sollten: „Tu dies ... Nein, das bringt nichts ... Das solltest du anders machen ... Nein, nein, das geht gar nicht; mach's anders." Wie würden Sie sich fühlen? Sie würden diese Leute loswerden wollen, stimmt's? Wenn es um unsere innere Erfahrung geht, ist es ganz selbstverständlich, dass wir Zwang ablehnen. Selbst wenn es solche Menschen in Ihrem Leben nicht gibt, besteht das eigentliche Problem darin, dass sie alle in Ihnen sind. Ihre Stimmen versuchen, Sie in die eine oder andere Richtung zu drängen.

Und wenn wir praktiziert haben, versucht eine der lauteren Stimmen immer, uns besser zu machen, noch spiritueller. Wir versuchen, uns selbst Erleuchtung zu verschaffen. Wir versuchen, uns in irgendeinen Zustand hineinzuquetschen. Wir versuchen, uns selbst in eine ganz bestimmte Position einzupferchen. Stellen Sie sich vor, Sie wollen eines Morgens meditieren. Wenn Sie das tun, weil Sie sich irgendwohin versetzen wollen, dann mischen Sie sich ein. Wenn Sie einfach nur sitzen – mehr nicht – ohne irgendetwas zu tun, praktizieren Sie. Aber das ist selten der Fall. Der Grund dafür ist, dass es so etwas wie spirituelle Schulen, Lehren und Praktiken gibt, deshalb glauben wir auch, dass wir irgendwohin gelangen, sobald wir zu meditieren beginnen.

Das ist die Falle, das Paradoxon spiritueller Praxis. Sie versuchen, zu lernen, nichts zu tun, aber allein die Tatsache, dass Sie sitzen, beinhaltet bereits, dass Sie irgendetwas erreichen, irgendeinen spirituellen Zustand verwirklichen oder vielleicht eine erleuchtete Haltung erlangen wollen. In dem Moment, wo wir das Ganze mit dieser Haltung angehen, üben wir bereits Druck auf unser Bewusstsein, auf unsere Seele aus; wir versuchen, die Dinge in eine ganz bestimmte Richtung zu zwingen. Es ist ein Verfahren in Gang gesetzt worden, um ein ganz bestimmtes Ergebnis zu erzielen.

Das bedeutet, obwohl uns unsere spirituellen Unterweisungen lehren, dass es nichts zu erreichen gibt, ist das nicht real für uns, deshalb manipulieren wir unsere Erfahrungen immer wieder. Wir können gar nicht anders, als zu glauben, dass es irgendetwas mit Leistung zu tun hat, wir selbst zu sein. Natürlich ist diese Selbstmanipulation nicht neu, schon bevor wir irgendetwas über die spirituelle Arbeit wussten, haben wir dauernd versucht, unsere tägliche Erfahrung zu verändern. Wir haben sie verurteilt, ihr jeglichen Wert abgesprochen, sie frisiert und ausgequetscht. Wir haben sie forciert, an ihr herumgezerrt und an ihr festgehalten. Wir haben immer versucht, etwas anderes zu fühlen als das, was wir tatsächlich gefühlt haben, denn wir glauben ganz fest daran, dass alles, was wir erfahren, eigentlich anders sein sollte.

Um Ihnen ein Beispiel zu geben – vielleicht haben Sie es schon als Kind nicht geschafft, geduldig mit Ihrer kleinen Schwester oder Ihrem kleinen Bruder zu sein oder immer Ihrer Mutter zu gefallen. Jetzt ist der Einsatz natürlich höher, und deshalb haben Sie wirklich ein Problem. Jetzt versuchen Sie nicht nur, liebenswert oder geduldig zu sein, jetzt wollen Sie auch noch erleuchtet werden! Nun haben Sie die Aufgabe, herauszufinden, wie man erleuchtet wird, deshalb konzentrieren Sie sich auf die spirituelle Praxis – Chanting und Meditation, Untersuchung und Sufi-Dancing, oder was immer Sie auch tun – und lassen sich selbst nie in Ruhe.

Aber welche Praxis empfiehlt unsere Wahre Natur?

Hier können wir uns führen lassen, indem wir die Art und Weise beobachten, in der die Wahre Natur sich immer auf das bezieht, was mit uns geschieht. Stellen Sie sich vor, Sie verspüren Schmerz oder Furcht oder Freude. Vielleicht fühlen Sie sich ja auch innerlich gespalten oder schuldig, Sie sind voller Angst oder Sehnsucht. Was macht Ihre Wahre Natur dann? Sie macht gar nichts. Sie ist sich einfach nur Ihrer Gefühle bewusst, wie sie auch aussehen mögen; sie ist daran interessiert, ist mitfühlend und eingestimmt auf das, was geschieht. Sie will die Erfahrung voll auskosten, sie will mit Güte und Sanftheit dafür da sein. Die Wahre Natur versucht nicht, irgendeinen Druck auszuüben. Sie *versucht* nicht, überhaupt etwas zu tun, und sie *tut* auch gar nichts – sie ist einfach nur. Und in ihrem Ist-Sein erscheinen die notwendigen Qualitäten. Wenn Mitgefühl gebraucht wird, erscheint Mitgefühl. Wenn Liebe gebraucht wird, erscheint Liebe. Wenn Stärke gebraucht wird, erscheint Stärke. Die Wahre Natur rührt dafür keinen Finger.

Die wahre Natur ist bewusst und eingestimmt

Die Wahre Natur macht nichts, aber sie ist natürlich bewusst, denn sie ist reines Bewusstsein. Wenn wir die Dinge einfach nur sein lassen – wenn wir sie nicht kontrollieren oder versuchen, sie zu lenken –, sind wir ganz natürlich bewusst. Und in dieser Bewusstheit sind wir präsent für alles, was geschieht. Die Wahre Natur ist so liebevoll, so gütig – unendlich in ihrer Güte, ihrem Mitgefühl und ihrer Intelligenz – dass sie sich auf jeden Zustand immer genau so einstellt, wie er es verlangt. Sie gibt Ihnen keine Anweisungen, die Sie nicht befolgen können. Sie sagt Ihnen nicht, dass Sie irgendetwas praktizieren sollen, was Sie nicht praktizieren können. In unserer Arbeit entdecken wir, dass die Wahre Natur auf unsere Beschränktheit – auf unser Gefangensein, unseren Mangel an Entwicklung, unsere Reaktivität – angemessen reagiert, sie ist voller Güte darauf eingestimmt.

So sieht also unsere Praxis aus. Wir lernen, wie die Wahre Natur unsere Situation im Moment angehen würde – wie sie sie halten würde, wie sie sich auf sie beziehen würde. Das interessiert uns vor allem, wenn wir auf etwas reagieren, Angst haben oder uns gefangen fühlen. Dann ist es besonders schwierig, zu wissen, wie man einfach nur in diesem natürlichen Zustand sein sollte. Vielleicht sagen manche Leute dann zu Ihnen: „Verweile nur in deiner Wahren Natur; erinnere dich daran, wie es ist, du selbst zu sein, und sei einfach so." Vielleicht funktioniert das ja bei manchen Menschen, aber die meisten schaffen das nicht; schon gar nicht, wenn es schwierig wird.

Wir brauchen nie die Haltung einzunehmen, dass wir uns in die totale Reinheit oder Nichtdualität unserer Wahren Natur hereinziehen oder hineinschieben lassen müssen. Das wäre so, als würde man versuchen, ein Kamel durch ein Nadelöhr zu schieben, wie manche spirituelle Traditionen es ausdrücken. Die Wahre Natur ist mitfühlend und reagiert immer angemessen, deshalb wird sie auch als Erstes dem Kamel helfen, loszumarschieren. Sie versucht erst gar nicht, es irgendwo hinzuschieben, schon gar nicht durch ein Nadelöhr.

Die wahre Natur hat keine Vorlieben

Die Wahre Natur geht alle Fragen derart aufgeschlossen an, dass sie mit vollem Bewusstsein und einem Verständnis für die spezielle Realität reagiert, in der jemand agiert. Wenn jemand zum Beispiel die Realität als nichtdual wahrnimmt, als etwas, das keine trennenden Grenzen kennt, ist die Wahre Natur diesbezüglich sehr offen und wird dementsprechend reagieren. Welche Überzeugungen, Annahmen und Beschränkungen ein Mensch auch haben mag, die Wahre Natur hat die Offenheit, sie genau so zu sehen, ohne zu versuchen, sie zu verändern. Wenn die Erfahrung beschränkt ist, wird die Wahre Natur sie in ihrer Beschränktheit sehen und nicht versuchen, sie zu verändern. Die Wahre Natur hat tatsächlich keine Vorlieben.

Wenn wir also eines von der Wahren Natur lernen können, dann ist es, keine Vorlieben zu haben, keine Alternativen; wir müssen das, was wir erleben, nicht wählen. Unsere Erfahrung geschieht permanent einfach nur. Wenn wir versuchen, zu wählen und sagen: „Das ist gut, das ist schlecht, diese Situation sollte dies mit einschließen und nicht das", trennen wir uns bereits von unserer Wahren Natur, wir praktizieren bereits nicht mehr.

Die Wahre Natur zeigt uns, dass dort zu sein, wo wir sind, bedeutet, ein Bewusstsein zu haben, das alles annimmt, was ist, – wie auch immer unsere Wahrnehmung sein mag, auf welcher Ebene, in welcher Verfassung oder in welchem Zustand wir auch sein mögen. Dieses Bewusstsein umarmt unsere Erfahrung komplett, mit dem unmittelbaren Gefühl und mit so viel Verständnis wie nur möglich. Das Bewusstsein nimmt Kontakt mit der Erfahrung auf, hält sie, umarmt sie – indem es einfach nur da ist, mit ihr ist, in ihr ist, um sie herum ist.

Und wenn ich sage „mit ihr ist" meine ich nicht, dass das Bewusstsein notwendigerweise mit etwas ist, was von ihm getrennt ist. Wenn ich zum Beispiel sage, dass ich jetzt mit meiner Hand bin, bedeutet das dann, dass ich zwei Dinge sein muss – ich und meine Hand? Ich kann mit meiner Hand sein, und dennoch gehört meine Hand zu mir, ist ein Teil von mir. Dasselbe gilt für Ihre Gedanken. Sie können mit Ihren Gedanken sein und erkennen, dass sie von Ihnen getrennt sind, oder Sie können mit ihnen sein und erkennen, dass sie nicht von Ihnen getrennt sind. Beide Sichtweisen stimmen, wichtig ist nur, dass Sie, was auch immer Sie erfahren, wahrnehmen.

Die wahre Natur bedeutet Nichttun und Hingabe

Dort zu sein, wo wir sind, ist tatsächlich eine Form der Hingabe an alles, was geschieht. Diese Hingabe ist das Bewusstsein, das all unsere Erfahrungen annimmt, wie sie auch sein mögen. Wenn ich etwas empfinde und erkenne, dass es mir nicht gefällt, akzeptiere ich, dass ich etwas empfinde, *und* nehme die Tatsache hin, dass es mir nicht gefällt. Ich nehme nicht die Haltung ein, dass ich keine negative Reaktion auf das haben sollte, was ich empfinde.

Das schließt ein bestimmtes Vertrauen in und den Glauben an unser Wesen ein. Normalerweise haben wir dieses Vertrauen nicht, deshalb wollen wir die Dinge in unsere eigenen Hände nehmen und sie so drehen und wenden, wie wir sie haben wollen. Die Wahre Natur zeigt uns, dass wir noch eine andere Option haben, die darin besteht, uns mit ihr zu verbinden, indem wir unserer Erfahrung erlauben, so zu sein, wie sie ist.

Deshalb können Sie jetzt auch an allem, was bisher gesagt wurde, erkennen, dass die Wahre Natur in Wirklichkeit gar nichts tut. Sie schiebt nichts an und sie hält an nichts fest. Sie entspannt sich einfach nur mühelos und ist mit vollem Bewusstsein präsent, sie lässt die Unmittelbarkeit des Gefühls und der Empfindung unserer Erfahrung zu. Das meinen wir auch mit Hingabe. Es ist nicht so, als ob wir etwas tun würden: „Okay, jetzt werde ich mich hingeben." Was wollen Sie denn tun, um sich hinzugeben? Ich habe noch nie jemanden gesehen, der sich hingibt. Niemand gibt sich jemals hin. Hingabe bedeutet im Grunde Nichttun. Es bedeutet, nichts mit dem zu tun, was in unserer Erfahrung erscheint. Es bedeutet, uns und unsere Erfahrung in Ruhe zu lassen.

Wenn wir die ganze Zeit geschoben und gezerrt, Widerstand geleistet und kontrolliert haben und dann an irgendeinem Punkt damit aufhören, kann dieser Übergang sich manchmal tatsächlich wie Hingabe anfühlen. Wenn wir uns immer zusammengerissen haben oder in einen aktiven, rigiden Gedankenprozess involviert gewesen sind und dann an einem bestimmten Punkt damit aufgehört haben, nennen wir das Hingabe. Aber *aufzuhören,* etwas zu tun, ist noch lange kein *Tun.* Deshalb ist Hingabe auch keine Aktivität. Und sie hat ganz bestimmt nichts mit Kontrolle zu tun.

Dort zu sein, wo wir sind, bedeutet, dass wir unsere Erfahrung in Ruhe lassen. Wir mischen uns nicht in sie ein, wir sagen nicht Nein zu ihr, wir versuchen auch nicht, sie festzuhalten. Wir sagen überhaupt nichts dazu – kein Kommentar! Stattdessen erkennen wir sie, akzeptieren sie, sind mit ihr. Diese Abwesenheit von Kontrolle, dieses mühelose Nichtvorhandensein von Manipulation, dieses „Hände weg" kann zwar von Moment zu Moment weitergehen, aber das Bewusstsein, nichts zu tun, wird uns entgleiten, wenn wir nicht ganz genau auf das Geschehen achten. Sie könnten zum Beispiel sagen: „Ich hatte eine Erfahrung und habe mich wirklich hingegeben. Ich war einfach nur da; ich habe nichts getan", um dann im nächsten Moment zu sagen: „Ich glaube, das war eine wundervolle Erfahrung. Ich wünschte, ich könnte sie wieder erleben." Sobald Sie das denken, versuchen Sie bereits, Ihre Seele in etwas hineinzuquetschen, sie zu fesseln, damit Ihnen die Erfahrung nicht entgleitet.

Ohne sorgsame Aufmerksamkeit werden wir wieder anfangen zu manipulieren, ohne dass wir es überhaupt wahrnehmen. Wenn wir es dann bemerken, haben wir uns bereits wieder völlig verkrampft. Aber selbst wenn wir bewusst sind, können wir uns noch dabei erwischen, dass wir versuchen, an etwas festzuhalten, etwas wegzuschieben oder zu kontrollieren. Sobald wir den Impuls verspüren, etwas zu jagen, uns auf die eine oder andere Weise an irgendetwas zu orientieren, erkennen wir das und tun es einfach nicht. Wir hören damit auf und lassen davon ab.

Die Wahre Natur ist immer unerschütterlich in ihrer Nichtmanipulation, in ihrem Nichteinmischen. Und sie betrügt nicht. Sie unterlässt es grundsätzlich, sich einzumischen. Das lernen wir auch in unserer Praxis. Wir lernen, wie wir uns nicht einmischen und in unserer Nichteinmischung unerschütterlich sein können. Weil die Wahre Natur einfach nur ist, wird sie sich lediglich entfalten – sie wird das manifestieren und uns offenbaren, was uns offenbart werden soll.

Die wahre Natur reagiert sogar auf unsere Einmischung

Die Wahre Natur ist wie ein echter Wissenschaftler, der in der Forschung arbeitet. Was macht ein echter Wissenschaftler? Er oder sie untersucht etwas, um den Wahrheitsgehalt einer Situation zu prüfen. Wissenschaftlern ist klar, dass sie sich bei ihren Untersuchungen nicht einmischen sollten, sie sollten dem, was sie untersuchen, weder etwas hinzufügen noch etwas abziehen, sie sollten es auf keine

Weise manipulieren. Sie wollen das, was sie studieren, nur so verstehen, wie es ist – in seinem reinen, nackten Zustand. Sie verknüpfen es nicht mit irgendwelchen persönlichen Wünschen; sie wollen es einfach nur betrachten und seine Wahrheit entdecken.

Wie wir bereits gesehen haben, agiert unser aktiver Geist nie wie ein echter Wissenschaftler. Aber die Wahre Natur wird in ihrer unendlichen Güte unfehlbar auf unsere Einmischung reagieren. Sie wird die Weisheit, Qualität oder Einsicht aufbringen, die im Zusammenhang mit unserer Einmischung vonnöten ist. Deshalb besitzt die Wahre Natur auch viele Qualitäten – weil wir uns nämlich auf vielerlei Weise einmischen!

In unserem gewöhnlichen Zustand, in dem wir uns selbst nie in Ruhe lassen, geschieht diese Manipulation auf allen Ebenen, von der gröbsten bis zur subtilsten. Wir können versuchen, uns durch ein Nadelöhr zu zwängen, indem wir unsere Erfahrung in hohem Maße manipulieren, oder wir können sehr subtil an ihr anhaften, indem wir uns an einen Zustand erinnern, den wir in der Vergangenheit genossen haben, und versuchen, unser Bewusstsein in diese Richtung zu lenken.

Bei unserem weiteren Studium werden wir mehr über die verschiedenen Wege erfahren, wie wir uns in unsere Erfahrung einmischen. Aber egal wie wir uns einmischen, richtig ist immer, dass wir nicht wissen können, was als Nächstes in unserer inneren Erfahrung geschehen sollte – weil wir nämlich nicht über die unendliche Weisheit, die Intelligenz und das Bewusstsein der Wahren Natur verfügen. Irgendetwas zu tun, um unsere Erfahrung von Moment zu Moment anders zu gestalten, als sie ist, bedeutet, sich für Gott zu halten und zu wissen zu glauben, wie die Dinge sein sollten.

Deshalb denken Sie vielleicht: „Jetzt werde ich meditieren, damit ich reinen Frieden erfahren kann.“ Aber wer hat behauptet, dass reiner Friede das Nächste ist, was Sie erfahren sollen?

„Und später werde ich dann das ursprüngliche Bewusstsein erfahren." Wer sagt denn, dass Sie das wirklich erfahren sollen?

Erkennen Sie die Arroganz in dieser Denkweise? Wer äußert diese Dinge überhaupt? Aus diesem Grund sagen wir in unserer Arbeit: „Ich weiß nicht, was ich als Nächstes erfahren werde, das liegt nicht in meiner Macht." Diese Art von Demut wird gebraucht, damit die Wahre Natur unsere Erfahrung in den Zustand bringen kann, den sie hervorbringen will – was normalerweise der Zustand ist, den wir ganz persönlich in diesem Moment benötigen. Das kann ursprüngliches Bewusstsein sein, das kann Frieden sein – aber das kann auch Eifersucht, Hunger oder sogar der Tod sein. Wir wissen es nicht.

Ob wir nun meditieren oder etwas untersuchen, eine Mahlzeit zu uns nehmen oder mit einem Freund sprechen oder unsere Arbeit tun, wir können immer praktizieren, indem wir einfach nur präsent sind, indem wir uns bewusst sind, was in unserer Erfahrung geschieht und nichts damit veranstalten.

Weil Bewusstsein eine Manifestation der Wahren Natur ist, ist es ganz natürlich, dass es Bewusstsein gibt. Aber wir brauchen es auch, um zu erkennen, wie sehr wir uns einmischen. Normalerweise mischen wir uns auf tausend verschiedene Arten und Weisen ein, aber meist fallen uns nur ein oder zwei davon auf. Warum? Weil uns die Situation nicht vollständig bewusst ist. Je bewusster wir sind, desto mehr nehmen wir wahr, wie sehr wir uns einmischen. Je öfter wir sehen, dass wir uns einmischen, desto eher können wir damit aufhören.

Wenn Sie sich also selbst beim Einmischen erwischen, bedeutet das nicht, dass Sie irgendetwas falsch machen. Lassen Sie uns das gleich mal feststellen, denn bestimmt werden Sie sich wieder dabei erwischen. Wenn Sie zum Beispiel meditieren oder praktizieren, werden Sie merken, wie Sie in den Prozess eingreifen, wie Sie sich manipulieren, wie Sie sich abspalten. Da wir wissen, dass das geschehen wird, machen wir es zum Gegenstand unserer Praxis. Wir sehen es, wir lassen es zu, wir stellen nichts damit an.

Wenn Sie aufhören, sich einzumischen, sollten Sie sich ins Gedächtnis rufen, dass das nicht bedeutet, dass Sie etwas tun, um damit aufzuhören. Sich einfach nur bewusst zu sein, dass Sie sich einmischen – und zu erkennen, was das Einmischen bewirkt –, genügt normalerweise schon, damit es von selbst aufhört. Sie werden nicht das Gefühl haben, dass *Sie* es stoppen; es stoppt einfach von selbst.

Und wenn Sie nichts tun, beginnen Sie vielleicht, Gefühle zu erleben, die als Reaktion auf die Einmischung in Ihnen aufsteigen. Vielleicht verspüren Sie Liebe als Reaktion auf das Leid, das mit dem Einmischen verbunden ist. Vielleicht spüren Sie die Entschlossenheit, sich nicht einzumischen, oder vielleicht auch die Stärke und die Kraft, zu sagen: „Ich werde standhaft bleiben und mich nicht einmischen." Oder Sie verspüren möglicherweise genug Liebe, um authentisch zu bleiben und nicht in sich selbst gespalten zu sein.

Übung

Ihre eigene Einmischung erkennen

Denken Sie an einen schwierigen oder unangenehmen Zwischenfall oder an eine Situation, in die Sie vor kurzem geraten sind. Betrachten Sie sie noch einmal von Anfang an und erforschen Sie alle Arten, in denen Sie sich eingemischt haben, während sich diese Begebenheit ereignete. Auf welche Weise haben Sie versucht, die Erfahrung innerlich zu steuern – sie einzusperren, sie zu kontrollieren, sie zu verändern, sie zu verbessern, sie zu gestalten?

Bemerken Sie, wie Sie sich in den Prozess einmischen, während Sie sich die Situation ins Gedächtnis rufen und darüber schreiben. Als Wissenschaftler sollten Sie so liebevoll und nachsichtig wie möglich mit sich umgehen und sich nicht für das verurteilen, was Sie herausfinden.

4.
Für alles Raum schaffen

Vielleicht ist Ihnen ja aufgefallen, dass wir nur einen kleinen Schritt nach dem anderen machen. Aber auch nur ein einziger Schritt auf unserer persönlichen Reise verlangt für gewöhnlich eine Menge an Arbeit und Verständnis. Es braucht zum Beispiel viel Wachstum, Reife und Verständnis, wenn man von der Erkenntnis, wo man sich befindet, den Schritt zum Nichteinmischen machen will. Das schließt ein, dass man sich durch viele Hindernisse und Verhaltensmustern hindurcharbeitet. Trotzdem werden wir in diesem Buch nicht die Fragen untersuchen, die mit jedem dieser Themen auftauchen. Wir schauen uns hier nur unsere Praxis des Wirklichseins an, erforschen, wie die Dinge sich in der Praxis manifestieren, und finden heraus, welche Orientierungshilfen uns zur Verfügung stehen, um uns bei jedem Schritt zu unterstützen. Unser Wunsch in allem, was wir erleben, besteht darin, die folgende Frage beantworten zu können: Wie kann ich bezüglich der Erfahrung, die ich gerade mache, praktizieren, wirklich zu sein?

Während Sie mit diesem Buch arbeiten, sollten Sie sich bewusst sein, dass Sie alle möglichen Muster und Beschränkungen bemerken werden, die in Ihnen hochkommen. Wenn Ihnen zum Beispiel die Aspekte immer bewusster werden, die es Ihnen erschweren, sich nicht in Ihre Erfahrung einzumischen und sie nicht zu kontrollieren, werden Ihnen Ihre Neigungen und Zwänge immer mehr auffallen. Es ist wichtig, das zu erkennen und diese Aspekte mit der gebotenen Zeit und Aufmerksamkeit anzugehen. Es liegt an Ihnen, Ihren gesunden Menschenverstand auf der Suche nach dem besten Weg einzusetzen, um sich diesen persönlichen Konflikten und Hindernissen eingehend zu widmen.

Die Wahre Natur und die Nichteinmischung

Lassen Sie uns also einen genaueren Blick auf die Nichteinmischung werfen – auf das „Hände Weg" – weil dies einer der Hauptschlüssel zu unserer Praxis ist. Nichteinmischung wird im Chinesischen als *wu wei* bezeichnet (es wird oft mit „Nichtaktion" oder „Nichttun" übersetzt), und die Anhänger des Shivaismus in Kashmir nennen es das Anupaya Yoga. Es handelt sich dabei um eine der tantrischen Methoden, die in diesem Yoga oft für die letzten Stufen der Unterweisung reserviert wird. Die Unterweisung sieht so aus: Lassen Sie die Dinge so, wie Sie sind; seien Sie einfach nur präsent und bewusst, dann wird jedes Hindernis seine Wahre Natur offenbaren. Wenn Sie ein Gefühl komplett fühlen, ohne irgendetwas hinzuzufügen, wird es sich transformieren und seinen wahren Zustand enthüllen, der unsere Wahre Natur in der einen oder der anderen Geschmacksrichtung ist. Manche Emotionen führen zur Freude, andere zu Mitgefühl oder Stärke – all dies sind eindeutige Qualitäten unserer Wahren Natur.

Aber diese direkte Transformation kann sich nur dann vollziehen, wenn wir schon präsent, bewusst und in vollem Kontakt mit unserer

Wahren Natur sind. Die meiste Zeit halten wir uns jedoch nicht dort auf. Wenn wir in unserem gewöhnlichen Bewusstsein sind, transformiert es sich nicht unmittelbar in seine Wahre Natur. Normalerweise transformiert es sich in eine andere Empfindung oder ein anderes Gefühl. Mit anderen Worten, wir müssen einen Prozess aus mehreren Schritten durchlaufen, bevor die Erfahrung am Ende ihre Wahre Natur enthüllt.

Außerdem müssen wir verstehen, dass eine Emotion nicht nur eine simple Reaktion auf das ist, was in der momentanen Situation geschieht. Meist hat die Emotion eine ganze Geschichte. Wenn Sie sie einfach nur sein lassen, beginnt sie, diese Geschichte und ihre Auswirkungen zu enthüllen. Das bedeutet, obwohl die Wahre Natur immer präsent ist, kann die unglaublich dünne Decke, die die emotionale Realität von der Wahren Natur trennt, vielleicht hundert verschiedene historische Schichten enthalten, die die Wahrheit verdecken. Deshalb ist die Erkenntnis der Wahren Natur auch ein schrittweiser Prozess.

Die unteilbare Wahre Natur

Wir müssen uns immer daran erinnern, dass die Offenbarung der Wahren Natur ein Prozess ist, um uns selbst gegenüber realistischer und mitfühlender sein zu können in Bezug auf jenen Punkt, an dem wir sind. Deswegen besteht unsere Praxis darin, einfach nur bewusst und präsent bezüglich allem zu sein, was erscheint, es sein zu lassen und nichts damit anzustellen, außer unserem natürlichen Interesse zu erlauben, sich zu entfalten und seine Essenz zu enthüllen. Dieser Prozess wird an irgendeinem Punkt dann auch die letztendliche Natur dieser Emotion offenbaren.

Wie Ihnen sicher auffallen wird, habe ich nicht nur gesagt: „Bleiben Sie bewusst." Ich habe gesagt: „Bleiben Sie bewusst und präsent."

In Wirklichkeit sind Bewusstheit und Präsenz natürlich nicht zwei verschiedene Dinge, aber wenn ich lediglich sage: „Bleiben Sie bewusst", denken Sie vielleicht im Sinne des normalen Gewahrseins darüber nach. Das würde bedeuten, es ginge hier darum, die Erfahrung aus der Distanz zu beobachten, mit dem Abstand eines Subjekts, das ein Objekt betrachtet. Wenn ich sage „bewusst und präsent", meine ich, „präsent in Bezug auf das, was Ihnen bewusst ist", und das bedeutet, es fällt Ihnen nicht nur auf, sondern Sie sind auch damit in Kontakt. Sie berühren es, fühlen es, spüren seine Konsistenz und seine Qualität. Sie sehen es sich nicht nur von außen an, sondern Sie sind sich seiner auch von innen heraus bewusst, aus allen Richtungen, von überallher. Die Präsenz fügt also die Qualität der *Unmittelbarkeit* des Bewusstseins hinzu, was bedeutet, dass es keine Distanz zwischen dem Bewusstsein und dem, dessen wir uns bewusst sind, gibt.

Präsenz erzeugt ein Gefühl der Unmittelbarkeit, der Erfüllung, des Hierseins in der Erfahrung. Es verleiht ein Gefühl der Unmittelbarkeit und Direktheit, das die Erfahrung überzieht, sie durchdringt und erfüllt, sodass unser Gewahrsein, unser Bewusstsein, sie nicht nur von einem entfernten Platz aus beobachtet, sondern von innen heraus. Es ist so, als wären unsere Nervenenden innerhalb und außerhalb der Erfahrung und dazwischen; sie sind überall und erspüren sie in all ihren Facetten. Erst dann verstehen wir diese Erfahrung wirklich vollständig. Mit dieser Art von Bewusstsein erkennen wir, dass es nicht nur eine Funktion ist, sich über etwas bewusst zu sein, nicht nur eine Fähigkeit. Tatsächlich *ist* das Gewahrsein unsere essenzielle Präsenz, unser Hiersein, unsere Wirklichkeit.

Das verweist auf etwas sehr Wichtiges im Hinblick auf unsere Wahre Natur, auf unseren natürlichen Zustand: Die Wahre Natur ist unteilbar. Die Wahre Natur kann nicht aufgegliedert werden; sie besteht nicht aus unterschiedlichen Teilen. Sie ist keine Maschine, die aus vielen Teilstücken zusammengesetzt ist, sie ist nicht einmal wie der Körper mit seinen vielen unterschiedlichen Organen. Alles, was zur Wahren Natur gehört, existiert überall in ihr. Es ist nicht so, dass die Liebe zur Wahren Natur gehört und dass diese Liebe dann in der Gallenblase steckt; sie hat gar keine Gallenblase. Die Liebe ist überall in der Wahren Natur, genau wie das Bewusstsein und die Stärke. Die Gesamtheit der Wahren Natur ist eine vereinigte Gegenwart und dasselbe trifft auf das Bewusstsein zu. Die Wahre Natur und das Bewusstsein sind untrennbar voneinander, und diese Tatsache kann uns als Leitlinie für die Praxis dienen.

Die Einheit unserer Erfahrung

Wie die Wahre Natur, ist auch die Präsenz unteilbar; sie kann nicht in verschiedene Teile zerlegt werden. Sie ist unbegrenzt, aber nicht im Sinne von Ausmaß und Größe, denn die Präsenz hat gar keine Größe. Sie ist unbegrenzt in ihren Qualitäten, Möglichkeiten und in ihrem Wirkungsvermögen. Das ist für unser tägliches Leben deshalb wichtig, weil wir uns ganz fühlen, wenn wir wirklich wir selbst sind. Wir sind ganz – ungeteilt – es gibt keine Spaltung, keinen Widerspruch in uns; keine Teile, die einander bekämpfen.

Welchen Eindruck, welches Bild, welchen Gedanken, welches Gefühl, welche Empfindung oder welche Form der Erfahrung wir auch erkennen, sie alle erscheinen in unserem Bewusstsein, sie existieren im Feld unseres Gewahrseins. Es ist nicht so, als wäre unser Bewusstsein sich irgendetwas außerhalb seiner selbst bewusst.

Was immer wir auch erleben ist stets ein Teil unseres Bewusstseinsfelds, das sich in einer ganz bestimmten Form manifestiert. Unser Bewusstsein erkennt diese Veränderung oder diese Erscheinung in ihm einfach wieder.

Wenn wir uns unsere innere Erfahrung anschauen, wie sie in Form von Gefühlen, Emotionen, Gedanken, Bildern, Impulsen, Begierden und so weiter zutage tritt, erkennen wir, dass diese immer in uns als ein Teil von uns erscheinen. Man könnte sie auch als Wellen in einem Feld derselben Substanz bezeichnen oder als Modulation von Wellen im selben Medium. Jede Welle erscheint mit einem bestimmten Aroma, einer bestimmten Textur, einer bestimmten Farbe und Qualität, die sie uns als das eine oder andere erfahren lassen. Aber es ist nicht so, als wäre unser Bewusstsein eine Leere, aus der irgendein Objekt plötzlich auftaucht. Es ist nicht so, als wären wir getrennt und würden dieses Objekt als etwas von uns Getrenntes betrachten. Alles, was erscheint, ist immer untrennbar von uns.

Vielleicht sind wir uns dessen nicht bewusst, wenn wir unsere Wahre Natur noch nicht kennen. Aber in dem Moment, in dem wir unsere Wahre Natur kennen, wird uns klar, dass alles innerhalb von ihr erscheint. Alles taucht innerhalb dieses Felds auf, innerhalb dieser Präsenz und ist nicht von ihr getrennt. Deshalb erkennen wir auch, dass wir uns nur von uns selbst abspalten, wenn wir irgendetwas bekämpfen, das Teil unserer Erfahrung ist.

Einmischung als Trennung

Das führt uns zurück zur Einmischung und zu der Schwierigkeit, die wir haben, unsere Hände von der Erfahrung zu lassen. Sich in unsere Erfahrung einzumischen, beinhaltet immer auch Trennung: Wir spalten uns selbst durch die Einmischung in Teile auf. Das heißt, es gibt vielleicht mich, der sich in meine Angst einmischt, oder mich, der sich in meine Liebe einmischt.

Diese Trennung erkennen wir, oder sie offenbart sich am klarsten, wenn wir uns in eine Erfahrung oder in einen Aspekt der Erfahrung einmischen, den wir lieber nicht hätten oder mit dem wir kein gutes Gefühl verbinden. Vielleicht ist es etwas, das uns erschreckt oder verletzt, oder etwas, von dem wir glauben, dass es uns beschämt. Vielleicht glauben wir, dass etwas zu viel ist – zu empfindlich, zu süß, zu stark, zu einflussreich –, irgendetwas, das das bedroht oder dem widerspricht, für das wir uns selbst halten. Wenn wir nicht von unserer Wahren Natur durchdrungen werden, tendieren wir dazu, alles zu bekämpfen oder abzulehnen, was wir bedrohlich oder fragwürdig finden. Wir wollen es bekämpfen, unterdrücken oder dagegen angehen. Entweder wollen wir es nicht fühlen oder wir wollen es nicht vollständig fühlen. Diese Tendenz, uns selbst und die einzelnen Elemente unserer Erfahrung zu bekämpfen, ist das, was wir gemeinhin als Widerstand bezeichnen.

Manchmal wollen wir uns nicht einmal dessen bewusst sein, was uns stört, wir wollen nicht wissen, dass es da ist. In diesen Situationen ist es völlig egal, ob es sich um etwas Positives, etwas Negatives, etwas Schmerzhaftes, etwas Angenehmes, etwas Erweitertes oder Verengtes handelt, das in unserem Bewusstsein erscheint. Wenn wir damit nicht vertraut sind, davor Angst haben oder uns deswegen schlecht fühlen, wollen wir uns dessen nicht bewusst sein. Am Ende bekämpfen wir dann das, was sich bisher noch nicht einmal manifestiert hat. Wir leisten Widerstand dagegen.

Wir stumpfen unser Bewusstsein ab und verdichten es auf eine Art und Weise, die jedes Element, das in unserem Bewusstsein erscheint und das wir lieber nicht hätten, entweder bekämpft oder verdrängt. Wenn wir das tun, wird es sehr schwierig, einfach nur präsent zu sein. Wie wollen wir hier sein, wie wollen wir wir selbst sein, wenn wir etwas in unserer Erfahrung bekämpfen?

Wir versuchen, uns abzutrennen; aber wie wir ja bereits gesehen haben, sind wir untrennbar. Wir versuchen, uns aufzuteilen, aber unser Bewusstsein besteht nicht aus einzelnen Teilen. Deshalb werden wir auch nur dicht und dumpf, und unser Bewusstsein verliert seine Leichtigkeit, seine Brillanz und Klarheit. Tatsächlich hat unser normales Bewusstsein sie bereits verloren, weil wir uns automatisch bewusst oder unbewusst auf so viele Arten aufspalten.

Die Natur des Widerstands

Die Grundhaltung des Ego-Selbst, das seine Natur nicht kennt, besteht darin, manche Erfahrungen zu bekämpfen und an anderen festzuhalten. Das Ego-Selbst hat Vorlieben für das, was passieren und was nicht passieren sollte. Diese Vorlieben sind abhängig von dem Ideal, was wir für erleuchtet halten und was nicht, was für uns angenehm oder schmerzhaft ist. Wir haben alle möglichen Werte und Beurteilungskriterien in Bezug auf das, was gut und was schlecht ist, was Angst macht und was nicht. Manches davon ist bewusst, anderes ist unbewusst, und vieles spaltet uns innerlich auf. Diese Trennung schafft eine Art Kriegszustand, ähnlich einer inneren Widerstandsbewegung, während unsere Wahre Natur in sich ungeteilt und unteilbar ist.

Wenn Sie Widerstand leisten, leisten Sie hauptsächlich Widerstand gegen sich selbst. Es ist eine Art des Selbstwiderstands. Statt mit sich zu sein, leisten Sie Widerstand dagegen, mit sich zu sein. Statt Sie selbst zu sein, leisten Sie Widerstand dagegen, Sie selbst zu sein. Das bedeutet es, Widerstand gegen unsere Wahre Natur zu leisten. Die Ego-Erfahrung, die schon von Natur aus keine Erfahrung ist, die darauf beruht, einfach nur wir selbst zu sein, impliziert den Widerstand gegen das Sein.

In dem Moment, in dem wir die Haltung des Egos einnehmen, der Identifikation mit unserer Geschichte, schließt das bereits den Widerstand mit ein. So etwas wie ein Ego ohne Widerstand gibt es überhaupt nicht, und der größtmögliche Widerstand ist der Widerstand gegen das einfache Sein, der Widerstand gegen unsere Wahre

Natur. Der Grund dafür ist, dass das Ego immer das eine oder das andere zu tun versucht, während die Wahre Natur überhaupt nichts tut. Sie ist einfach nur. Sie ist Natur. Sie ist leuchtende Präsenz.

Die Natur des Egos selbst ist fortwährender Widerstand gegen das, was ist. Sich einfach nur als Ego zu manifestieren, schließt mit ein, dass wir gegen unsere Natur Widerstand leisten, denn wenn wir das nicht tun würden, *wären* wir sofort unsere Natur. Deshalb impliziert auch die Tatsache, dass wir uns selbst nicht als unsere Wahre Natur erfahren, dass wir nicht diese weiträumige Präsenz sind, bereits Widerstand.

Dieser Widerstand kann sehr subtil sein, und natürlich gibt es viele Gründe dafür. Es kann sein, dass wir nicht daran glauben, unsere Wahre Natur zu sein. Stattdessen glauben wir, dass wir derjenige sind, der Widerstand leistet, und dass wir nur versuchen, unsere Identität zu bewahren. Es kann sein, dass es uns zu sehr bedrohen würde, uns zu gestatten, unsere Wahre Natur zu spüren, und dass damit alle möglichen Arten von Verwundbarkeit, Ängsten oder Unsicherheiten ans Licht kommen würden. Tatsächlich bedeutet wirklich zu sein eine Art Tod. Ich spreche zwar über solche Dinge wie Widerstand und darüber, wie man etwas zulassen sollte, aber in Wirklichkeit bedeutet ohne Widerstand zu sein letztlich den Tod des Egos.

Widerstand geschieht auf viele Weisen und kann direkt oder indirekt sein. Direkter Widerstand taucht dann auf, wenn irgendeine Erfahrung, die wir nicht wollen, hochkommt oder im Begriff ist, hochzukommen. Wir wehren uns dagegen, indem wir uns verschließen, uns in uns selbst zurückziehen, uns abstumpfen oder gegen das angehen, was da ist. Beispielsweise taucht eine Verletzung auf und Sie sagen: „Nein, das ist mir zu viel, das will ich nicht fühlen." In diesem Moment verdichtet sich unser Bewusstsein, um es zu verdrängen, um es zu beenden. Direkte Ablehnung findet statt, ein Leugnen oder Wegschieben unserer Erfahrung oder eines Teils davon.

Andererseits ist der Widerstand manchmal auch indirekt. In diesem Fall versuchen wir nicht, den unangenehmen Teil unserer Erfahrung zu vermeiden oder zu verdrängen – stattdessen probieren wir, ihn zu manipulieren. Vielleicht versuchen wir, unsere Erfahrung zu kontrollieren, sie zu lenken oder uns zu wünschen, sie wäre anders. Wir glauben vielleicht, dass wir unsere Erfahrung akzeptieren, und probieren, damit zu arbeiten, aber das können wir nicht tun, ohne Widerstand gegen das zu leisten, was ist, ohne das zu bekämpfen, was wir erfahren. Wir wissen, dass das so sein muss, denn wenn wir nicht kämpfen oder Widerstand leisten, sind wir weiter Raum – wir erlauben allem, was geschieht, genau so zu sein, wie es ist.

Mit Widerstand in der Praxis arbeiten

Da Sie die meiste Zeit nicht Sie selbst sein können – nicht real sein können –, werden Sie merken, dass Sie häufig Widerstand leisten und sich einmischen. Sollten Sie trotzdem real sein *können*, lassen Sie es zu. Denn sonst würden Sie ja erneut Widerstand leisten. Was immer auch geschieht, geschieht. Wenn Sie zufällig offen und präsent sind, wenn die Dinge auftauchen, sich natürlich transformieren, wenn sie sich aus einer engen Lage befreien und ihre ihnen zugrunde liegende Leichtigkeit und Strahlkraft offenbaren, ist das wunderbar. Wenn nicht, sollten Sie Ihr Bestes tun, sie nicht zu verurteilen oder irgendetwas mit ihnen anzustellen, denn die Wahre Natur selbst wird sie transformieren. Die Wahre Natur transformiert sie vielleicht, indem sie ihre Geschichte oder ihre Bedeutung offenbart. Diese Offenbarung der Geschichte nennen wir den Prozess der Untersuchung. Darüber werden wir in diesem Buch noch häufig sprechen.

Wenn ich sage, dass Widerstand bei der inneren Arbeit kontraproduktiv ist, soll das nicht heißen, dass Sie nicht angemessen auf äußere Umstände reagieren sollen. Denken Sie an den faulen Pfirsich.

Ich beziehe mich auf den Nichtwiderstand innerhalb von uns selbst, innerhalb unseres Bewusstseinsfelds der Erfahrung.

Es setzt ein subtiles, ganzheitliches Verständnis unseres Erfahrungsfelds voraus und ein Gespür dafür, wie wir darin in Harmonie leben können, um zu verstehen, wie man mit einer äußeren Kraft umgehen sollte. In der Zwischenzeit können wir nur unser Bestes tun, bis wir zu diesem Punkt gelangen. Je mehr wir verstehen, wie wir auf das reagieren, was in uns aufsteigt, desto leichter wird es für uns, zu lernen und mit dem umzugehen, was sozusagen außerhalb von uns erscheint. (An irgendeinem Punkt erkennen wir dann, dass alles, was passiert, nicht wirklich außerhalb von uns liegt.)

Wenn wir gegen unsere Erfahrung angehen und sie bekämpfen, hat sie nicht die Möglichkeit oder den Raum, sie selbst zu sein. Wenn sie nicht die Chance hat, sie selbst zu sein, hat sie nicht die Chance, sich zu entfalten. Und wenn sie nicht die Chance hat, sich zu entfalten, hat sie nicht die Gelegenheit, ihr Wesen zu offenbaren. Deshalb bleibt sie weiterhin die Manifestation, als die sie ursprünglich erschienen ist. Mit anderen Worten, Widerstand gegen etwas zu leisten, ist ein guter Weg, um es in der Form zu erhalten, in der wir es zu Beginn erfahren haben. Wir wehren uns dagegen und hoffen, es dadurch loszuwerden, aber tatsächlich kapseln wir es ein und belassen es in seiner ursprünglichen Form oder in seinem ursprünglichen Ausdruck.

Daher können Sie erkennen, dass Widerstand zwecklos ist! Alles, was anfangs seine eigene Identität, seine eigene Realität zu haben schien, wird an irgendeinem Punkt wieder von der unteilbaren Einheit der Wahren Natur aufgesaugt werden.

Widerstand impliziert eine Teilung in uns. Er signalisiert, dass wir nicht erkennen, dass das, was erscheint, eine Manifestation unseres eigenen Bewusstseins, unseres eigenen Gewahrseins ist. Wenn zum Beispiel Hass oder Furcht in uns aufsteigen, ist es unsere Seele, unser

Bewusstsein, das zu einem bestimmten Zeitpunkt, aus einem Grund, den wir vielleicht noch nicht verstehen, diese Form annimmt. Wenn wir in der Lage sind, Angst oder Hass zuzulassen, sie willkommen zu heißen, zu halten und in ihrer Totalität ganz zu spüren – in all ihrer Beschaffenheit, Farbigkeit und Lebendigkeit –, dann werden wir ihnen den Raum geben, sie selbst zu sein. Das wird ganz natürlich passieren, weil es im Wesen unserer Wahren Natur liegt, sich zu bewegen, sich zu entfalten, sich zu erhellen und das zu offenbaren, was sie ausmacht. Indem unsere Erfahrung offenbart, was sie ausmacht, wird sie an irgendeinem Punkt ihre Wahre Natur enthüllen, denn jede Erfahrung, die wir machen, ist auf irgendeine Weise mit unserer Wahren Natur verbunden. Dadurch, dass wir sie verstehen, ihre Wahrheit erkennen und dem Faden dieser Wahrheit folgen, folgen wir der Verbindung zu unserer Wahren Natur.

Die Wahre Natur ist ungeteilt, lässt aber Teilung zu

Wie wir gesehen haben, impliziert Widerstand eine innere Teilung. Es ist möglich, dieser Teilung selbst die Stirn zu bieten, ihre Dualität zu durchschauen, aber für die meisten von uns ist das ein großer Schritt. Tatsächlich ist es ein riesiger Schritt – oder vielleicht auch der zehntausendste durchschnittlich große Schritt – auf unserem Weg. Die meisten von uns müssen immer noch den ersten Schritt machen, also das zulassen, was geschieht, es einfach nur sein lassen. Obwohl wir die Teilung und die Dualität spüren, müssen wir sie zulassen. Zu sagen: „Nein, das ist nicht richtig, es ist dual, es ist gespalten“, ist eine Form des Widerstands; sie nimmt die Haltung ein, das, was ist, zu verdrängen.

Glauben Sie, dass die Wahre Natur der Dualität, der Trennung das antun würde? Nein. Die Wahre Natur sagt: „Oh, Trennung ... interessant, lass uns etwas darüber herausfinden", und bleibt einfach dabei, lässt ihre Gespaltenheit zu und lädt sie ein, sich selbst zu offenbaren. „Erzähl mir mehr über dich. Diese Dualität ist ein interessantes Phänomen. Ich wusste gar nicht, dass ich das erschaffen konnte. Ich weiß, dass ich selbst vollkommen unteilbar bin – aber sieh nur, hier ist eine Trennung. Ist das nicht unglaublich?! Ich muss wirklich sehr kreativ sein! Ich kann mich selbst als etwas erscheinen lassen, das sich von meinem wahren Wesen unterscheidet. Das ist besser als alle Spezialeffekte im Kino! Ich verändere nicht nur meine Gestalt, ich trenne tatsächlich Teile von mir ab."

Möglicherweise haben Sie bereits von fiktionalen Figuren namens Wechselbälgern oder Gestaltveränderern gehört. Das sind Wesen, die ihre Form nach Belieben verändern können. In einem Moment nehmen Sie sie vielleicht als Mensch, im nächsten als Vogel und im übernächsten als Tisch, Pflanze oder Wolke wahr. Aber in diesem Prozess zerfallen sie nicht in Einzelteile und verändern diese; sie wechseln von einer vollständigen Form in die nächste. Doch wir als Wechselbälger können uns tatsächlich dergestalt verändern, dass unsere Manifestation als zwei oder drei verschiedene Phänomene erscheint – oft an ganz verschiedenen Orten innerhalb unseres Bewusstseinsfelds. Wahrscheinlich haben Sie schon von der psychischen Fähigkeit der Bilokation (zeitgleiches Erscheinen eines Menschen an zwei Orten) gehört, stimmt's? Das machen wir die ganze Zeit.

Obwohl die Wahre Natur unendlich viele Möglichkeiten manifestieren kann, einschließlich der Erfahrung des inneren Konflikts und der Trennung, liegt es nicht in ihrem Wesen, etwas abzuspalten und dann zu bekämpfen. Der Grund dafür ist ihre unteilbare Einheit. Der Entwurf der Wahren Natur hat nichts mit Trennung und Konflikt zu tun, das liegt außerhalb ihrer Möglichkeiten. Nur ihre Manifestationen können als getrennt erscheinen.

Das bedeutet, anstatt sich zu verschließen und entschlossen alles zu bekämpfen, was in uns erscheint, zeigt uns unsere Praxis die Bedeutung des klaren Zulassens, das einem ungeteilten Ort entspringt, der Offenheit unserer Wahren Natur. Vielleicht sind wir uns dieses ungeteilten Ortes nicht bewusst, weil wir dort nicht sind, weil es nicht das ist, was in unserer Erfahrung erscheint. Aber wir können uns daran erinnern und lernen, unseren Widerstand zu erkennen. Wenn wir ihn erkennen, müssen wir ihn nicht bedienen. Wir können lernen, in der Weite zu sein, indem wir uns des Widerstands bewusst werden, ihm mit Präsenz begegnen, ihn fühlen und alles über ihn wissen wollen.

Fangen Sie damit an, Widerstand zuzulassen

Wenn ich sage: „Geben Sie Raum, lassen Sie das, was geschieht, aus einer klaren Haltung heraus zu", meine ich damit nicht, dass Sie für sich absichtlich dieses Gefühl der Klarheit erschaffen sollten. Das mag von selbst passieren oder auch nicht, je nachdem, was da ist. Ich meine damit, dass Sie alles, was in Ihrem Bewusstsein geschieht, einschließen sollen; Sie leisten keinen Widerstand dagegen. Wenn Widerstand und Verdichtung stattfinden, wehren Sie sich nicht dagegen. Sie können mit der Verdichtung im Reinen sein, sie zulassen, sie so dicht sein lassen, wie sie möchte, sie so stark wie möglich fühlen. Diese Verdichtung zu untersuchen, bedeutet also, in sie einzutauchen und sie ganz zu erfahren. Die Haltung, mit der Sie Ihre Erfahrung angehen, ist viel wichtiger als das Erreichen irgendeines bestimmten Bewusstseinszustands.

Natürlich ist die Verdichtung eine Form des Widerstands, eine Haltung, die nichts zulässt, die keinen Raum lässt. Deshalb sollten Sie sich ihrer einfach nur gewahr sein. Zuerst sollten Sie sie wahrnehmen, dann während des Wahrnehmens zulassen und sogar noch mehr in Erscheinung treten lassen. Wenn es dichter wird, wird vielleicht mehr Verdichtung gebraucht, damit es erscheinen kann. Es muss sich so weit wie möglich ausbreiten, bis Sie zu einer vollständig verdichteten Präsenz werden. Wenn Sie so verdichtet sind, stehen Ihnen manche Ihrer Fähigkeiten nicht zur Verfügung, weil sie verstopft sind. Das ist okay. Dann bleibt nämlich nur als Einziges die Aufmerksamkeit übrig. Und auch das ist in Ordnung.

So setzen Sie also die Untersuchung Ihrer Erfahrung fort. Untersuchung meint nicht notwendigerweise, dass Sie etwas tun oder eine ganz bestimmte Frage stellen müssen. Es geht mehr darum, etwas neugierig in Augenschein zu nehmen: „Ich fühle mich verdichtet. Ich bin so zu, dass ich nicht einmal weiß, was hier läuft. Was kann das sein? Es gefällt mir nicht. Ich wünschte, ich wäre nicht so zu." All das ist Teil der Untersuchung. Wenn Sie dadurch erkennen, dass Sie es wirklich nicht mögen, dass Sie sich lieber empfindsam und zart fühlen würden, erkennen Sie eine bestimmte Art von Widerstand, die ein Teil der Verdichtung sein kann. Auch das ist okay. Alles muss darin eingeschlossen werden.

Was immer es auch ist, heißen Sie es willkommen, umarmen Sie es. Das bedeutet nicht, dass Sie es lieben müssen. Es ist verständlich, dass es Ihnen nicht gefällt, verdichtet zu sein. Aber es nicht zu mögen, ist nicht dasselbe, wie dagegen anzugehen, zu versuchen, es loszuwerden oder es zu verurteilen.

Aus der Perspektive der Wahren Natur ist es ganz natürlich, klar, hell und spielerisch statt dumpf zu sein, wenn wir uns mit unserer Erfahrung beschäftigen. Wichtig ist nur, dass wir die Haltung einnehmen können, an jeder Art von Erfahrung interessiert zu sein. Das bedeutet, sie nicht nur zuzulassen, sondern sie tatsächlich einzuladen. Wenn wir uns selbst als dumpf, völlig zu und voller Abwehr erleben, fangen wir eben damit an. Das ist der Zustand, in dem wir uns befinden, deshalb lassen wir uns auch dort sein und laden ihn ein, sich zu offenbaren.

So kehren wir also zum Ausgangspunkt zurück, um uns noch einmal daran zu erinnern, dass unsere Praxis darin besteht, real zu sein. Es geht immer darum, wir selbst zu sein, egal, wo wir sind. Die meisten von uns wissen nicht, wie sie real sein können, wie sie sie selbst sein können. Wir können nicht einfach einen Schalter umlegen, damit das passiert. Was können wir also tun? Wenn wir uns an die Art erinnern, wie die Wahre Natur funktioniert, haben wir bereits einen Weg für unsere Praxis gefunden. Lassen Sie uns noch einmal zusammenfassen, was wir bisher herausgefunden haben:

- Der beste Weg, um real zu sein, besteht darin, zu lernen, dort zu sein, wo wir sind, denn wo wir sind, ist das, was bereits passiert.
- Was auch immer wir irgendwann erleben, ist Teil unserer Wahren Natur, Teil unserer Präsenz, Teil unseres Bewusstseins, Teil unseres Gewahrseins.
- Die Wahre Natur ist unfähig, Widerstand zu leisten. Es liegt nicht in unserer Wahren Natur, etwas zu trennen und zu bekämpfen. Dafür wurde sie nicht geschaffen.
- Die Wahre Natur manifestiert ihre Freiheit dadurch, dass sie in sich weit und voller Licht ist. Es ist eine Weite, die sich schwerelos anfühlt und die als Einladung für bestimmte Dinge fungiert, damit sie erscheinen, sie selbst sein und sich auf diese Weise komplett offenbaren können.
- Wir müssen der Tendenz, uns gegen unsere Erfahrung zu wehren, nicht nachgeben. Wir können lernen, klar zu sein, indem wir uns des Widerstands bewusst werden, ihm gegenüber präsent sind, ihn fühlen und neugierig auf ihn sind.

- Wenn wir in der Lage sind, unsere Erfahrung zuzulassen – sie zu umarmen, zu halten und vollständig zu fühlen, anstatt sie zurückzuweisen oder zu versuchen, sie zu verändern –, geben wir ihr den Raum, sie selbst zu sein. Dann wird sie sich ganz von selbst entfalten, weil dies das Wesen unserer Wahren Natur ist.
- Wenn unsere Erfahrung sich erhellt und ihr Wesen offenbart, wird sie an einem bestimmten Punkt unsere Wahre Natur enthüllen, denn jede Erfahrung, die wir machen, ist in irgendeiner Form mit unserer Wahren Natur verbunden.
- Indem wir die Wahrheit unserer Erfahrung sehen und verstehen und diesem Faden der Wahrheit folgen, sind wir auf dem Weg zu unserer Wahren Natur.

Übung

Das Zulassen in den Moment einladen

Die Wahre Natur ist an ihren eigenen Enthüllungen interessiert, weil sie es liebt, sich zu offenbaren; es liegt in ihrem Wesen, sich zu manifestieren. Das passiert die ganze Zeit über, aber wir können es auch als eine ganz bestimmte Praxis nutzen. Wenn wir jedem Prozess, der von sich aus geschieht, Aufmerksamkeit schenken und ihn erforschen, nennen wir das Untersuchung. Wenn wir uns unserer Erfahrung bewusst sind, bewusst mit ihr beschäftigt sind und sie dazu einladen, sich durch unsere unmittelbare Gegenwart zu entfalten, ist es das, was mit Untersuchung gemeint ist.

Verbringen Sie 15 Minuten damit, Ihre Erfahrung zu untersuchen, wie sie von Moment zu Moment erscheint. Die Praxis besteht darin, sich zu erlauben, dort zu sein, wo Sie sind. Erkennen Sie Ihre Erfahrung an, wie auch immer sie aussehen mag, und lassen Sie sie zu. Wenn Sie sich ihrer einfach nur mit Neugier und Interesse gewahr sind, wird sie beginnen, sich zu entfalten. Sie wird fließen und sich zum nächsten Moment bewegen. Wenn Sie damit fortfahren, sie zu lassen, wie sie ist, und die ganze Zeit über an ihr interessiert bleiben, werden die Veränderungen in der Erfahrung zu einem Prozess, zu einer Offenbarung, zu einer inneren Untersuchung und Entdeckungsreise.

Wenn Sie fertig sind, nehmen Sie sich zehn Minuten, um über die Präsenz des Widerstands und das Zulassen des Widerstands in Ihrer Untersuchung nachzudenken. Wann tauchte Widerstand auf und wann zeigte sich mehr Zulassen? Auf diese Weise können Sie selbst erkennen, welche Arten von Gefühlen aufsteigen, die Sie in Ablehnung, Vermeidung, Manipulation, Kontrolle oder irgendeine andere Form des aktiven Sich-Einmischens hineinziehen. Sich klarer darüber zu werden, wann Sie etwas zulassen und wann Sie Widerstand leisten, wird Ihnen dabei helfen, zu lernen, den Unterschied wertzuschätzen.

5. Uns für uns selbst öffnen

Wir können keinen Grund angeben für die Tatsache, dass wir es lieben, wir selbst zu sein. Natürlich würden uns Gründe einfallen, aber keiner von ihnen wäre wahr, weil es tatsächlich keine Gründe dafür gibt. Es ist uns angeboren, uns selbst und unser Wesen zu lieben. Und in unserer Wahren Natur lieben wir alles und jeden. Diese Liebe ist einfach nur ein Teil der Realität. Wenn wir fühlen, dass wir wir selbst sind, fühlen wir uns real. Wir sind mit uns vertraut, uns selbst nahe, aber nicht nahe im Sinne von, es gibt da zwei, die sich nahe sind. Es ist mehr ein Gefühl der Nähe unseres eigenen Seins, ohne Abstand. Diese Abwesenheit von Distanz – oder von Trennung – bringt ein Gefühl der Vertrautheit mit sich, der Entspannung, des in sich angekommen Seins.

Dabei versuchen wir gar nicht unbedingt, dieses Gefühl des Seins, das wir erfahren, zu beschreiben; es ist nicht wichtig, welche Qualität oder Dimension des Seins sich manifestiert. Wir sind einfach nur in unserem wahren Selbst angekommen, anstatt uns selbst zu erschaffen, zu *versuchen*, wir selbst zu sein oder auf irgendetwas zu reagieren.

Die Vertrautheit, wir selbst zu sein

Wir selbst zu sein, ist ein Vergnügen. Es ist eine Vertrautheit, eine Echtheit, eine Kostbarkeit. Es ist unbeschreiblich, wie befriedigend es sich für uns anfühlt. Aber worauf ich hier hinweisen möchte, ist die Tatsache, dass wir selbst zu sein eine Offenheit, eine spezielle Sanftheit beinhaltet. Wenn wir wir selbst sind, sind wir mit uns vertraut, wir fühlen uns uns selbst nahe. Unser Herz ist offen, unser Geist ist klar, unsere Seele ist ruhig; es gibt kein Gefühl der Verdichtung, des inneren Aufruhrs oder des Kampfes mit uns selbst. Wir erfahren eine innere Einheit, die sich friedlich und entspannt anfühlt und uns hochzufrieden stimmt. Und ob wir nun eine spezielle Qualität, einen Aspekt unseres Seins oder die Wahre Natur in ihrer Transzendenz und Grenzenlosigkeit spüren, genießen wir immer eine wunderbare Freiheit und Befriedigung.

Während wir gemeinsam Fortschritte mit Hilfe dieser Unterweisungen machen, lernen wir, uns diesem Vergnügen anzunähern, es so zu praktizieren, dass wir uns in diesem Zustand wiederfinden. Um es einmal ganz einfach auszudrücken, haben wir bis jetzt erkannt, dass der Schlüssel darin liegt, herauszufinden, wo wir sind, und uns mit Bewusstsein und Verständnis dort sein zu lassen. Inzwischen wissen wir, dass wir dort, wo wir sind, unserer Wahren Natur am nächsten sind, denn unsere momentane Situation – egal, wie sie aussieht – ist unsere gegenwärtige Verbindung zu ihr.

Wenn ich „annähern" sage, ist das nur eine Redensart; wir versuchen nicht, uns irgendetwas anzunähern. Vielleicht versuche ich, einen Weg zu beschreiben, der uns erlaubt, uns dem Zustand, wir selbst zu sein, anzunähern, aber das ist eine Herangehensweise, die uns nirgendwo hinführt. Wir akzeptieren nur das, was ist. Wir erkennen das, was passiert, und wie wir uns selbst dabei erleben, und wir sind damit im Einklang. Wir sind so sehr damit im Einklang, dass uns nichts daran hindert, uns unserer Erfahrung bewusst zu sein und uns gut damit zu fühlen, während wir uns ihrer voll bewusst sind und vollkommen erkennen, worum es sich bei ihr handelt.

In den vorherigen Kapiteln haben wir uns verschiedene Hindernisse und Hürden angeschaut, um herauszufinden, wo wir sind, und um dort zu sein, wo wir sind. Wir wissen jetzt mehr über unsere Versuche, unsere Erfahrung auf die eine oder andere Weise manipulieren oder lenken zu wollen. Wir erkennen, dass das so ist, weil wir glauben, dass unsere Erfahrung so, wie sie ist, nicht in Ordnung ist. Wir haben die spezielle Art der Einmischung diskutiert, die gegen unsere Erfahrung Widerstand leistet, indem sie sie ablehnt, dagegen ankämpft oder versucht, sie abzuwehren. Wir haben diesen Widerstand als eine Verdichtung unseres Bewusstseins oder unseres Gewahrseins erkannt, die es unmöglich macht, die Vertrautheit, die Echtheit und die Wärme der Authentizität im Wir-selbst-Sein zu spüren. Jetzt wollen wir unserem Verständnis noch eine Komponente hinzufügen, indem wir uns eine andere Form der Einmischung anschauen, die ebenfalls auftritt, wenn sich unser Bewusstsein verdichtet: innere Abwehr.

Die Abwehr des inneren Verhaltens

Widerstand ist eine aktive Methode inneren Zwangs, die eine passivere Form innerer Manipulation widerspiegelt oder sich mit ihr überschneidet – unsere Abwehrhaltung. Genau wie die Abwehr impliziert Widerstand oft die Notwendigkeit, sich zu schützen. Manchmal wehren wir uns, weil wir nicht mögen, was wir erleben; wir ziehen etwas anderes vor, und deshalb verurteilen wir das, was tatsächlich geschieht. Vielleicht sind wir wütend auf das, was mit uns passiert. Oder wir haben einfach nur die Nase voll davon. Aber die meiste Zeit über wehren wir uns, weil wir glauben, dass wir uns selbst schützen müssen. Der Wunsch nach Schutz ist das grundlegende Motiv für die innere Abwehrhaltung.

Wenn wir eine reelle Gefahr oder Bedrohung erkennen oder uns vorstellen, neigen wir dazu, uns aus Selbstschutz zu verhärten. Aber indem wir uns verhärten, verdichten wir nicht nur unser Bewusstsein, wir machen es auch steif und unbeweglich. Dann wird es unmöglich, die Empfindsamkeit, die Güte und die Vertrautheit des Wir-selbst-Seins zu erfahren. Diese verhärtende Reaktion – das Errichten einer Wand aus Selbstschutz und Trennung –, die zu einem Hindernis gegen die Erkenntnis dessen wird, der wir sind, ist der grundlegende Verteidigungsmechanismus des Egos. Das Ego beruht vor allem auf Verteidigung – es will sich gegen Gefahren schützen, seien sie nun im Inneren oder im Äußeren, fiktiv oder real. Ohne seine Verteidigungsmechanismen existiert das Ego in Wirklichkeit gar nicht.

Aber wenn wir versuchen, uns selbst innerlich zu verteidigen, versuchen wir, auf eine bestimmte Art und Weise davonzulaufen. Wir versuchen, uns zu verstecken. Wir versuchen, uns zu isolieren, uns abzuspalten, eine Distanz zwischen uns und der Gefahr zu bringen. Das geschieht auf vielerlei Weise. Eine Strategie besteht darin, eine passive Verteidigungsstruktur zu schaffen. Das erreichen wir dadurch, indem wir innere Mauern gegen unsere Erfahrung aufbauen, gegen unsere Angst, gegen unsere Wahrnehmung der Gefahr, gegen das Gefühl einer möglichen Bedrohung, eines Angriffs oder von Schmerzen. Diese Mauern können in uns sein und verschiedene Teile in uns voneinander abspalten – wie unser Herz und unsere Genitalien, unser Bewusstsein und unser Unbewusstsein –, oder sie können zwischen uns und dem stehen, was wir als die Außenwelt wahrnehmen.

Aber diese Mauern sind nur eine Manifestation der Abwehrtendenzen des Egos. Ego-Verteidigung manifestiert sich auch auf andere Art und Weise, wie zum Beispiel in dem Drang, sich zu verstecken, wegzulaufen, sich zu isolieren oder sich nicht zu erlauben, sich vollständig zu zeigen. All das sind Arten des Widerstands gegen das, was in unserer Erfahrung präsent ist. Damit beabsichtigen wir, Offenheit zu vermeiden, denn offen zu sein, bedeutet, ungeschützt zu sein. Offen zu sein, bedeutet, wir selbst zu sein, und das halten wir für gefährlich, weil wir dann allen möglichen Arten von Bedrohungen ausgesetzt sind.

Das menschliche Bedürfnis nach Selbstschutz

Wir selbst zu sein, was bedeutet, unsere Wahre Natur zu sein, heißt einfach und ungeschützt zu sein, ohne Verteidigung. Einfach nur da zu sein, wo wir sind, ohne dagegen anzukämpfen, bedeutet, dass wir nicht versuchen, uns selbst gegen die eine oder die andere Art von Gefahr zu schützen. Das ist für Menschen nicht leicht. Die Schwierigkeit hat nicht nur mit unserer Erziehung in der Kindheit zu tun, sondern auch mit unserer genetischen Geschichte. Größtenteils hat sich die Menschheit als Rasse in einer sehr unwirtlichen Umgebung entwickelt, wo die Gefahr sehr deutlich und täglich real war. Mit der Zeit haben wir dann gelernt, dass wir überleben müssen, wenn wir auch nur die geringste Chance haben wollen, wir selbst zu sein, und dass Überleben immer Selbstschutz bedeutet. Die Tatsache, dass Selbstschutz für das Überleben notwendig ist, ist Teil unserer Konditionierung und zeigt sich nicht nur in externen Verteidigungsinstrumenten wie Armeen und Polizei, sondern auch in internen Verteidigungsmechanismen wie dem Errichten innerer Mauern.

Stellen Sie sich vor, Sie werden tatsächlich mit einer äußeren Gefahr konfrontiert und jemand will Ihnen an den Kragen. Wie hilft Ihnen dann die innere Mauer? Was ist der Vorteil davon, unsere Angst nicht zu fühlen? Unsere Angst, Schwäche oder Trauer zu spüren ist vielleicht nicht ganz einfach, wenn man von außen angegriffen wird, aber in Kontakt mit diesen Gefühlen zu sein, verankert unsere Erfahrung in der Realität. Unsere Gefühle abzuspalten, bewirkt nur, dass unsere Außenverteidigung noch härter und rigider wird, daher reagieren wir auch weniger stark auf die Gefahr.

Was geschieht, wenn wir Mauern gegen das errichten, was wir als innere Gefahr wahrnehmen, den wahren Grund der Verteidigungshaltung des Egos? Was könnten unsere inneren Gefahren schon anderes sein als unsere eigenen Gefühle, Gedanken, Erinnerungen und Zustände? In Wirklichkeit haben wir Angst vor uns selbst, vor den Manifestationen unseres Seins, unseres Bewusstseins.

Wie wir aus der modernen Psychologie wissen, besitzt das Ego eine Unzahl vergangener Erfahrungen, die es durch aktive geistige Verteidigungsmechanismen, von denen der größte Teil jenseits unseres Bewusstseins existiert, im Unbewussten hält. Die ganze Zeit über spielen sich alle möglichen Arten geistiger Transaktionen ab, um uns vor der Erfahrung verschiedener Sachen zu schützen. Es wimmelt in unserem Unbewusstsein geradezu von Erinnerungen und Gefühlen, aber die meisten Menschen glauben, dass sich drohende Gefahren und Dämonen darin tummeln. Manche sprechen auch über ihre inneren Dämonen, über ihre dunkle Seite. Was hat es mit dieser dunklen Seite auf sich? Es ist ein gefährlicher, dunkler Ort in Ihnen selbst, und Sie glauben, dass Ihre persönlichen Dämonen von dort kommen und Sie verschlingen werden. Was werden Sie tun, um sie aufzuhalten? Viele von uns verhärten sich so sehr, dass sie gar nichts mehr fühlen. Denn dann kann sie kein innerer Dämon mehr erwischen!

Wir können dem Ganzen zwar mit Humor begegnen, aber in Wirklichkeit ist es eine ernste Situation. Und sie ist real, denn als wir noch klein waren, waren wir sehr empfindsam, und viele Dinge waren für uns wirklich gefährlich. Vieles von dem, was wir erlebten, konnten wir nicht ertragen; wir konnten es nicht verstehen, und unser Nervensystem war in diesem Alter auch noch nicht in der Lage, damit umzugehen. Deswegen hatten wir keine Möglichkeit, uns geistig oder emotional davor zu schützen. In unserer Offenheit waren wir ganz natürlich verwundbar. Die Realität unserer frühen Kindheit sah so aus, dass wir uns schützen und verteidigen mussten, weil wir mit der Situation nicht umgehen konnten. So einfach war das. Wenn wir eine liebevolle, fürsorgliche, unterstützende Umgebung hatten, half das natürlich sehr, aber auch das konnte uns nicht vor allem bewahren.

Wenn die menschliche Seele im Kontakt mit ihrem Wesen steht, ist sie offen. In dieser Offenheit ist sie verwundbar. Aber nur in Bezug auf Gefahr kann man Offenheit mit Verwundbarkeit gleichsetzen. Wenn keine Gefahr droht, fühlt sich Offenheit nicht verwundbar an. Sie fühlt sich einfach nur sorgenfrei und leicht an. Doch wenn Gefahr da ist, wenn Sie offen sind, kriegen Sie es mit der Angst zu tun, Sie fühlen sich unsicher und verwundbar.

Als Kinder waren wir offen, empfindsam und sanft, was bedeutet, dass uns die Härte gefehlt hat. Wir hatten keine Verteidigungsmechanismen zur Verfügung und keine Schutzschilde. Aber als wir uns ausgesetzt und ängstlich fühlten, lernten wir, diese Schilde zu bauen, um uns zu beschützen, damit wir uns gegen die Außenwelt verteidigen konnten. Deshalb stellen wir jetzt als Erwachsene immer noch Mauern und Schilde um uns herum auf, damit die Umwelt uns nicht schaden kann. Um uns vor äußeren Gefahren zu bewahren, verhindern wir, dass wir uns verwundbar fühlen, indem wir unsere Gefühle, unsere Empfindungen und unsere Vorstellungen verdrängen.

Damit will ich nicht sagen, dass körperliche Selbstverteidigung unwichtig oder unnötig ist. Aber uns innerlich zu verhärten, ist nicht sehr hilfreich, um das zu erreichen. Das ist ein illusionärer Schutz, denn er hat keinerlei Auswirkungen auf die äußere Gefahr; er vermindert lediglich unser inneres Gewahrsein und unsere Lebendigkeit.

Er war hilfreich, als wir als Kinder keine andere Möglichkeit hatten, uns vor dem Außen zu schützen. Damals haben wir unsere inneren Verteidigungsmechanismen eingesetzt, damit uns unsere Gefühle nicht überwältigten, wenn wir den äußeren Grund nicht beseitigen konnten.

Deshalb ist es auch nicht leicht, zu lernen, wirklich wir selbst zu sein. Einerseits ist es einfach, aber es wird durch die Tatsache verkompliziert, dass wir selbst zu sein, offen zu sein bedeutet. Dort zu sein, wo wir sind, ohne irgendetwas damit anzustellen, bedeutet, dass wir nichts tun, um uns zu verteidigen – wir errichten keine Mauern, wir verstecken uns nicht. Es bedeutet, dass wir wirklich dort draußen sind. Wenn ich sage „dort draußen", meine ich nicht mitten auf der Autobahn. „Dort draußen" kann auch in Ihrem Schlafzimmer sein, wenn Sie ganz allein mit sich selbst sind, ohne irgendwelche Verteidigungsmechanismen. Vielleicht glauben Sie ja, dass jemand aus dem Fernseher steigt und Sie angreifen wird! Allein mit sich zu sein, könnte dann bedeuten, dass Sie sich nackt fühlen, und das macht Ihnen Angst.

Zum Schluss sind wir dann irgendwie paranoid und fürchten uns vor unseren eigenen Erfahrungen. Wenn wir also Angst vor unserer Erfahrung und sogar vor den Möglichkeiten haben, die während der Erfahrung erscheinen, wie können wir dann lernen, real zu sein, wir selbst zu sein? Wie können wir lernen, zu erkennen, wo genau wir sind, und auch dort zu sein – dort zu bleiben, wo wir sind –, wenn das möglicherweise Gefahr einschließt oder eine Situation, von der wir glauben, das sie die Gefahr einlädt? „Wenn ich zulasse, dort zu sein, wo ich bin, was passiert dann mit mir? Bestimmt wird mich jemand angreifen." Deshalb verteidigen wir uns automatisch. Sie müssen gar nicht unbedingt in einer gefährlichen Gegend herumlaufen, um Angst um Ihre eigene Sicherheit zu haben. Sie können auch in

Ihrem eigenen Zimmer sein und sich trotzdem nicht sicher fühlen. Damit will ich sagen, dass Sie sich dort ebenfalls verteidigen.

Die Verteidigungsmechanismen wurden so institutionalisiert, sind so sehr zu einem Teil unseres Charakters und unserer Persönlichkeit geworden, dass wir ab einem bestimmten Punkt gar nicht mehr erkennen, dass sie da sind. Sie sind ein Teil unserer internen Struktur geworden. Aber mit unseren Versuchen, uns selbst vor realen oder imaginären Gefahren zu schützen, verkleinern wir unser Bewusstsein. Komplett bewusst zu sein, würde nämlich bedeuten, uns all der Dinge gewahr zu sein, die uns erschrecken oder verletzen könnten oder derer wir uns schämen. Deshalb verteidigen wir uns dagegen und hören auf, bewusst zu sein. Die meiste Zeit verteidigen wir uns gegen die Realität, wobei es weniger um die Realität als um unsere eigene Erfahrung geht. Für unsere Praxis bedeutet das, dass wir das erkennen und verstehen können. Wir sind uns bewusst, dass wir diesen Dingen begegnen werden, wenn wir weiterhin praktizieren, dort zu sein, wo wir sind.

Abwehrhaltung und Verwundbarkeit

Lassen Sie uns noch mal ein paar Stichpunkte zur Abwehrhaltung anschauen und dann sehen, was wir von dem Prozess ihrer Transformation verstehen können. Dieser Prozess schließt das Erleben der Verwundbarkeit mit ein, das unweigerlich erscheint, wenn wir uns bewusst werden, wie wir uns verteidigen:

- Wenn wir praktizieren – was einschließt, das zu untersuchen, was passiert, unsere Erfahrung zu erkennen, dort zu sein, wo wir sind, dort auch zu bleiben und zu lernen, wir selbst zu sein –, treffen wir auf eine Abwehrhaltung, derer wir uns immer bewusster werden.

- Diese Abwehrhaltung ist eine Barriere gegen unser Unbewusstsein, aber auch gegen einen Großteil unseres Potenzials, denn es ist ein Schutz vor unserer Erfahrung, ein Schutz vor der Erweiterung unseres Bewusstseins, ein Schutz davor, in der Gegenwart zu sein, ein Schutz davor, real zu sein.
- Wenn man gegen einen Schutz angeht oder ihn infrage stellt, wird er von einer passiven Mauer zu einem aktiven Widerstand gegen das, was erscheint, ein Widerstand gegen das Erkennen dessen, wovon wir glauben, dass es gefährlich oder bedrohlich ist oder werden könnte.
- Dieser Verteidigungsmechanismus besteht aus einer Verhärtung und Verdichtung unseres Bewusstseins, infolge derer wir innere Mauern errichten.
- Wenn wir diese Mauern erkennen und fähig sind, sie zu verstehen, fangen sie an, sich zu transformieren und werden langsam abgebaut.
- Wenn die Verteidigungsmechanismen sich allmählich auflösen, während die Mauern abgebaut werden, werden wir eine Weile das Gefühl haben, ungeschützt zu sein. Wenn wir noch nicht die Sicherheit verspüren, wir selbst zu sein, werden wir diesen Zustand ohne die Mauern als Schutzlosigkeit erfahren. Diese Schutzlosigkeit wird sich wie eine Art Verwundbarkeit anfühlen, unser Herz wird zittern und wir werden uns sehr zerbrechlich fühlen.
- Diese Empfindsamkeit, dieses Zittern, bedeutet, dass wir zwar offen sind, aber immer noch glauben, dass Gefahr droht. Deshalb sind wir auch noch ein bisschen zögerlich, ein bisschen vorsichtig, ein bisschen reaktiv. Der Grund dafür ist, dass wir uns einerseits der Empfindsamkeit, wir selbst zu sein, dem Feingefühl

der Vertrautheit annähern und die Mauern loslassen, andererseits aber noch immer nicht daran gewöhnt sind, in dieser Offenheit zu verweilen.

- Unsere Abwehrhaltung wird an irgendeinem Punkt zu einer Mauer gegen Verwundbarkeit. Deshalb müssen wir mit dieser Verwundbarkeit klarkommen, wenn wir lernen wollen, real und wir selbst zu werden.

Verwundbarkeit: Die Tür zu unserer Wahren Natur

Was bedeutet es, mit unserer eigenen Verwundbarkeit klarzukommen? Es bedeutet, sie zu erkennen und als das zu verstehen, was sie ist. Es bedeutet, alle Überzeugungen zu identifizieren, die wir in unserem Unbewussten hinsichtlich realer und imaginärer Gefahren haben und bezüglich der Art, wie wir versucht haben, mit ihnen umzugehen. Es bedeutet, zu verstehen, auf welche Weise unsere Abwehrhaltung nicht funktioniert, wie sie uns nur von uns selbst und von unseren Ressourcen abspaltet.

Es bedeutet auch, an einem bestimmten Punkt dazu fähig zu sein, die Verwundbarkeit, die wir empfinden, wertzuschätzen, denn Verwundbarkeit heißt Offenheit. Wenn mein Bewusstsein verwundbar ist, heißt das, dass ich auch für die Manifestation meiner Wahren Natur verwundbar bin. Wenn ich mich selbst verteidige, bin ich nicht offen für meine Wahre Natur und ihre Manifestation. Ich schütze mich nicht nur vor anderen Menschen, ich fange an, mich selbst vor der Wahren Natur mit all ihren Qualitäten zu schützen.

Das Wunderbare dabei ist, dass Verwundbarkeit die Tür zur Vertrautheit wird, dazu, wir selbst zu sein, real zu sein, dort zu sein, wo wir sind. Aber damit das geschehen kann, müssen wir den Willen haben, für das, was ist, verwundbar zu sein. Verwundbar sein bedeutet, dass unsere Seele offen für Dinge ist, die darin erscheinen. Sie nimmt keine Verteidigungshaltung ein.

Wenn sie von Mauern umgeben ist, hält sie die Dinge davon ab, zu erscheinen; sie lässt nicht zu, dass die Dynamik unseres Seins unsere Situation transformieren kann. Das bedeutet, dass sie sich nur auf eine Weise transformieren wird, die sich nicht bedrohlich anfühlt – mit anderen Worten, auf eine Weise, die uns vertraut ist. Aber verwundbar zu sein, erlaubt unserer Seele, sich in etwas Neues, Fremdes zu transformieren, und das ist zunächst einmal erschreckend – sodass wir uns ungeschützt fühlen.

Als Menschen waren wir immer verwundbar. Es ist unser natürlicher Zustand, ungeschützt zu sein. Tatsächlich ist die menschliche Abwehrhaltung, das Gefühl der Sicherheit, das das Ego herstellt, indem es schützende Mauern errichtet, um sich dahinter zu verstecken oder um sich zu tarnen, arrogant und sogar wahnhaft. Denn wenn es wirklich gefährlich wird, sind wir die ganze Zeit über verwundbar, wir können leicht verletzt werden. Beispielsweise sind wir körperlich sehr verletzlich. Ein kleiner Virus, den Sie nicht einmal sehen, kann Sie erwischen. Am nächsten Tag liegen Sie bereits flach und können sich nicht mehr bewegen.

Aber unsere Verwundbarkeit macht auch die Qualität unseres Menschseins aus. Es ist eine Herzqualität der Offenheit, der Sanftheit, die wir brauchen, um zu erkennen, wo wir sind und wie wir dort bleiben können. Ohne diese Sanftheit, diese Menschlichkeit, diese Demut können wir nicht wirklich erkennen, wo wir sind. Das bedeutet allerdings, dass wir uns selbst in einer Lage befinden werden, in der wir verwundbar sind. Verwundbarkeit im Angesicht der Gefahr fühlt sich erschreckend an, aber wenn es keine Gefahr gibt, bedeutet Verwundbarkeit einfach nur, sich ganz natürlich und ungeschützt als man selbst zu fühlen.

Damit stecken wir einem Dilemma. Wir haben Angst, wir wollen uns schützen, aber gleichzeitig wollen wir auch real sein. Wie lösen wir dieses Paradoxon? Wie schützen wir uns vor Gefahr und sind trotzdem real? Erinnern Sie sich noch einmal an den Pfirsich ... In Ihrem ganz normalen Leben kümmern Sie sich um sich selbst. Sie bekommen medizinische Betreuung, wenn Sie sie brauchen, Sie putzen sich die Zähne, Sie treffen geeignete Vorsichtsmaßnahmen, wenn Sie durch ein gefährliches Stadtviertel spazieren gehen, Sie hängen nicht mit Straßengangs herum und so weiter. Sie benutzen Ihre Intelligenz, um das zu tun, was nötig ist, – Sie verteidigen sich körperlich, wenn das von Ihnen verlangt wird, – aber innerlich bleiben Sie verwundbar, offen, geschmeidig, sanft. Und Sie beginnen, die Verwundbarkeit als menschliche Qualität wertzuschätzen, die uns die Öffnung zur Realität ermöglicht, zur Wahrnehmung, zu unserer Wahren Natur in all ihren Manifestationen.

Wenn wir diese Verwundbarkeit nicht erleben, können wir nicht wir selbst sein, denn Verwundbarkeit ist erst der Anfang davon, die Sanftheit und Erlesenheit des Echtseins zu erleben. Mit der Zeit lernen wir dann, dass wir uns komplett ungeschützt fühlen können, ohne deswegen Angst zu haben, ohne das Gefühl zu haben, dass wir uns verteidigen müssen, ohne diese inneren Mauern zu brauchen.

Abwehrhaltung als Abgrenzung des Egos

Das Thema Verteidigung ist sehr schwerwiegend, denn Mauern zu errichten, bedeutet, dass es jemanden gibt, der diese Mauern um sich herum aufbaut. Die Mauern, die wir bauen, stellen letztendlich die Grenzen dar, die uns definieren. Sie bestimmen, wer wir innerlich sind, und dann bauen wir Mauern um dieses Selbst, um es vor Gefahren zu schützen. Deswegen können wir auch nicht völlig frei von Verteidigungsmechanismen sein, solange wir an der Definition unserer Grenzen festhalten, – was uns unserer Meinung nach als Mensch definiert. An einem bestimmten Punkt erkennen wir, dass unser Verteidigungszustand mit unserer Begrenzung zusammenhängt und dass dieses Gefühl der Begrenzung die Wahre Natur nicht respektiert, – denn die Wahre Natur hat keine Größe und keine Gestalt; sie ist grenzenlos.

Wenn man sich die Beziehung zwischen Ego-Grenzen und unserer Definition des Selbst anschaut, wie wir es gerade getan haben, können wir erkennen, wie tiefgründig unsere Abwehr ist. Auch der Widerstand funktioniert ähnlich wie das Errichten von Verteidigungsmechanismen. Wenn wir also keinen Widerstand und keine Abwehrhaltung mehr haben, bedeutet beides an einem bestimmten Punkt den Tod des Egos – die Auflösung der Grenzen, die uns als Individuen definieren. Und wir erschaffen noch viele andere Arten von Abwehr, Mauern und schwierigen Orten, um uns selbst davor zu schützen, bestimmte Teile von uns und unserer Geschichte zu erleben. Wir verteidigen uns gegen bestimmte Situationen, dagegen, die Auswirkungen dieser Situationen und wie wir sie wahrnehmen, zu fühlen. Wenn wir also etwas wahrnehmen, aber nicht erfahren wollen, welches Gefühl es in uns auslöst, was geschieht dann mit uns? Wir glauben sofort, uns verteidigen zu müssen, eine innere Grenze errichten zu müssen, die uns erlaubt, die Dinge zu verstehen, ohne spüren zu müssen, welche Wirkung sie auf uns haben.

Psychologen haben lange Listen der gebräuchlichen Verteidigungsmechanismen aufgestellt. Projektion, Identifikation und Verdrängung stellen zum Beispiel verschiedene Wege dar, um uns gegen die Wahrnehmung der Realität zu schützen und vollkommen im Moment zu verweilen, um zu verhindern, dass wir uns vollständig fühlen. Mit ihrer Hilfe können wir uns von der Vertrautheit und der Unmittelbarkeit, wir selbst zu sein, distanzieren. Der Zweck besteht möglicherweise darin, unsere Verwundbarkeit zu schützen, unsere

Echtheit, unsere Wirklichkeit, das Gefühl für uns selbst; aber in jedem Fall spalten wir uns damit von der Kostbarkeit ab, die wir beschützen wollen. Das war für uns als Kinder vielleicht notwendig, aber eigentlich sollte es nicht länger der Fall sein. Wie dem auch sei, der Selbstschutz ist uns zur Gewohnheit geworden, er wurde in unserem Charakter institutionalisiert.

Nur wenn wir uns dem öffnen, was in unserer Erfahrung gegenwärtig ist – besonders unserer Neigung, uns selbst zu verteidigen –, können wir unsere Angst, wirklich zu sein, herausfordern. Je deutlicher wir unsere Abwehrhaltung wahrnehmen und verstehen, desto mehr laden wir die zarte, intime Verwundbarkeit unserer Seelen ein, die sich hinter den Mauern verbirgt. Es ist diese Verwundbarkeit, die unserer wahren Menschlichkeit erlaubt, sich in der Einfachheit, wir selbst zu sein, zu offenbaren.

Übung

Verwundbarkeit in der Gegenwart erforschen

Diese Übung wird Ihnen dabei helfen, die Beziehung zwischen Verwundbarkeit und der Offenheit für Ihre Erfahrung im Moment zu klären. Verwundbarkeit ist ein Bewusstseinszustand, in dem wir uns offen, empfindsam, sensibel, lebendig, ungeschützt und uns selbst nah fühlen. Aber für gewöhnlich ist er auch mit Angst und Gefahr verbunden. Verwundbarkeit ist kein Zustand, in dem wir normalerweise unser Leben leben.

Während Sie sich selbst im Moment Aufmerksamkeit schenken, achten Sie darauf, ob Sie sich als offen empfinden oder nicht. Wenn nicht, was hält Sie davon ab, sich offen zu fühlen – für Ihre Gedanken, für Ihre Gefühle, für Ihre Empfindungen, für die Wirkung Ihrer Erfahrungen auf Sie? Wenn Sie offener für die Besonderheiten Ihrer inneren Erfahrung sind, verschafft Ihnen das ein Gefühl der Verwundbarkeit? Falls ja, wie fühlt sich Verwundbarkeit für Sie an? Ist das in Ordnung? Können Sie es aushalten?

Wenn Sie während Ihrer Übung bemerken, dass die Verwundbarkeit auftaucht, achten Sie darauf, wie sich dieses Gefühl in Ihrem Körper, Ihren Gedanken, Ihren Gefühlen, Ihrer Stimme ausdrückt, während Sie jeden Aspekt der Erfahrung untersuchen. Das schließt möglicherweise Qualitäten wie Sanftheit, Empfindsamkeit, Zerbrechlichkeit, Angst, Zittern, Empfänglichkeit oder Sensibilität mit ein.

Sie können diese Betrachtungen weiterentwickeln, indem Sie jede Situation untersuchen, in der Sie sich verwundbar fühlen. Während Sie das tun, denken Sie darüber nach, in welcher Form Verwundbarkeit und Angst in Ihrem Erleben miteinander verbunden sind. Erscheinen sie immer gemeinsam? Erinnern Sie sich daran, dass Verwundbarkeit auch Freiheit und Offenheit bedeuten kann.

6. Mutige Verwundbarkeit entwickeln

Inzwischen haben Sie wahrscheinlich verschiedene Arten von Hürden und Hindernissen erlebt, während Sie Ihre innere Praxis, herauszufinden, wo Sie sind, und dort auch zu bleiben, fortsetzen. Wahrscheinlich verstehen Sie jetzt, dass die Hindernisse, die Sie davon abhalten, dort zu sein, wo Sie sind, dieselben Hindernisse sind wie die, die Sie davon abhalten, Sie selbst zu sein, und dass dies wiederum dieselben Hindernisse sind wie die Hindernisse in Bezug auf Wirklichkeit und Verwirklichung.

Zu verstehen, wie diese Hindernisse in Ihrer Erfahrung auftauchen, ist ein wichtiger Faktor in unserer Praxis. Aber es gibt noch zusätzliche Faktoren, die unsere Praxis ebenfalls einfacher und leichter machen können, wenn man sie erst einmal realisiert hat.

Wie wir bereits gesehen haben, wissen wir die meiste Zeit über nicht, was mit uns geschieht. Wir kennen verstreute Teilchen, aber es ist schwierig zu sehen, wie sie in eine zusammenhängende Manifestation passen. Uns fällt auf, dass wir nicht automatisch wissen, wo wir sind, selbst wenn wir aufmerksam und uns unserer Erfahrung bewusst sind.

Zu wissen, wo wir sind, verlangt ziemlich viel Klarheit. Es verlangt ein großes Maß an Nachforschung. Um unser Verständnis noch mehr voranzubringen, kann man eine spezielle Unterscheidung treffen, die uns bei unserer Praxis, herauszufinden, wo wir sind, und uns selbst in Ruhe zu lassen, unterstützen wird. Das heißt, dass wir lernen können, wie wir unsere Erfahrung in zwei Teile zerlegen: in die primäre Komponente und die sekundären Komponenten.

Die primäre Komponente ist das zentrale Ereignis – die Hauptsache, die tatsächlich zu jedem beliebigen Zeitpunkt in unserer persönlichen Erfahrung erscheint. Das kann alles sein. Es kann ein Gefühl oder eine Emotion sein, wie zum Beispiel ein Zustand der Freude, der Liebe oder der Furcht. Es kann ein Gefühl des Mangels sein. Oder man kann sich selbst als eine leere Hülle wahrnehmen. Es kann auch eine Art von Aktivität oder eine Vorstellung sein. Die wichtigste Komponente ist also die, die tatsächlich in unserem Bewusstseinsfeld auftaucht, im Feld unserer Seele.

Die sekundären Komponenten sind die Reaktionen und Antworten auf die primäre Komponente, auf das zentrale Ereignis. Es gibt für gewöhnlich immer eine primäre Komponente, aber möglicherweise gibt es mehrere, die von sekundärer Bedeutung sind. Wir erleben das primäre Ereignis, während es erscheint, und wir erleben ebenfalls Kommentare, Reaktionen und Haltungen in Bezug darauf.

Diese Reaktionen können in allen möglichen Formen auftreten – man kann sich zum Beispiel selbst gratulieren oder stolz auf seine Gefühle sein, oder man ist verlegen und fühlt sich schuldig, wenn man etwas so und nicht anders empfindet. Wir können auch Begeisterung für unsere Verfassung oder ihre Vermeidung verspüren. Oder es entwickelt sich ein geistiger Prozess, der in das, was passiert, eingreift oder es abschließt. Wir haben also das, was erscheint, plus unsere Reaktion darauf oder die Haltung dazu. Vielleicht mögen wir es nicht oder wollen noch mehr davon, oder wir beurteilen es oder wollen es verändern. Möglicherweise macht es uns traurig, vielleicht fühlen wir auch, dass unsere Erfahrung uns anderen überlegen macht.

Die Tatsache, dass viele Gedanken, Gefühle, Aktivitäten und Impulse in uns als Reaktion auf das zentrale Ereignis auftauchen, erschwert es uns, zu erkennen, wo wir sind. Um zu wissen, wo wir sind, müssen wir herausfinden, was das zentrale Ereignis ist. Was ist die primäre Komponente? Die meiste Zeit über sind wir in den sekundären Komponenten gefangen und können sie nicht vom primären Ereignis trennen. Ist das, was ich erfahre, das primäre Ereignis oder nehme ich meine Angst oder meine Beurteilung davon oder die damit verbundenen Gedankenprozesse wahr? Kann ich diese Reaktionen von dem Ereignis selbst trennen?

Die Beziehung zwischen den primären und sekundären Komponenten unserer Erfahrung können mit dem Phänomen des schwarzen Lochs verglichen werden. Ein schwarzes Loch ist ein Bereich im Raum, der schwarz oder leer erscheint, weil an dieser Stelle ein nukleares Ereignis von einer solchen Masse und Intensität stattfindet, dass nichts sich seiner Schwerkraft entziehen kann – keine Materie und nicht einmal das Licht. Jedes schwarze Loch hat das, was man einen Ereignishorizont nennt, der in einer gewissen Entfernung vom Zentrum des Lochs existiert. Alles, was den Ereignishorizont erreicht, verschwindet aus der Sichtweite. Wissenschaftler haben herausgefunden, dass am Ereignishorizont eine ganze Menge los ist. Alle möglichen Sachen passieren dort aufgrund des schwarzen Lochs. Als eine Metapher für unseren inneren Prozess kann man sagen, dass der Ereignishorizont dort ist, wo sich die sekundären Komponenten befinden. Das tatsächliche Ereignis, das stattfindet – die primäre Komponente unserer Erfahrung –, ereignet sich jedoch jenseits davon, innerhalb des schwarzen Lochs, im Zentrum.

In unserer menschlichen Erfahrung neigen wir dazu, Angst davor zu haben, über den Ereignishorizont hinaus zu gelangen, denn wir bilden uns ein, dass wir dann in irgendein inneres schwarzes Loch gezogen werden. Denken Sie einmal über Ihre Erfahrung nach, dann werden Sie sehen, dass der Fokus Ihrer Aufmerksamkeit gemeinhin auf den Beurteilungen des primären Ereignisses liegt – Ängste in Bezug auf das, was es bedeutet, Bestürzung oder Beunruhigung über den möglichen Grund oder Bemühungen, es zu verändern. Einfach nur in Kontakt mit der primären Komponente unserer Erfahrung zu sein, scheint unvorstellbar. Wenn dieses zentrale Ereignis eine Emotion ist, glauben wir vielleicht, dass es immer so weitergehen wird, oder dass wir davon überwältigt werden. Wenn es sich um eine energetische Erfahrung handelt, denken wir möglicherweise, dass wir ohne unsere Geschichte oder Vorstellungen darüber verloren wären. Wenn es sich um eine Schwierigkeit handelt, fühlen wir eventuell, dass wir für immer darin gefangen sein werden, wenn wir uns nicht darauf konzentrieren, sie aufzulösen. In unserer Angst vor dem „schwarzen Loch" unserer Erfahrung, lenken wir uns selbst mit Assoziationen und Reaktionen ab, statt einfach nur mit der primären Erfahrung zu verweilen.

Aber um dort zu sein, wo wir sind, müssen wir erkennen, worum es sich bei diesem hauptsächlichen Ereignis handelt. In der Gegenwart dort zu sein, wo wir sind, bedeutet nicht nur, zu *sehen*, wo das Ereignis ist, sondern auch dort zu *sein*, wo es stattfindet. Wenn wir nur mit den sekundären Erscheinungsformen am Ereignishorizont beschäftigt sind, sind wir nicht da, wo wir wirklich sind. Wir konzentrieren uns auf die sekundären Prozesse, die eine Reaktion oder eine Antwort darauf und folglich dem, wo wir sind, untergeordnet sind.

Sich verändernde Komponenten auf der spirituellen Reise

Das Wesen des Punktes, an dem wir sind, und das Wesen der sekundären Komponenten werden davon bestimmt, wo wir uns auf unserer spirituellen Reise befinden. Unsere Erfahrung wird unterschiedliche Erscheinungsformen beinhalten, und diese hängen von der Stufe ab, auf der wir bezüglich der Entfaltung unserer Seele stehen.

In den frühesten Stadien unserer Reise – wenn wir lernen, präsenter für den Ort zu werden, an dem wir uns befinden – bewegen sich unsere Erfahrung und unsere Untersuchung innerhalb der normalen Reichweite von Empfindungen, Gefühlen, Emotionen, Gedanken, Bildern und Reaktionen. Das sind die gebräuchlichen Elemente von Erfahrung für das normale Selbst. Obwohl wir praktizieren, präsent zu sein, genau wie wir die Untersuchung praktizieren, bedeutet präsent zu sein auf dieser Stufe, dass wir uns in dem einen oder anderen Persönlichkeitszustand befinden – vielleicht erleben wir einen Mangel oder eine Identifikation oder ein spezielles Verhaltensmuster oder irgendeine Form von emotionalem, mentalem oder körperlichem Zustand. Wir haben die Entdeckung der essenziellen Präsenz noch nicht gemacht, deshalb ist unsere Reise *auf die* Präsenz *hin* ausgerichtet.

Die nächste Stufe beginnt, wenn wir die Präsenz als einen Ausdruck unserer Wahren Natur mit ihrem reinen Gefühl des Hierseins, ihrer Authentizität, ihrem Ist-Sein, ihrer Makellosigkeit entdeckt und erkannt haben. Von hier aus geht unsere Reise mit einem Bewusstsein der Präsenz weiter. Wir existieren immer noch so, wie wir uns gekannt haben – als ein Ego-Selbst –, aber jetzt haben wir eine mehr oder weniger kontinuierliche Erfahrung von Präsenz, die als die verschiedenen Qualitäten und Dimensionen der Wahren Natur erscheint.

Auf der dritten Stufe reisen wir *in* die Präsenz, nicht nur *mit* der Präsenz. Jetzt ist die Präsenz in den Mittelpunkt gerückt, und sie ist das Feld, in dem all unsere Erfahrungen erscheinen. Das nennen wir Nichtdualität, und unsere Praxis wird zu einer nichtdualen Praxis. Die Präsenz ist hier die Grundlage, das Wesen von allem in seiner Essenz und ihren Manifestationen.

Lassen Sie uns einen Blick darauf werfen, wie sich die Wesen der primären und sekundären Komponenten unserer Erfahrung unterscheiden, je nachdem auf welcher Stufe der Reise wir uns befinden. Auf der ersten Stufe tendieren die primäre Komponente und die sekundäre Komponente dazu, sich zu ähneln. Die primäre Komponente ist möglicherweise eine Emotion, so wie Angst oder Terror oder Glück. Es kann aber auch ein Mangelgefühl oder ein ganz bestimmtes Muster eines Selbstbildes sein. Die sekundären Komponenten mögen Angst oder Abwehr des Mangelgefühls sein, es kann sich aber auch um die Beurteilung von oder die Scham bezüglich eines bestimmten Selbstbildes handeln, oder es geht um Kommentare und Pläne in Bezug auf alles, was sonst noch erscheinen mag.

Durch den Prozess der Untersuchung lernen wir, die beiden Komponenten voneinander zu unterscheiden. Zuerst müssen wir eine Reaktion als sekundäre Komponente erkennen und nicht als das Hauptereignis. Die Identifizierung irgendeiner sekundären Komponente macht deutlich, was die primäre Komponente ist. Deshalb wollen wir immer beide in unsere Untersuchung einschließen. Denn wenn wir unsere Reaktionen nicht registrieren, werden wir nie wissen, was die primäre Komponente ist.

Sobald wir die primäre Komponente identifizieren und ihr gegenüber voll präsent sein können – sie ganz erkennen, vollständig fühlen und vertrauensvoll halten – beginnt das, was erscheint, sich zu entfalten und zu verändern. Wir finden dann vielleicht heraus, dass es eine sekundäre Komponente von etwas geworden ist, das primärer ist. Lassen Sie uns beispielsweise sagen, unsere primäre Komponente ist Terror. Wenn wir diesen Terror vollkommen fühlen, können wir möglicherweise erkennen, dass sich darunter ein Gefühl der Auflösung verbirgt. Dann wird die Erfahrung der Auflösung zur primären Komponente, und der Terror wird zu einer sekundären Reaktion. Und der Prozess geht weiter, während andere, tiefere primäre Komponenten erscheinen.

Auf der zweiten Stufe der Reise ist die primäre Komponente für gewöhnlich die essenzielle Präsenz selbst. Wenn wir untersuchen, wo wir sind, fragen wir: „Was ist die besondere Qualität der Präsenz, die in diesem Moment erscheint? Ist es Stärke? Ist es Macht? Ist es Mitgefühl? Ist es grenzenloses Gewahrsein?" Bei der sekundären Komponente wird es sich dann um die Ego-Struktur, um die Muster, die Selbstbilder und Reaktionen handeln, die hinsichtlich der besonderen Qualität der Präsenz erscheinen.

Auf dieser Stufe geschieht die Entfaltung bereits. Das Zentrum unserer Erfahrung ist Präsenz und das Entfalten ist der Fluss der Präsenz, die als eine Qualität nach der anderen erscheint. Wenn das passiert, tauchen die sekundären Komponenten auf – die Themen, die Ego-Strukturen, die Bilder oder Muster, die Teil der Reaktion sind. Diese müssen wir erkennen, damit wir nicht von der primären Komponente getrennt werden, die die Präsenz selbst ist. Häufig wird sich unsere Erfahrung weiter weg vom oder näher zum Zentrum der Präsenz bewegen, wenn wir auf Konfrontationskurs mit dem gehen, was in uns erscheint. Aber das Gefühl der Präsenz bringt immer den Faden des Wissens, wo wir sind, mit sich. Wenn wir die Präsenz erfahren, bedeutet zu wissen, wo wir sind, nicht nur, diesen Zustand zu kennen oder zu erleben, sondern auch, dieser Zustand zu sein. Deshalb wird es mit der Präsenz sehr leicht, zu wissen, was es heißt, dort zu sein, wo wir sind.

Wenn wir zur dritten Stufe gelangen, ist die primäre Komponente die Präsenz und die sekundären Komponenten sind die besonderen

Manifestationen, die innerhalb dieser Präsenz erscheinen. Alles andere als reine Präsenz selbst ist eine sekundäre Komponente. Sekundäre Komponenten können unsere Gefühle, unseren Körper, die Umwelt mit ihren verschiedenen Formen und Gestalten, verschiedene Qualitäten von Licht oder innere Formen, wie Vorstellungen, Visionen oder essenzielle Aspekte, einschließen. (Diese Aspekte sind die verschiedenen Facetten unserer Wahren Natur – so wie Klarheit, Stärke, Wille oder Mitgefühl –, die in Form von unterschiedlichen Qualitäten als Reaktion auf die jeweiligen Bedürfnisse unserer Situation erscheinen.) Alle Gestalten und Formen – die Manifestationen – werden zu sekundären Komponenten, und sie verändern sich andauernd. Die Präsenz ist immer die Grundlage. Wir selbst zu sein, bedeutet, die Präsenz zu sein. Aber hier ist die Präsenz untrennbar von allem, was in ihr erscheint. Der Grund dafür ist, dass alles, was in unserer Erfahrung erscheint, eine Form oder ein Ausdruck ist, den die Präsenz annimmt.

Lassen Sie uns also noch einmal die wichtigsten Unterschiede zusammenfassen und wiederholen, die wir bisher in diesem Kapitel erfahren haben.

Die beiden Komponenten der Erfahrung sind:

1. Die primäre Komponente: Das Hauptereignis, das in unserer persönlichen Erfahrung erscheint
2. Die sekundäre Komponente: Unsere Reaktionen und Antworten auf das zentrale Ereignis

Die drei Stufen der Reise, die das Wesen und die Entfaltung der primären und sekundären Komponenten bestimmen, sind:

1. Die Praxis des Gewahrseins und der Untersuchung, die sich zur Entdeckung der Präsenz vertieft
2. Die Praxis des Gewahrseins und der Untersuchung, die ständig die Präsenz im Herzen der Erfahrung offenbart

3. Das Verweilen mit der Untersuchung, dem Gewahrsein und der Erfahrung als der spontanen Entfaltung der Präsenz.

Wie Sie dem bisher Gesagten entnehmen können, ist die Praxis, dort zu sein, wo wir sind, eine Praxis, die alle drei Stufen unserer Reise umfasst – den gesamten inneren Pfad, den wir bereisen. Sie kombiniert die Praxis der Präsenz, des Gewahrseins und der Untersuchung. Auf diese Weise schließt sie unsere normalen Aktivitäten im täglichen Leben ebenso ein wie unsere Meditation. Zudem bezieht sie mit ein, wie wir praktizieren, in jeder Situation wir selbst zu sein. All unsere Lebenserfahrungen sind Variationen der Praxis mit Bewusstsein, Präsenz und Verständnis dort zu sein, wo wir sind.

Das Hindernis der Aggression

Alle Hindernisse auf dem Weg, wir selbst zu sein, können in drei Kategorien eingeteilt werden: Unwissenheit, Begierde und Aggression. Diese wesentlichen Kategorien sind in vielen spirituellen Traditionen bekannt. Sie werden auch die drei Hauptgifte oder die drei primären Wurzeln genannt. Viele Hindernisse können unter mehr als eine Kategorie fallen. Die meisten Hindernisse, einschließlich derer, die wir bereits untersucht haben – Sich-Einmischen, Widerstand und Selbstschutz –, sind eine Kombination von allen dreien. In Wirklichkeit sind alle drei Kategorien Facetten derselben Sache: Sie sind die drei Stützen des Ego-Selbst, die man auch das Ego-Leben oder die Ego-Erfahrung nennen kann.

Wir haben die Notwendigkeit für viele essenzielle Aspekte und viele Möglichkeiten erkannt, die uns in die Lage versetzen, zu sehen und zu erkennen, wo wir sind. In den vorherigen Kapiteln haben wir über Gewahrsein, Zulassen, Verwundbarkeit, Unerschütterlichkeit, die Fähigkeit, mit dem Einmischen aufzuhören, und anderes diskutiert. Wann immer wir mit einem Hindernis konfrontiert sind, kann die eine oder andere dieser Qualitäten von Nutzen sein, um uns zu helfen. Ich möchte jetzt zwei andere unentbehrliche Qualitäten einführen: die Aspekte von Stärke und Mitgefühl. Diese beiden können uns helfen, wenn wir mit Hindernissen in Form der Kategorie konfrontiert werden, die die meisten Menschen als am schmerzhaftesten empfinden: Aggression.

Wie wir gesehen haben, ist der hauptsächliche Grund, aus dem heraus wir uns einmischen, Widerstand leisten und uns verteidigen, der, dass wir Angst haben, ungeschützt zu sein, wenn wir verletzbar sind, wenn wir offen sind, wenn wir uns erlauben, einfach nur dort zu sein, wo wir sind. In der heutigen Zeit machen viele Menschen den Terrorismus in der Welt für ihre Unsicherheit verantwortlich. Aber der tatsächliche Mangel an Sicherheit ist mehr ein Ergebnis des Terrorismus in unserem Geist – der internen Saboteure. Unsere Hauptangst besteht darin, dass wir herabgesetzt werden, wenn wir offen sind und uns dort sein lassen, wo wir sind. Man wird uns zurückweisen. Man wird uns demütigen. Man wird uns angreifen. Man wird uns verurteilen. Man wird uns kritisieren. Man wird uns beschämen. Man wird uns Schuldgefühle einjagen.

Wir haben Angst, dass andere Leute uns all diese Dinge antun werden, und manchmal passiert das tatsächlich. Aber viel öfter tun wir uns selbst diese Dinge an. Haben Sie je zu sich gesagt: „Wenn ich wirklich zulasse, verwundbar zu sein, fühle ich mich so empfindsam, lieb und unschuldig. Wenn andere das bemerken, werden sie denken, dass ich zu nichts nutze bin.“ Oder vielleicht haben Sie auch gedacht: „Wenn ich diese wundervolle Unschuld verspüre, wird mich das ganz verlegen machen. Man wird mich demütigen. Es bedeutet, dass ich nicht stark bin. Irgendjemand wird mich ablehnen oder beschämen.“ Diese Sorgen sind meist eine Projektion unseres inneren Terroristen, der uns Angst macht, auf andere Menschen.

All diese Projektionen sind Beispiele für das Hindernis der Aggression. Normalerweise denken wir, bei Aggressionen ginge es darum, dass Menschen andere umbringen oder verletzen. Aber für Menschen auf dem inneren Pfad ist das nur ein kleiner Teil des Phänomens. Die primäre Form der Aggression für diejenigen, die sich auf dem Pfad befinden, ist ihre Aggression gegen sich selbst. Wir erlauben uns nicht, offen und verwundbar zu sein, dort zu sein, wo wir sind, weil wir das, was wir in der Erfahrung der Verletzbarkeit als hauptsächliches Ereignis vorfinden, oft mit einem Mangelgefühl verbinden. Möglicherweise greifen wir uns deswegen auch heftig an: „Du bist zu nichts gut. Was du tust, ist nicht genug. Du wirst es nie zu etwas bringen."

Sofort haben wir Angst, dass andere so über uns denken werden. Aber warum glauben Sie eigentlich, dass – egal, was passiert – andere von Ihnen denken würden, Sie wären nicht gut genug? Warum können Sie sich nicht vorstellen, dass sie etwas anderes denken? Ist es wahrscheinlich, dass alle Menschen dasselbe denken, – nämlich dass Sie nicht gut genug sind? Warum kommt Ihnen nicht der Gedanke, dass manche nur der Meinung sind, Sie wären etwas seltsam? Und dass andere denken, Sie wären naiv? Nein, Sie glauben, dass die Menschen denken, Sie wären nicht gut genug.

Offensichtlich ist das, was all diese Leute miteinander gemeinsam haben, der Faktor, dass Sie sich auf sie projizieren. Das ist ein Weg, durch den wir vermeiden, uns mit der primären Komponente zu konfrontieren, die in unserer Erfahrung erscheint. Wir rationalisieren, verteidigen uns, rechtfertigen uns. Aber wem gegenüber rechtfertigen wir uns? Warum müssen wir irgendjemandem die Schuld zuschieben? Wir fühlen uns einfach nicht wohl an dem Ort, an dem wir sind, aber das wollen wir nicht fühlen, deshalb machen wir andere für unser Unbehagen verantwortlich, indem wir unsere eigene Reaktion auf sie projizieren. Unser Fokus ist nach außen auf sie gerichtet, anstatt nach innen auf das, was für uns wahr ist.

Hier können wir die Aktivität dessen erkennen, was wir das Superego nennen. Das Superego ist ein spezieller Teil unserer Ego-Struktur, der die Aufgabe hat, sicherzustellen, dass wir den Maßstäben genügen, die wir als Kinder gelernt haben, um in unseren Familien und Gemeinden zu überleben. Das geschieht durch verschiedene Mittel, einschließlich dem Verurteilen, dem Kritisieren, dem Beraten, dem Warnen, dem Ermutigen, dem Drohen und der Selbstbestrafung als Reaktion auf unsere Gedanken, Gefühle und Handlungen. Das Superego ist eine Form, in der sich Aggression gegen uns selbst manifestiert, und es wird zu einem großen Hindernis, wenn wir herausfinden wollen, wo wir sind, und einfach nur dort sein wollen. Es ist ein wesentliches Hindernis auf dem Weg zum Wir-selbst-Sein, zum Wirklichsein.

Real zu sein, kann bedeuten, dass Sie sich selbst als unermesslich und mächtig wahrnehmen, aber Ihr Superego denkt vielleicht, dass das nicht akzeptabel ist. Es warnt Sie: „Du wirst den Leuten einfach zu viel sein. Sie werden nicht mit dir zusammen sein wollen. Sie werden dich verlassen oder dich verurteilen, weil du zu laut oder zu aggressiv bist."

Wir alle haben diese Werturteile, und wir fühlen uns gedemütigt, beschämt, verlegen, schuldig, wertlos und minderwertig. Aber all diese Gefühle stammen aus unserer Aggression gegen uns selbst. Wenn Sie also jemand sagen hören: „Lassen Sie sich dort sein, wo Sie sind", denken Sie wahrscheinlich: „Warum würde ich dort sein wollen, wo ich bin? Ich will gar nicht an irgendeinem speziellen Ort sein, denn das bedeutet meist Ärger. Jemand wird mich bestimmt angreifen." Aber der Einzige, der Sie angreift, ist für gewöhnlich ein Teil Ihres eigenen Geistes.

Wenn es also darum geht, herauszufinden, wo wir sind, und dort zu verweilen, müssen wir die sekundären Reaktionen erkennen, die aus dem Superego stammen – Reaktionen auf Angriffe, Ablehnung, Demütigung, Scham, Schuld, Geringschätzung, Entwertung, Vergleichen und so weiter. Das Superego hat viele Wege, um uns kleinzuhalten, um uns von dem Ort, an dem wir wirklich sind, fernzuhalten, um uns diesseits des Ereignishorizonts verweilen zu lassen, wo wir nicht sehen können, was im Zentrum unserer Erfahrungen geschieht.

Mit dem Superego arbeiten

Weil die Angriffe des Superegos uns so schwächen, müssen wir lernen, wie wir ihnen etwas effektiv entgegensetzen können. Es gibt drei primäre Methoden, um erfolgreich mit dem Superego umzugehen. Sie sind mit den drei Stufen der Reise verbunden, über die wir vorher gesprochen haben.

Stufe eins: *Die Kraft der Aggression nutzen*

Die erste Methode funktioniert gut auf der ersten Stufe der Reise, wenn unser Bewusstsein noch nicht stark, unsere Präsenz noch nicht entwickelt und unsere Untersuchung noch nicht geübt ist. Dann müssen wir uns direkt verteidigen, uns unsere Aggression eingestehen und ihre Kraft und Energie benutzen, um das Superego herauszuschmeißen, damit wir Raum schaffen können für den Ort, an dem wir sind. Auf diese Weise verteidigen wir uns bewusst, – indem wir unsere Stärke dazu benutzen, Raum zu schaffen, anstatt Mauern zu errichten, Verteidigungsmechanismen anzuwenden oder Widerstand zu leisten, um uns vor den Gefahren des Superegos zu schützen.

In den Anfangsjahren unserer Praxis, dort zu sein, wo wir sind, müssen wir dem Superego und seinen Tricks andauernd auf die Schliche kommen und lernen, uns dagegen zu verteidigen. Grundsätzlich müssen wir dem Superego den Marsch blasen: „Wen kümmert es schon, was du denkst? Fahr zur Hölle!“ Okay, Sie fühlen sich vielleicht minderwertig, und das Superego besteht darauf, dass Sie es nie zu etwas bringen werden. Dann können Sie ihm sagen: „Gut – wenn ich es nie zu etwas bringen werde, warum belästigst du mich dann? Verschwinde und such dir jemand anderen."

Das ist ein Weg, um sich zu befreien, aber mit Kraft, mit Energie, mit Bewusstsein. Das Superego will Sie in einen Käfig sperren, Sie wollen sich aber ausdehnen. Diese Art von Verteidigung stört das Superego nicht nur und bringt es zum Schweigen, es dehnt auch unsere Energie aus. Es verschafft uns Raum, um zu erkennen, wo wir sind, und um uns zu ermöglichen, dass wir uns dort ohne Störungen aufhalten können.

Stufe zwei: *Bewusstsein und Verständnis*

Die zweite Stufe der Arbeit mit dem Superego beginnt, nachdem wir gelernt haben, uns mit Kraft, Mut und Aggressivität dagegen zu wehren. Das sind Energien, die wir zurückgenommen und in Besitz genommen haben, deshalb können wir sie auch nutzen. Unser Bewusstsein ist jetzt stark und klar und unsere Fähigkeiten zur Untersuchung sind genügend entwickelt, damit der Angriff des Superegos uns nicht verwirrt oder ins Schleudern bringt. An diesem Punkt ist es nicht so wichtig, die Aggression dazu zu nutzen, uns zu verteidigen; allein das Erkennen und Verstehen eines Angriffs kann ihn schon abwehren. Wir können einen Angriff oft einfach dadurch auflösen, dass wir wissen, dass das Superego uns angreift, und dass wir verstehen, warum es das tut.

Während der ersten Stufe wird Verständnis allein nicht so gut funktionieren, wie die lange Geschichte der Psychoanalyse gezeigt hat. Psychoanalytiker haben bisher noch keinen Weg gefunden, um erfolgreich mit den Superegos vieler ihrer Patienten umzugehen. Nach 15 oder 20 Jahren Analyse attackieren viele sich immer noch selbst und fühlen sich deswegen schuldig. Der Grund dafür ist, dass allein das Verständnis der Ursprünge der Dynamik des Superegos – Sie fühlen sich so oder anders, weil Ihr Vater … oder weil Ihre Mutter das und das getan hat – selten genügt, um einen Angriff zu unterbinden.

In den frühen Stadien der Arbeit mit dem Superego sind Sie noch nicht bewusst und präsent genug, um fähig zu sein, es während eines Angriffs zu erforschen und zu verstehen. Sie brauchen etwas Raum in Ihrer Erfahrung, was Abstand vom Superego bedeutet. Deshalb ist es auch wichtig, zu lernen, sich kraftvoll zu verteidigen. Manche Menschen wollen das aber nicht tun, weil sie Angst vor ihren eigenen Aggressionen haben oder weil sie Angst haben, sich von den attackierenden inneren Figuren ihrer Eltern zu trennen.

Aber wenn wir auf der zweiten Stufe in unserer Präsenz und unserem Bewusstsein gefestigter sind, ist es leichter, mit den Angriffen umzugehen. Zu diesem Zeitpunkt sind sie auch nicht mehr so laut und machtvoll und können leichter erkannt werden. Durch das Erkennen und Verstehen der Wirkungsweise des Superegos kann man seine Angriffe auflösen. Der Einsatz von Bewusstsein und Verständnis bei der Arbeit mit dem Superego rückt auf der zweiten Stufe in den Fokus.

Stufe drei: *Das Erkennen nutzen*

Schließlich kommen wir zur dritten Stufe der inneren Reise, dem Zustand der nondualen Präsenz mit ihren Manifestationen. Wenn das Superego auf dieser Stufe erscheint, wird allein das Erkennen, dass es einen Angriff gab, diesen schon auflösen. Darüber hinaus müssen wir nicht viel tun – irgendeine Form von Arbeit, um zu verstehen, warum und wie die Attacke passiert ist, ist nicht notwendig.

Um es also noch einmal zusammenzufassen:

- Auf der ersten Stufe der Reise müssen wir unsere Aggression in Form von Kraft aufrufen, um uns gegen die Manipulation unserer Erfahrung durch das Superego abzuspalten und uns dagegen zu verteidigen.

- Auf der zweiten Stufe der Reise reicht es für gewöhnlich aus, den Angriff des Superegos zu erkennen und zu verstehen, wie er funktioniert, um ihn aufzulösen.
- Auf der dritten Stufe der Reise reicht allein die Erkenntnis, dass ein Angriff bevorsteht, um ihn aufzuhalten.

Beim Umgang mit dem Superego lernen wir, dass die Absicht dieses wichtigsten aller Zwangsagenten in uns darin besteht, unsere Erfahrung zu lenken. Im Grunde versucht das Superego, Sie eine Sache fühlen zu lassen und nicht eine andere: „Das ist akzeptabel, das ist nicht akzeptabel. Das ist okay, das ist nicht okay." Aber das Superego kann sich nicht nur in Form von Angriffen manifestieren, sondern auch als positives Feedback: als ein Schulterklopfen, als Stolz auf Ihre Leistungen, als Glückwünsche an sich selbst oder als ein klein wenig Aufgeblasenheit des Egos. Wichtig ist nur, sich daran zu erinnern, dass alle Beiträge des Superegos sekundäre Komponenten sind – Reaktionen innerhalb des Ereignishorizonts. Das Hauptereignis ist das, was wirklich passiert. Wenn ich authentisch in einem Zustand des Erkennens bin, warum muss ich mir dann selbst auf die Schulter klopfen? Wer macht das? Wenn ich stolz auf mich bin, wer ist stolz? Wenn ich mich aufblase, was bedeutet das? Es bedeutet in Wirklichkeit, dass ich aus dem Zentrum herausgehe und mich wieder zur Peripherie hinbewege.

Deshalb müssen wir uns sogar gegen sogenannte positive interne Kommentare wehren. Wenn das Superego uns sagt, dass wir tolle Arbeit geleistet haben, können wir entgegnen: „Wer hat dich denn gefragt?" Mit der Zeit wird es uns egal sein, was es sagt. Wenn wir schließlich auf diese Weise mit dem Superego umgehen können, wird es uns egal sein, ob andere uns akzeptieren oder nicht. Widerstand ist zwecklos, aber Akzeptanz oder Nichtakzeptanz werden unwichtig. Sie sind unwichtig, weil Sie sowieso in das schwarze Loch aufgesaugt werden. Dort können Sie dann im Einklang mit sich selbst sein. Der Lärm findet dort statt, wo sich der Ereignishorizont befindet.

Die Notwendigkeit des Mitgefühls

Aus diesem kurzen Überblick über die Eigenschaften des Superegos lernen wir, dass die Haltung, die wir uns selbst gegenüber in unserer Untersuchung einnehmen sollten, nichts mit Strenge zu tun hat. Je mehr wir die Strenge der gegen sich selbst gerichteten Aggression wahrnehmen, desto mehr erkennen wir das Superego bei der Arbeit. Mit der Zeit verstehen wir dann, dass Sanftheit und Empathie erforderlich sind für das, was wir sind. Wenn wir uns schwach fühlen, machen wir uns deswegen nicht herunter und wir verurteilen uns auch nicht. Wir sind verständnisvoll, wir sind freundlich, wir sind empathisch. Wenn wir uns minderwertig fühlen, ist das nicht der richtige Zeitpunkt, um uns zu kritisieren oder uns mit jemand anderem zu vergleichen. Es wird Zeit, uns selbst liebevoll in die Arme zu nehmen.

Mit der Zeit werden wir anstelle der strengen Kritik des Superegos mehr Mitgefühl und Wärme erleben, die Resonanz und Empathie eines gütigen Herzens. Unsere Untersuchung wird sanfter werden bezüglich der Art, wie wir uns wahrnehmen und sehen. Wir erkennen nicht nur, wo wir sind; wir erkennen mit sanfter, mitfühlender Resonanz, wo wir sind. Und unsere Reaktionen werden immer passender für das, was wir brauchen. Wenn wir zum Beispiel Scham empfinden, brauchen wir von unserem Superego nicht zu hören: „Ach, hier kommt schon wieder die alte Leier ... du fühlst immer dasselbe ... du schämst dich andauernd ... was stimmt eigentlich nicht mit dir?"

Wie wäre es, wenn sich die innere Haltung von „Ich schäme mich andauernd, ich wünschte mir, ich würde mich anders fühlen" zu „Ich schäme mich, und das tut wirklich weh" verlagern könnte? Das ist eine kleine Verschiebung, erkennen Sie das? Anstelle der Strenge erscheint Freundlichkeit und ein stillschweigendes Mitgefühl, das uns bereitwilliger macht, genau zu sehen, wo wir sind, und einfach dort zu verweilen.

Wenn wir zu uns selbst freundlich sind, wird die Atmosphäre wärmer, und wir sind gewillt, uns selbst zu offenbaren, was wir wirklich fühlen. Mitgefühl ist tatsächlich ein empathisches Erkennen dessen, wo wir in all seinen Nuancen sind, was genau die richtige Haltung hervorbringt, die zu unserer Lage passt. Daher geht es in unserem früheren Beispiel nicht nur um die Erkenntnis, dass es schmerzhaft ist, Scham zu spüren, sondern auch um eine sanfte Wärme in dieser Erkenntnis. Wir fühlen uns viel sicherer, anzuerkennen, wo wir sind, und dort auch zu verweilen.

Die Wichtigkeit des Muts

Erinnern Sie sich daran, dass wir uns zu Beginn unserer Praxis gegen das Superego verteidigen mussten. Damit das geschehen konnte, mussten wir unsere Aggression und unsere Kraft ins Spiel bringen. Tatsache ist, wenn wir einfach nur unsere Kraft spüren, bringt das das Superego nach einer Weile zur Weißglut, ohne dass wir dafür etwas tun müssen. Trotzdem erkennen wir, dass die Wichtigkeit der Kraft auch in ihrer Funktion liegt, die Güte zu ergänzen. Wir können auf dem Weg mit Güte allein keine Fortschritte machen, denn manchmal ist das, was passiert, beängstigend, verunsichernd oder verwirrend. Vielleicht ist der Ort, an dem wir sind, erschreckend, weil das, was passiert, unbekannt und gänzlich unvertraut ist. Vielleicht müssen wir aber auch Schmerzen erleiden, uns verloren fühlen oder zusammenbrechen, wenn wir weitermachen. Dann wird uns Güte allein nicht viel weiterhelfen.

An diesem Punkt brauchen wir Mut. Wir brauchen ein kühnes, mutiges, abenteuerlustiges Herz, um uns dorthin zu bringen, wo wir noch nie waren. Denn genau das ist die innere Reise: dorthin zu gelangen, wo wir noch nicht waren. Ein nettes, freundliches Herz hilft uns vielleicht dabei, uns selbst nicht anzugreifen. Aber es reicht nicht, um den mutigen Schritt ins Jetzt zu machen, um offen und verwundbar für das zu sein, was uns in ein neues Territorium lockt.

Wenn wir uns in neues Gebiet vorwagen, wissen wir nicht, was passieren wird. Vielleicht werden wir verrückt. Vielleicht sterben wir. Vielleicht fallen wir in ein schwarzes Loch und kommen nie wieder heraus. Deshalb denken wir: „Ich bleibe lieber hier auf dieser Seite des Ereignishorizonts. Wer will schon in ein schwarzes Loch fallen? Vielleicht werde ich dann verschluckt. Wer weiß, wo ich am Ende lande?"

Viele von uns wissen inzwischen, dass ein schwarzes Loch der Anfang eines Wurmlochs ist. Aber wir mussten viel recherchieren, um herauszufinden, dass man an einen anderen Ort, in andere Bereiche gelangt, wenn man in ein schwarzes Loch vordringt. Wir stellen uns also vor, dass wir dann verschwinden werden. Aber wer will schon verschwinden? „Ich bleibe lieber im Bereich des Ereignishorizonts und mache ein paar Erfahrungen ..."

Man braucht einen abenteuerlichen Geist, um sagen zu können: „Okay, dann lass uns mal springen und sehen, was passiert." Aber erinnern Sie sich daran, dass es nicht um das Springen an sich geht. Es geht mehr um Mut, um Unerschrockenheit in Bezug darauf, dass wir uns erlauben werden, verwundbar für das zu sein, was auch immer erscheinen und geschehen wird.

Mitgefühl ist also notwendig, aber es muss mit einer Kraft in Form eines abenteuerlustigen Geistes ausgeglichen werden, einem Geist, der das Unbekannte erfahren will. Wir sprechen hier von einem Gefühl für Lebendigkeit und Stärke, welches nicht passiv darauf wartet, dass etwas passiert, sondern das dynamisch und interessiert an dem ist, was in jedem Moment erscheinen mag. Das bedeutet, für die

Reise bereit zu sein – obwohl wir in Wirklichkeit natürlich nirgendwo hinreisen. Wir bleiben nur jeden Moment dort, wo wir sind.

Das Gleichgewicht halten

Innere Praxis ist kein Ausbildungslager. Kühnheit bedeutet nicht, uns selbst Druck zu machen. Sie verlangt nicht, dass wir uns in einen bestimmten Zustand hineinzwängen. Die ausgeglichene Kombination von Stärke und Güte, die wir beschrieben haben, zeigt uns, dass das, was wir im Laufe der Zeit in unserer Praxis entwickeln wollen, eine Art mutige Verwundbarkeit ist, in der wir gütig *und* stark *und* mutig sein können. Manchmal steht die Güte mehr im Vordergrund. Manchmal steht die Kühnheit im Vordergrund. Die Kühnheit bleibt weiterhin eine mutige Stärke sowie Abenteuerlust, ohne leichtsinnig oder streng zu werden. Wir treiben uns nicht an und sagen: „Okay, du Schwächling, warum springst du da nicht einfach rein?" Das meine ich nicht mit mutig sein.

An diesem Punkt gewinnt die Güte an Bedeutung. Güte heißt Einstimmung, sie erkennt, wo genau wir sind. Wenn wir dazu noch Stärke besitzen, werden wir ganz natürlich zulassen, verwundbar zu sein, offen zu sein für das, was erscheint, und uns selbst erlauben, jetzt und hier im Moment zu verweilen – wo auch immer das sein mag.

Wenn wir Mut und Mitgefühl, Durchsetzungsvermögen und Sanftheit miteinander verbinden, unterstützen uns unsere essenzielle Stärke und Güte darin, dort zu sein, wo wir sind. Diese Qualitäten öffnen uns dafür, mit unserer primären Erfahrung zu verweilen, und bewahren uns davor, durch die sekundären Reaktionen unserer inneren Aggression abgelenkt zu werden oder zu sehr damit beschäftigt zu sein. Mit diesen Qualitäten werden wir von einer mutigen Verwundbarkeit erfüllt, die uns immer mehr in die Direktheit und Vertrautheit unseres Wirklichseins führt.

Übung

Die Untersuchung vertiefen

Da Sie jetzt ein etwas tieferes Verständnis von den primären und sekundären Komponenten der Erfahrung und von den Fähigkeiten haben, die nötig sind, um mit Ihrer Erfahrung präsent zu sein und sie zu erforschen, sowie von den Hindernissen, die erscheinen können, lassen Sie uns eine weitere Übung zur Erforschung Ihrer Erfahrung machen. Nehmen Sie sich für diese Untersuchung 15 Minuten Zeit. Seien Sie einfach nur in jedem Moment präsent, ohne sich auf irgendwelche Fähigkeiten oder Hindernisse zu konzentrieren. Seien Sie sich bewusst, was passiert, und darauf eingestimmt, wo Sie in diesem Prozess sind. Lassen Sie alles, was sich manifestieren will, ganz natürlich erscheinen und folgen Sie ihm.

Achten Sie darauf, wann Sie mit Ihrer primären Erfahrung in Berührung sind und wann Sie mehr auf die Reaktion oder die Haltung bezüglich der Erfahrung fokussiert sind. Erkennen Sie den Unterschied? Was passiert, wenn Sie mit der primären Erfahrung verweilen?

Vielleicht können Sie ja Veränderungen in Ihrer Erfahrung erkennen, die eine Vertiefung und Erweiterung des Ortes reflektieren, an dem Sie sich befinden. Wenn Sie damit fertig sind, untersuchen Sie Ihre Erfahrung hinsichtlich der Frage, wie sich die Qualitäten von Güte und Mut manifestiert haben. Wie und wo erschien die Güte? Hatte sie einen Hauch von Schüchternheit? Wo haben sich der Mut oder die Unerschrockenheit manifestiert? Hatten sie eine Spur von Härte?

7.
Der Wahrheit zur Bedeutung und Harmonie folgen

Ich habe Sie dazu ermutigt, sich mehr dessen bewusst zu werden, was Sie erfahren, und es zu verstehen, um zu erkennen, wo Sie sind. Und ich habe darauf hingewiesen, dass zu wissen, *wo* Sie sind, Sie dahin führen wird, das tiefere Wesen dessen, *was* Sie sind, zu erkennen und zu sein. Aber es ist nützlich, sich daran zu erinnern, dass das, was Sie sind, nicht getrennt ist vom tiefsten Wesen der Wirklichkeit selbst. Diese wahre Realität ist die nichtduale Einheit des reinen Seins.

Wie dem auch sei, viele Menschen haben den Eindruck, wenn sie mit der transzendenten Natur der Realität – der Einheit von allen Dingen und Wesen – in Berührung sind, dass es für sie nicht relevant ist, wer und wo sie im Moment sind, oder dass es in der Einheit verschwindet. Andere machen die Erfahrung, dass der Wahren Natur der Realität die gewöhnlichen Aspekte ihres Lebens egal sind. Und viele spirituelle Pfade vertreten den Standpunkt, dass unsere vertraute Persönlichkeit, oder unser Ego, nur ein Hindernis für das ist, was wahr und wirklich ist, und daher transzendiert werden muss.

Wenn wir die letztere Position einnehmen, welchen Sinn ergibt dann die Vorstellung, dass zu wissen und zu verstehen, wo wir in jedem beliebigen Moment sind, eine besondere, enthüllende Beziehung zu unserer Wahren Natur hat, die auch die Wahre Natur der Wirklichkeit ist? In diesem Kapitel werden wir die Frage der größeren und kleineren Wahrheit erforschen – der ursprünglichen und der teilweisen Wahrheit – und wie der Faden des Verständnisses die Individualität unseres eigenen Lebens mit der nondualen Einheit der Realität verbindet.

Die sich entfaltende Reise zur Wahren Natur

Lassen Sie uns mit der Erkenntnis beginnen, dass die Wirklichkeit selbst natürlich keine verschiedenen Ebenen hat. Wirklichkeit – alles, was existiert – ist ausnahmslos die Wahre Natur. Es ist alles eine Sache. Aber weil wir durch verschiedene Stadien gehen in der Entfaltung der Erkenntnis der Wahrheit – was die Wahrheit der Wahren Natur ist –, scheint es uns, als würde die Realität aus verschiedenen Schichten bestehen. Die Realität ist intelligent und raumgreifend genug, um zu wissen, dass Menschen sie mit unterschiedlichen Abstufungen von Ganzheit erkennen. Sie weiß, dass jede Stufe der Erkenntnis ihre eigene Möglichkeit der Wahrheit hat, weil sie immer noch Realität ist; sie ist nur nicht die Realität in ihrer Vollständigkeit.

Das bedeutet nicht, dass wir nur dann Wahrheit erfahren können, wenn wir sie komplett erkennen. Auf jeder Stufe der Wahrheit existieren Verstehen und Bedeutung. Mit jedem kurzen Blick auf eine auch nur partielle Wahrheit wird das, was wir sehen, von der ursprünglichen Realität berührt, von der ursprünglichen Harmonie und der ursprünglichen Wahrheit selbst. Das gibt uns ein Gefühl für den Weg oder für die Entfaltung, für einen Fluss der Erfahrung, die dort zu sein, wo wir sind, und seine Erforschung zu einer sinnvollen Praxis machen.

Was sagt uns das also in Bezug darauf, wie wir unsere Arbeit angehen sollten? Wie wir gesehen haben, ist unsere Praxis, zu lernen, dort zu sein, wo wir sind, eine Frage der Untersuchung dessen, was geschieht und was die Wahrheit einer Situation ist. Zu fragen: „Wo bin ich?“, bedeutet: „Was ist die Wahrheit meiner Erfahrung?“ Und zu fragen: „Was ist die Wahrheit meiner Erfahrung?“, bedeutet: „Ich will sie auf eine Weise verstehen, die sinnvoll für mein Herz ist, die mein Herz und meine Seele nährt. Ich will nicht nur eine Erklärung.“ Eine Erklärung, die man nicht fühlt, kann zwar präzise, aber nicht sinnvoll sein, und dann nährt sie uns nicht.

Wenn wir mit unserer Erfahrung arbeiten – wenn wir sie untersuchen und in sie eintauchen, wenn wir ihr gegenüber präsent sind –, offenbart sich die Präsenz und Bewusstheit, die unsere Erfahrung durchdringt, als die zugrunde liegende Wahrheit oder die Wahre Natur, die wir gesucht haben. Und während unser Verständnis sich entfaltet, wird die Harmonie verschiedener Elemente unserer Erfahrung zu einer gefühlten Harmonie der Verbundenheit. Diese Erfahrung ist näher an der innewohnenden, originären, ursprünglichen Harmonie, die die Einheit aller Dinge offenbart – und die sie tatsächlich auch ist.

Wir könnten den Pfad zur Selbstverwirklichung auf diese Weise beschreiben: Unser Wunsch, zu verstehen, wo wir sind und wer wir sind, führt uns zu Anfang auf eine Reise des Lernens, damit wir mehr und mehr Einsicht in unsere gewöhnliche Erfahrung gewinnen können. Nach und nach erkennen wir dann die Beziehung der normalen Erfahrung zu tieferen Ebenen der Realität – wie sie die Wahre Natur widerspiegelt. Schließlich sind wir in der Lage, zu erkennen, dass unsere individuelle Erfahrung nichts als die Wahre Natur ist, und wir bewegen uns auf die Erkenntnis des wahren Seins zu – der Einheit, die nichtduale Realität ist.

Diese Erkenntnis der nichtdualen Grundlage der Erfahrung ist die Realisierung, dass es im Grunde nur eine Präsenz gibt. Die Präsenz ist das, was existiert, was ist, und alles, was existiert, ist eine Form, die die Präsenz annimmt. Wirklichkeit ist ein einheitliches leuchtendes Feld, das sich selbst in die verschiedenen Wahrnehmungen aufsplittet, die wir haben. Deshalb sind die Wahre Natur und das Sein tatsächlich dasselbe wie Wahrheit oder Realität. All diese Begriffe meinen dasselbe: Präsenz, die in einem Zustand bewusster, totaler Verwirklichung ist. In diesem Zustand wird die Erfahrung nicht durch den Geist gefiltert; die Dinge werden genauso erfahren, wie sie sind. Wir sehen ihr Wesen und erkennen, dass es die Wahre Natur ist, – was sich als das Wesen von allem erweist, bis tief in die kleinsten Teilchen.

Das bedeutet, es existiert nichts anderes als die Wahre Natur. Sie durchdringt alles so innig, so komplett, dass sie jeden einzelnen Punkt ausfüllt.

Hat es Bedeutung?

Die Erkenntnis, dass allein die Wahre Natur existiert, wird von verschiedenen spirituellen Kulturen und Traditionen auf unterschiedliche Arten ausgedrückt. Ein Vedanta-Anhänger würde sagen „Ich bin Das", denn das, was wirklich ist, wird mit „Das" bezeichnet. Ein Buddhist würde es das Sosein der Realität nennen. Ein Taoist sagt: „Das wahre Tao ist jenseits von Worten und Namen." Ein christlicher Mystiker würde sagen: „Gott ist die unerkennbare transzendente Einheit von allem." All diese unterschiedlichen Herangehensweisen beziehen sich grundsätzlich auf die Wirklichkeit in einer Form, die sie weg vom Geist und der Vorstellung bringt, dass der Geist sie definieren kann. Es ist, was es ist. Es ist die Wahrheit, unabhängig vom Geist oder, um es genauer zu sagen, vom diskursiven Geist.

Wenn wir uns dem Westen zuwenden, der Sufi-Tradition, entdecken wir, dass das Wort, das die Sufis für die Wahre Natur benutzen, in der Übersetzung sehr nah am Wort „Sinn“ liegt. Sie nennen es auch „Wahrheit“, aber wenn Sufis sich auf die essenzielle Präsenz beziehen, auf das essenzielle Wesen – dem, was allem zugrunde liegt –, ist es der *Sinn*, den sie hervorheben wollen.

Das ist einer der Gründe, warum ich den Sufismus als westliche Tradition betrachte. Viele Menschen verbinden ihn mit dem Osten, weil sie die Sufis aus Indien kennen. Aber das Sufitum kommt aus dem Mittleren Osten, der, gemeinsam mit Griechenland, die Geburtsstätte des westlichen Denkens ist. Deshalb haben die Ursprünge der Sufi-Tradition ihre Wurzeln in Griechenland und im Mittleren Osten.

Was das Sufitum mehr zu einer westlichen als zu einer östlichen Tradition macht, ist die Tatsache, dass es die Wahre Natur mit dem Geist verbindet und sie „Sinn“ nennt. Aber worauf die Sufis verweisen, ist nicht das, was wir für gewöhnlich unter Sinn verstehen. Ihr Wort für Sinn – ma'na – steht für das, was substanziell und wichtig ist, was zählt. Es ist der Sinn der Seele, der Sinn des Herzens, nicht des Geistes, so wie wir heute über den Geist denken. Der Grund dafür ist, dass die Sufis allgemein das Herz als das Organ wahren Wissens betrachten. Diese Einsicht, dass die Wahre Natur das wahre Wissen oder der wirkliche Sinn ist, steht im Kontrast zu den Traditionen des Ostens, bei denen die Betonung darauf liegt, was *über* das Wissen *hinaus*geht.

Ich konzentriere mich hier auf das Wort „Sinn“, weil ich glaube, dass es uns hilft, besser zu verstehen, was es bedeutet, dort zu sein, wo wir sind. Von der Erkenntnishaltung aus gesprochen, ist der Sinn, den wir erfahren, nicht der begriffliche Sinn, es ist die Präsenz der Existenz. Sie ist sinnvoll für die Seele und das Herz. Wir könnten auch sagen: Die Seele und das Herz spüren, dass die Existenz sinnvoll ist. Die Existenz ergibt Sinn. Was ist ihr Sinn? Die Wahre Natur.

Eine makellose Harmonie entdecken

In dieser Haltung der nichtdualen Erkenntnis nimmt man eine Transparenz und ein Leuchten der Einheit wahr, und gleichzeitig eine makellose Harmonie in der Manifestation dieser Einheit. Wie auch immer die Situation aussieht, was wir normalerweise als schlecht oder gut bezeichnen würden, wird als eine makellose, anmutige Harmonie erfahren, die zwar einfach, aber wunderschön, ästhetisch inspirierend und erhebend ist. Zudem ist die Harmonie zwischen allem auch sinnvoll; sie ist ein Teil des Sinns. Damit ist der Sinn die Präsenz selbst, er ist die Totalität der Realität in ihrer Harmonie.

Wir beginnen mit der inneren Arbeit, unsere Erfahrung von einem Punkt aus zu erforschen, der weit weg von dieser Erkenntnis der Harmonie liegt. Bevor wir mit der Untersuchungsarbeit beginnen, erscheint das Leben leer und sinnlos. Wir fühlen uns frustriert und unzufrieden. Wir suchen nach Bedeutung, nach Sinn, nach einem innewohnenden Wert unseres Lebens, den wir noch nicht erkannt haben. Wenn wir langsam zu verstehen beginnen, was in unserer Erfahrung geschieht, erkennen wir zwar ein wenig Wahrheit und ein wenig Sinn, aber das ist noch nicht der letzte Sinn. Er besitzt jedoch einen Geschmack der Wahrheit, weil das Verstehen selbst eine Harmonie erzeugt, die die innewohnende Harmonie des Universums und der Wahrheit widerspiegelt.

Selbst auf den Anfangsstufen unserer Arbeit, während wir Einsicht in das bekommen, was in unserer Erfahrung passiert, ist die Wahrheit, die wir erkennen, irgendwie sinnvoll. Auf dieser ersten Stufe offenbart dieser Sinn eine Harmonie, eine Verbundenheit innerhalb der verschiedenen Elemente unserer Erfahrung, die wir vorher nicht gesehen haben. Daher erfahren wir den Sinn, der darauf basiert, dass Verbindungen hergestellt werden, als eine zunehmende Harmonie, die auf der Wahrheit unserer Erfahrung basiert. Diese Wahrheit reflektiert die Wahre Natur, die die Essenz der Harmonie ist, die Harmonie ermöglicht.

Vielleicht habe ich mich zum Beispiel mit dem Thema Schwäche auseinandergesetzt und gedacht: „Ich bin überhaupt nicht stark. Ich kann nicht Nein sagen, ich kann nicht ich selbst sein." Auf der ersten Stufe verstehe ich möglicherweise, dass dieser Mangel an Stärke, für mich selbst einzustehen, mit dem Gefühl verbunden ist, dass ich meine eigene Identität nicht als wirklich verschieden von den anderen Menschen in meinem Leben empfinde. Wenn ich verstehe, wie dies ein Teil meiner persönlichen Geschichte wird, bringt das eine gewisse Harmonie in meine Erfahrung, die auf der Erkenntnis einer persönlichen Wahrheit basiert.

An einem späteren Punkt der inneren Reise wird offensichtlicher, dass diese Harmonie oder dieses Verständnis mit der essenziellen Präsenz verbunden ist. Auf dieser nächsten Stufe erscheint dann die Essenz der Stärke, und ich fühle mich stark, ich bin in der Lage, eine einzelne Person zu sein, die die Freiheit hat, Nein zu sagen. Alles passt zusammen, weil das Erscheinen der essenziellen Qualität selbst alle Fragen bezüglich Trennung, Selbstbehauptung und Autonomie beantwortet und ebenfalls die allem innewohnende Harmonie enthüllt.

Mit anderen Worten, auf der zweiten Stufe spüre ich meine Kraft, weil ich sehen kann, dass diese Manifestationen der Klarheit, der Erweiterung, der Energie und Kompetenz mit dem Gefühl des Getrenntseins verbunden sind, und erkenne, dass ich das vorher nicht gewusst habe. Da ich aber jetzt meinen Aspekt der Abspaltung – von meinem Mann oder meiner Frau oder meinen Kindern oder meiner Mutter – besser verstehe, erscheint die Präsenz, und ich spüre die wahre Trennung, in der ich von meinem Geist auf die Art abgetrennt bin, dass ich keine Ideen oder Überzeugungen brauche, um ich selbst zu sein. Alles, was ich erfahren habe, ist jetzt sinnvoll.

Alles ergibt einen Sinn, alles passt zusammen und ich erkenne die Wahrheit. Die Wahrheit, die ich jetzt wahrnehme, *ist* der Sinn, und das Zentrum dieses Sinns ist die essenzielle Präsenz selbst.

Auf der dritten und bewusstesten Stufe der Reise erkenne ich den Sinn als allem innewohnend. Der Sinn ist die essenzielle Präsenz, die als die Natur von allem offenbart wird – die nichtduale Realität der Wahren Natur. Daher sind der Sinn und die Harmonie an diesem Punkt der Reise tatsächlich untrennbar voneinander.

Lassen Sie uns also zusammenfassen:

- Auf der ersten Stufe wird die Harmonie sichtbar, wenn das Verständnis Ihrer Erfahrung den Sinn dieser Erfahrung enthüllt. Sie fühlen sich mehr als Sie selbst, realer, wenn Sie die Situation verstehen und die Wahrheit erkennen.
- Auf der zweiten Stufe fangen Sie an, zu erkennen, was Sie real macht und woher die Wahrheit kommt. Wenn Sie die essenzielle Präsenz selbst erkennen, werden Sie verstehen, dass die Quellen der Echtheit, der Wahrheit, des Sinns und der Harmonie allesamt die Wahre Natur sind, weil es sich dabei um die absolute Authentizität handelt – um die reine, nicht korrumpierbare Realität.
- Auf der dritten Stufe enthüllt sich die Präsenz als das Wesen und der Sinn von allem, und Sie erfahren das Leben als die harmonische Differenzierung dieser Präsenz.

Harmonie als wechselseitige Verbundenheit

Das Verstehen bezieht sich direkt darauf, die Harmonie in der Situation zu erkennen, die zwar implizit, uns aber noch nicht klar ist. Und weil wir uns an einem begrenzten Ort der Erkenntnis befinden, können wir die Harmonie nur in der Wechselbeziehung sehen, in der die Dinge miteinander verbunden sind. Wenn wir die Bedeutung dieser

Verbundenheit erkennen, fangen wir an, die Harmonie zu spüren. „Oh, gestern nach der Arbeit mit meinem Lehrer war ich ein bisschen verängstigt, und heute fühle ich mich leer ... Jetzt, da ich mir dessen bewusst werde, kann ich meine Projektion auf meinen Lehrer erkennen, ... was mich an diesen Zwischenfall mit meiner Mutter erinnert ..." Wir können diese Dinge miteinander in Verbindung bringen, als würden sie an einem bestimmten Punkt zusammengehören, denn wir fangen an, eine zugrunde liegende Harmonie darin zu erkennen. Das passiert dann, wenn wir einen Eindruck mit dem anderen verbinden.

Vorher haben wir gesehen, dass die letztendliche Harmonie im Zustand der nichtdualen Verwirklichung in der Erkenntnis besteht, dass die Harmonie nichts anderes ist als die makellose wechselseitige Verbundenheit mit allem, was ist. Und Sie können auch beobachten, dass sie sich selbst so manifestiert, dass nichts anderes getrübt, verdeckt oder verdrängt wird, – alles verschmilzt miteinander in anmutiger Harmonie. Diese anmutige Harmonie ist die Basis aller Gesetze oder der Ordnung der Natur. Deshalb besteht auch ein Teil des Lernens darüber, wie wir unsere Erfahrung verstehen, im Entdecken der inhärenten Ordnung. Das geschieht, wenn wir eine Komponente mit einer anderen in Verbindung bringen können.

Um noch ein anderes Beispiel zu nennen: Während Sie Ihre Erfahrung erforschen, erscheinen Komponenten sowohl im Jetzt wie auch aus der Vergangenheit. Gestern haben Sie in Ihrer Untersuchung mit Ihrem Lehrer etwas erfahren, das dasselbe oder dem ähnlich ist, was Sie vor einer Woche bei der Arbeit erlebt haben, ... das wiederum mit einer Erfahrung vor zehn Jahren in einem anderen Job verbunden ist ... und das wieder mit etwas zusammenhängt, was vor 50 Jahren mit Ihrem Vater passiert ist. Wenn all dies in Ihrem Verständnis miteinander in Verbindung gebracht wird, kann es Ihnen in Ihrer jetzigen Erfahrung ein Gefühl größerer Harmonie vermitteln.

Verbundenheit durch Kontrast und Vergleich

Ein wichtiger Teil des Verständnisprozesses in der Untersuchung beinhaltet das Aufdecken der Beziehung zwischen den Dingen. Dafür müssen Sie sie nebeneinanderstellen, um zu sehen, wie sie miteinander verbunden sind. Sie müssen sie vergleichen und gegenüberstellen: Zu welchem Grad gleichen sie sich oder wie unterscheiden sie sich voneinander? Wenn sie unterschiedlich sind, auf welche Weise sind sie unterschiedlich? In diesem Prozess, in dem sie miteinander in Verbindung gebracht werden, um zu untersuchen, inwieweit sie sich voneinander unterscheiden, geschieht ein ständiger Vergleich. Sie vergleichen Ihre Erfahrung von gestern bezüglich Ihres Lehrers mit Ihrer Erfahrung von vor einer Woche bei der Arbeit, mit Ihrer Erfahrung von vor zehn Jahren in einem früheren Job, mit Ihrer Erfahrung von vor 50 Jahren mit Ihrem Vater. Durch Gegenüberstellung und Vergleich werden Sie an einem bestimmten Punkt verstehen, worin sie sich ähneln oder was ihnen allen gemein ist.

Daraus können Sie erkennen, dass es für unsere Unterscheidung, für unser Verständnisvermögen, typisch ist, dass wir Dinge gegenüberstellen, miteinander in Verbindung bringen oder vergleichen. Vielleicht sage ich ja: „Gestern war ich wirklich total entsetzt und heute bin ich nur erschrocken, deshalb kann ich sagen, dass ich gestern mehr Angst hatte. Vor einer Woche mit meinem Lehrer hatte ich zwar Angst, aber ich kann erkennen, dass diese Angst in Wirklichkeit mit dem Schrecken verbunden ist, und bei meinem Vater war ich richtig verängstigt."

Wir können also nicht nur vergleichen, sondern auch objektive Einschätzungen oder Beurteilungen vornehmen – genau wie ein Wissenschaftler, der Daten aus einem Experiment vergleicht. Wir können Einschätzungen treffen wie:

Das ist größer als das, das ist kleiner als das, das macht mehr Angst als das, das ist lebendiger als das, dies ist intensiver als jenes und so weiter. All diese Vergleiche sind notwendig für unser Verständnis.

Selbst wenn wir nicht mit dem Prozess der Untersuchung beschäftigt sind, verstehen wir, was in unserem täglichen Leben passiert, weil unser Geist immer Dinge zuordnet, gegenüberstellt und beurteilt. Ohne diesen Vorgang gibt es kein Wissen und ganz bestimmt keine wissenschaftlichen Erkenntnisse. Wir erkennen hier, dass vergleichendes Beurteilen eine wichtige Rolle beim Erkennen der Wahrheit spielt. Vergleichendes Beurteilen im wissenschaftlichen Sinn führt immer zur Erkenntnis des Sinns und zu den Auswirkungen, die sich aus den Vergleichen ergeben. Das bedeutet, um Ihre momentanen Muster zu verstehen, müssen Sie auch Ihre Beziehung zu dem verstehen, was in Ihrer Vergangenheit passiert ist.

In unserem Beispiel würden Sie erkennen müssen, dass Sie vor 50 Jahren als Kind in der Sache mit Ihrem Vater noch zu klein waren, um für sich eintreten zu können. Jetzt sind Sie erwachsen – größer, stärker – und Sie sehen die Dinge in einem anderen Licht. Sie müssen fähig sein, die Situation zu beurteilen, – ihre spezielle Wahrheit, ihren Sinn und ihre Auswirkungen erkennen können. Das nennt man eine wissenschaftliche Einschätzung oder eine wissenschaftliche Beurteilung der Situation. „Jetzt kann ich erkennen, dass ich mich mit elf Jahren nicht gegen meinen Dad behaupten konnte, aber inzwischen bin ich 61, deshalb habe ich meiner Einschätzung nach mehr Möglichkeiten, besser auf mich Acht zu geben und mein authentisches Selbst zu sein."

Auf diese Weise bewegt sich der Prozess der Untersuchung weiter in einem Kontinuum der Wechselwirkung, des Kontrasts, des Vergleichs, der Einschätzung und Beurteilung – aber alles ist neutral. Wenn Sie Ihre Erfahrung wissenschaftlich betrachten, wenn

Sie behaupten: „Gestern hatte ich mehr Angst als heute", sagen Sie nicht, was besser ist. Sie haben nicht das Gefühl, dass Sie sich heute lieber weniger ängstlich fühlen würden oder sollten. Sie machen Ihre Aussage nur, um zu verstehen, dass Sie gestern mehr Angst als heute hatten.

Der Grund dafür ist folgender: Wenn Sie erkennen, dass Sie gestern verängstigter waren, und verstehen, warum das so war, können Sie vielleicht die Faktoren ermitteln, die die Angst mehr oder weniger präsent erscheinen lassen. Wenn Sie diesen Kontrast nicht erkennen, wenn Sie dieses vergleichende Urteil nicht anstellen, werden Sie nicht die Einsicht erlangen, dass die Angst tatsächlich etwas mit der Leere zu tun hatte, weil Sie sich gestern auch leerer gefühlt haben als heute.

Sich vom vergleichenden zum moralischen Urteil bewegen

Trotzdem geht der Geist aufgrund unserer Begierde, aufgrund unserer Unsicherheit und unseres Mangelgefühls in seinem Urteil noch einen Schritt weiter. Da der Geist vom Ego und seiner ihm innewohnenden Unwissenheit bestimmt wird, sagt er: „Ich will mich nicht so fühlen, wie ich mich gestern gefühlt habe." Wenn ich bei einem Experiment Ratten beobachte und sehen würde, dass eine von ihnen heute ängstlicher wäre als an einem anderen Tag, könnte ich dazu leicht eine neutrale Haltung einnehmen. Aber jetzt spreche ich über mich selbst, daher wird es gleich persönlich. Ich habe nicht nur eine Einschätzung vorgenommen oder ein Urteil gefällt, sondern es ist eine Vorliebe für den einen oder anderen Zustand ins Spiel gekommen – ein Wunsch, dass es so und nicht anders sein soll.

Auf diese Weise kann das vergleichende Beurteilen, das in sich selbst eine neutrale Funktion in unseren Untersuchungen hat, zu einem moralischen Urteil werden. Wir behaupten, dass eine Situation besser, wünschenswerter ist als eine andere. Und nicht nur das – wir glauben auch, dass der Zustand oder das Gefühl, das wir vorziehen, das ist, wonach wir streben sollten. Auf diese Weise hindert uns das vergleichende Beurteilen am ehesten daran, dort zu sein, wo wir tatsächlich sind.

Unser Geist vergleicht auf ganz natürliche Weise alles, was wir erleben, mit anderen Gefühlen und anderen Erfahrungen – sowohl von uns wie auch von anderen Leuten. Vielleicht meditieren Sie gerade und spüren ein kleines Blubbern im Magen, etwas, was Sie vorher noch nicht erlebt haben. Eine neutrale Reaktion darauf wäre, zu sagen: „Das ist ja interessant, gestern war das nicht da." Aber es ist viel wahrscheinlicher, dass Sie, wenn Sie das Blubbern spüren, sich an Ihren Freund erinnern, der Ihnen gesagt hat, dass er vor ein paar Tagen beim Meditieren diesen Lavafluss gespürt hat – intensive Hitze und Helligkeit und eine gewaltige Explosion. Und Sie denken: „Alles, was ich spüre, ist dieses kleine Blubbern? Mehr spielt sich nicht bei mir ab? Offensichtlich ist es das nicht, was bei mir passiert."

Oder vielleicht verändert es sich auch von einem Blubbern zu einer großen, explodierenden Supernova. Sie erinnern sich an Ihren Freund, wie er über die Lava gesprochen hat, und Sie denken „Was er erlebt hat, ist gar nichts – *das* ist es!" Sie wollen an der Erfahrung festhalten, bis Sie mit ihm gesprochen haben ... Wessen Erfahrung war gewaltiger? Das klingt vielleicht komisch, aber es passiert die ganze Zeit. Wir lassen unsere Erfahrungen nicht allein. Das Problem ist nicht die Tatsache, dass wir vergleichen, sondern dass wir auf eine beurteilende Weise vergleichen. Unser Superego dominiert unsere Beobachtungen, und am Ende sagen wir dann: „Das ist akzeptabel, das ist nicht akzeptabel." Alles wird als gut oder schlecht, wünschenswert oder nicht wünschenswert, als mehr entwickelt als die Erfahrung eines anderen gesehen oder nicht – mit dem Ergebnis, dass wir uns nicht dort sein lassen, wo wir sind.

Normalerweise geht es uns nicht darum, die reine wissenschaftliche Erkenntnis aufzudecken, die Wahrheit. Unsere Ausrichtung besteht darin, etwas aus unserer Erfahrung herauszuholen, weil wir von unseren Wünschen, unserer Leere, unseren Unsicherheiten und so weiter angetrieben werden. Wir bewerten, ob unsere Erfahrung besser oder schlechter ist, anstatt einfach neutral zu erkennen, dass sie anders als das ist, was vorher war. Wir verlieren die Tatsache aus den Augen, dass, wenn wir den Unterschied einfach nur erkennen können, uns das zu der Einsicht verhelfen wird, die wir brauchen, um es richtig zu verstehen. Wir mischen uns darin ein – üben Druck auf sie aus, zerren an ihr herum, wehren uns dagegen, verteidigen uns, versuchen, daran festzuhalten –, damit sie so wird, wie wir es für besser halten.

Das passiert nicht nur, wenn Sie sich mit Ihren Freunden vergleichen. Vielleicht haben Sie eine großartige Schrift von einem alten Weisen gelesen, der die Erleuchtung beschreibt, und Sie versuchen, seine Ideale von spiritueller Praxis zu kopieren oder zu imitieren. Sie meditieren die ganze Zeit und sind praktisch schon erleuchtet, aber immer, wenn Sie etwas erleben, haben Sie das Gefühl ... „Nein, das ist es noch nicht ... das kann sich nicht damit messen." Sie beurteilen ständig, was in Ihrer Meditation geschieht, und vergleichen es mit dem Vorbild seiner Lehren. Aber Sie könnten es auch auf eine wissenschaftliche Art und Weise vergleichen: „Der Lehrer sagt dies und ich fühle etwas anderes. Ich will herausfinden, was das ist, wenn es nicht das ist, worüber er spricht."

Wenn wir die wissenschaftliche Methode der Beobachtung und Erforschung anwenden, kommen wir zu einem klareren Verständnis, das uns tatsächlich dem näherbringen könnte, was der Lehrer sagt. Aber wenn wir sagen: „Nein, das ist es noch nicht. Was ich erfahre, hat keinen Wert", dann sind wir enttäuscht, entmutigt, deprimiert. Wenn wir andererseits glauben, dass die Dinge gut laufen, können wir stolz auf uns selbst sein, uns großartig fühlen und uns über andere erheben, sodass sich niemand mehr vernünftig mit uns unterhalten kann.

Unsere Erfahrung als Geschenk erkennen

Weil wir dauernd messen und moralische Urteile über unsere Situation abgeben, ist es schwer für uns, zu erkennen, dass unsere Erfahrung im Moment die ist, die uns gegeben wurde. „Was ich jetzt erlebe, ist das Einzige, was das Universum mir schenkt, und tatsächlich bin ich zu 100 Prozent damit einverstanden. Wenn ich es wirklich annehme und anfange, es zu verstehen, enthält es alles, was ich über mich wissen muss." Denn jetzt geht es bei der Erfahrung, die Sie im Moment machen, nur um Sie: Was auch immer darin enthalten sein mag, das Sie für gut halten, was auch immer Sie für schlecht halten – alles, was mit Ihnen zu tun hat, ist darin enthalten. Die Erfahrung Ihres Freundes zu machen, ist vielleicht eine ganze Weile recht hübsch, aber es wird Sie nicht nähren, weil es Ihnen nichts über Sie erzählt.

Das bedeutet, wenn das vergleichende Urteil vom Superego dominiert wird, nutzen Sie nicht die Möglichkeit, Ihre Erfahrung im Jetzt wertzuschätzen. Sie sind davon abgeschnitten zu erkennen, dass sie kostbar ist, und Sie können nicht sehen, dass dies das Geschenk ist, das man Ihnen in diesem Moment gemacht hat, damit Sie sich selbst verstehen. Sie erkennen nicht, dass dies die Harmonie widerspiegelt, die die wahre ursprüngliche Harmonie ist. Deshalb versuchen Sie, ihr eine andere Richtung zu geben.

Wie Sie sehen können, ist das vergleichende Beurteilen stets inbegriffen in der Art, wie unser Ego operiert, wenn wir uns nach einem Ideal ausrichten. Wenn wir uns ständig mit einem Ego-Ideal vergleichen – ob es sich um Erfolg, um Intelligenz oder um ein spirituelles Ideal von Liebe, Reife oder Erleuchtung handelt –, befinden wir uns nicht dort, wo wir sind. Wir entscheiden, dass es dort, wo wir sind, nicht in Ordnung ist. Es ist genauso, als würde man Ihnen ständig sagen, Sie sollten auf Ihr Zimmer gehen. Jedes Mal, wenn Ihre Erfahrung erscheint, sagt jemand zu Ihnen: „Geh auf dein Zimmer – ich will dich nicht sehen, ich will dich nicht hören." Stellen Sie sich vor, dass Leute Ihnen das dauernd sagen. Läuft das jedes Mal so ab, wenn Sie auftauchen, werden Sie bestimmt nicht wiederkommen wollen.

Sie könnten sich der Sache auf folgende Weise annähern: „Ich kann mir gestatten, zu verstehen, wie die Harmonie sich in diesem Moment in meiner Situation zeigen will. Wenn ich meine Erfahrung respektiere und sie sein lasse, wenn ich offen dafür bin, ihre Wahrheit zu entdecken, wird sie sich entfalten, um die Harmonie zu entwickeln, die wichtig für mich ist, die für mich bestimmt ist."

Es ist wichtig, zu erkennen, dass fast alles ein Ideal, ein Maßstab werden kann: Unsere eigenen vergangenen Erfahrungen, die Erfahrung von jemand anderem, der Zustand unseres Lehrers, ein Prinzip in einem Buch – was immer uns auf unserem Pfad begegnet. Jedes dieser Dinge kann für einen Vergleich nützlich sein und uns helfen, unsere Situation zu verstehen, aber das ist nicht dasselbe, als ob wir uns ständig mit ihnen auf eine beurteilende, negative Art und Weise vergleichen würden, die hinsichtlich unserer Erfahrung brutal ist.

Wenn Sie darüber nachdenken, was wir bis jetzt gesagt haben, denken Sie vielleicht, dass Sie mit dem Beurteilen aufhören sollten. Aber ich sage nicht: „Urteilen Sie nicht." Denn wenn wir versuchen, uns vom Urteilen abzuhalten, werden wir das Urteil nicht erkennen können, das da ist. Stattdessen bleibt uns als Einziges nur übrig, mit unserer Praxis fortzufahren. Wenn Urteile erscheinen, schließen wir sie in unser Bewusstsein mit ein. Wenn wir die Urteile nicht unterdrücken und wir sie als das erkennen, was sie sind, sind wir von ihnen befreit – ohne zu versuchen, uns zu befreien.

Unser Bewusstsein ist groß genug, um das Beurteilen mit einzuschließen. Wenn Sie daher gewillt sind, sich das Urteil anzuschauen und es als etwas Zusätzliches zu verstehen, was in Ihrer Erfahrung auftaucht, werden Sie nicht dagegen ankämpfen. Dagegen anzukämpfen, ist nur eine andere Art des Sich-Einmischens, zu sagen: „Das sollte in meiner Erfahrung nicht vorkommen." Es ist eine andere Form der Abwehr; Sie wollen nicht dort sein, wo Sie sind.

Wir haben also inzwischen erkannt, wie ein neutraler Prozess, der uns dabei helfen kann, die Wahrheit zu verstehen, so zu einem Hindernis verdreht werden kann, dass wir sie nicht mehr sehen können. Dort zu sein, wo wir sind, bedeutet, mit allem zu sein, was zufällig auftaucht, ohne Vorliebe oder Urteil. In jeder Situation und in jeder Lage können wir uns für unsere Erfahrung interessieren, wir können uns für sie öffnen und einfach dort verweilen. Das ist eine Einladung an den Sinn und die wechselseitige Verbundenheit, sich zu offenbaren, – und letztlich auch an die innewohnende Harmonie in der Realität, in der wir leben. Auf diese Weise können wir uns für das öffnen, was uns das Universum in diesem Moment schenkt.

Übung

Entdecken, wie das vergleichende Beurteilen in Ihnen arbeitet

Nehmen Sie sich ein wenig Zeit, um mit Ihrer Erfahrung zu verweilen, wie sie von Moment zu Moment erscheint, und beobachten Sie, wie Ihr Geist darauf reagiert, während die Dinge kommen und gehen. Nehmen Sie wahr, wann das vergleichende Beurteilen effektiv funktioniert. Wie hilft es Ihnen dabei, die Wahrheit Ihrer Erfahrung zu erkennen?

Wenn Sie von einer neutralen Beobachtungsweise zu einer moralischen Position wechseln, achten Sie auf jedes Gefühl, jeden Gedanken oder Wunsch, der auftaucht. Was passiert mit Ihrem Gefühl, für Ihre Erfahrung präsent zu sein? Was macht es möglich, wieder in die neutrale Position zu wechseln und einfach nur mit dem zu sein, was auftaucht, ohne es zu beurteilen? Gibt es besondere Bereiche in Ihrer Erfahrung, bei denen Sie zu Voreingenommenheit tendieren?

8.
Wahre Akzeptanz finden

Im letzten Kapitel haben wir gesehen, dass es geradezu tödlich ist, wenn unsere Fähigkeit zur Unterscheidung, wie sie sich in vergleichender Einschätzung oder Beurteilung zeigt, von den Wünschen oder Bedürfnissen des Egos in Beschlag genommen wird. Sie wird tödlich für unser Sein, für unsere Fähigkeit, wirklich zu sein, wir selbst zu sein, weil es uns unmöglich macht, dort zu sein, wo wir sind.

Wenn wir etwas auf diese Weise vergleichend beurteilen, ist der nächste Schritt, Nein zu unserer Erfahrung zu sagen. Wir vergleichen das, was in unserem Feld auftaucht, mit etwas anderem und wollen es dann durch etwas ersetzen, von dem wir glauben, dass es besser ist. Das bedeutet, was auch immer in unserer Erfahrung auftaucht, ist nicht das, was wir wollen. Es ist so, als hätte Gott uns ein Geschenk gegeben und wir schicken es zurück mit der Aufschrift „Falsche Anschrift".

Normalerweise sind wir uns der Gespaltenheit dieser inneren Aktivität nicht bewusst. Immer, wenn wir bezüglich unserer Erfahrung sagen: „Ich will das nicht“, oder: „Das ist es nicht“, sprechen wir über etwas, was auftaucht und ein Teil von uns ist. Trotzdem wollen wir es nehmen und in den Müll werfen. „Man sollte es loswerden. Ich sollte etwas anderes haben. Sonst bin ich nämlich unbefriedigt. Wenn ich das, was ist, annehmen und akzeptieren soll, muss es das sein, von dem ich glaube, dass es da sein sollte. Es muss das sein, was ich für das Beste, was ich für wünschenswert oder für ideal halte, wonach ich zu suchen glaube.“

Mit anderen Worten, wenn Sie über das neutrale, objektive, vergleichende Beurteilen hinausgehen und stattdessen moralisch urteilen, sagen Sie nicht nur: „Das ist es nicht“, Sie sagen sogar: „Hau ab!“ Sie messen nicht nur alles in Ihrer Erfahrung von dem Standpunkt aus, einen bestimmten Zustand, ein Ergebnis oder ein Ziel zu erreichen – und es nach diesem Maßstab zu beurteilen –, sondern Sie schaffen auch den Grund für die Ablehnung Ihrer eigenen Erfahrung.

Deshalb ist Ihr Vergleich auch nicht nur ein bewertendes Abmessen gegen etwas anderes, es ist ein Abmessen, das gleichzeitig Verdrängung bedeutet. Das ist die Voreingenommenheit. Wie können Sie da sein, wo Sie sind, wenn Sie etwas Wichtiges ablehnen, das dort passiert, wo Sie sind? Was auch immer passiert, in dieser Form erscheint Ihre Erfahrung. Wenn Sie Ihre Erfahrung ablehnen, wie können Sie dann dort sein?

Im Gegensatz dazu schließt die objektive Einschätzung oder das vergleichende Urteil Idealisierung nicht mit ein. Es schaut sich einfach nur eine Erfahrung an und sagt: „Okay, das ist also anders als gestern“, oder: „Es ist anders als das, was diese Person erlebt.“ Aber es gibt keinen Druck. Sie stellen nichts mit Ihrer Erfahrung an. Weil Sie erkennen können, auf welche Weise sie sich unterscheidet, können Sie sie auch so belassen. Sie haben den Raum, sie zu halten. Mit dem Ergebnis, dass Sie dort sein können, wo Sie sind.

Die Ablehnung unserer Erfahrung ist eine Ablehnung von uns selbst

Das Tödliche am vergleichenden moralischen Urteilen ist, dass es zur Ablehnung unserer Erfahrung führt. Noch wichtiger ist jedoch, dass die Ablehnung der Erfahrung für gewöhnlich eine Ablehnung von uns selbst ist – denn unsere Erfahrung ist ein Teil von uns. Erinnern Sie sich daran, dass unsere Erfahrungen nichts anderes als Formen innerhalb unseres Bewusstseins sind. Sie alle stammen aus demselben Bewusstsein – demselben Sein, das sich in verschiedenen Formen manifestiert. Hier erscheint es als kleines Blubbern, dort kann es wie ein Vulkanausbruch sein. Aber ob es ein Vulkanausbruch, ein kleines Blubbern oder eine glühende Sonne ist, es ist einfach nur unsere Seele, die sich in dieser Möglichkeit manifestiert. Wenn wir dazu Nein sagen, wenn wir es wegwerfen wollen, sagen wir genau genommen Nein zu uns selbst. Wir sagen Nein zu unserem Bewusstsein, zu unserem Gewahrsein. Wir sagen: „Dieses Bewusstsein macht seine Sache nicht ordentlich. Lass es uns loswerden."

Daher wird auch die Ablehnung von allem, was in unserem Bewusstsein erscheint, automatisch zu einer Ablehnung von uns selbst. Wie wollen wir wir selbst sein, wenn wir uns ablehnen? Wie wollen wir uns gegenüber präsent sein? Stellen Sie sich vor, dass jemand Sie ablehnt. – Nehmen Sie das unbekümmert hin? Wie fühlen Sie sich, wenn Sie abgelehnt werden? Ist das eine Kleinigkeit? Vielleicht sagen Sie ja „Oh, jemand lehnt mich ab – das ist kein Problem."

Aber abgelehnt zu werden, ist ein Problem für Menschen. Es geht viel weiter, als wenn jemand sagen würde: „Du bist es nicht." Das zu akzeptieren, ist an sich schon nicht leicht, aber Ablehnung bedeutet, dass jemand zu Ihnen sagt: „Ich will dich nicht. Ich habe genug von dir." Deswegen tun wir auch alles, um sicherzugehen, dass wir nicht abgelehnt werden.

Vielleicht erinnern Sie sich noch an die Zeit, als Sie sich für Ihre erste Verabredung fertigmachten. Sie waren schrecklich aufgeregt, haben Stunden damit verbracht, Ihre Haare zu stylen und sich möglichst sexy anzuziehen oder was immer Sie auch sonst getan haben, um gut auszusehen. Warum? Damit man Sie nicht ablehnen würde. Sie wollten nicht einmal unbedingt geliebt werden, Sie wollten nur nicht abgelehnt werden.

Fast jeder hat in irgendeiner Form dauernd mit Ablehnung zu tun. Die meisten Leute lehnen ständig ihre Emotionen ab: „Ich bin gerade sehr verärgert ... ich sollte mich nicht ärgern. Ich fühle mich schwach ... oh, das ist schrecklich. Ich hab mich verliebt ... nein, *diese Gefühle* darf ich auf gar keinen Fall zulassen, diese Person ist verheiratet!" Was auch immer erscheint, von dem wir glauben, dass wir es nicht wollen, lehnen wir ab – wir wollen es nicht erfahren. Wir wollen möglichst locker damit umgehen, wir würden gern mit diesen Gefühlen so umgehen, als ob wir Dreck vom Boden wischen würden. Aber das, was wir für Dreck halten, sind wir selbst. Der Grund dafür ist, dass nichts außerhalb unserer Erfahrung, außerhalb unseres Bewusstseins geschieht. Ihre Erfahrung ist nicht wie der Inhalt einer Börse, die man einfach wegwerfen kann. In Wirklichkeit ist die Erfahrung das Material der Börse. – Wenn Sie also einen Teil Ihrer Erfahrung wegwerfen, reißen Sie sich selbst in Stücke.

Je mehr Sie etwas in sich ablehnen, desto mehr zerreißen Sie sich – denn dieses Etwas sind *Sie*. Es ist egal, was es ist: Hass oder Frustration, Liebe oder Großartigkeit oder irgendetwas anderes. Wenn Sie versuchen, es zu verdrängen, es wegzuwischen, es loszuwerden, ist das Ergebnis nur eine furchtbar zerrissene Seele. Es berührt Sie auf diese Weise, selbst wenn Sie gar nichts darüber wissen.

Ablehnung ist besonders schmerzhaft – auf eine Art, die nicht leicht zu verstehen ist. Wissen wir überhaupt, warum wir so angestrengt versuchen, sie zu vermeiden? Wir wissen, dass es demütigend ist, von jemandem abgelehnt zu werden. Es macht uns klein. Es würdigt uns herab. Menschen fühlen sich verletzt oder zerstört, wenn sie abgelehnt werden. Warum ist das so? Warum ist die Erfahrung der Ablehnung eine derart verheerende Erfahrung?

Die erste Ablehnung, die die meisten Leute erlebt haben, geschah in der Kindheit, als sie die Milch wieder erbrachen. Selbst wenn Sie sich gar nicht so weit zurückerinnern können, haben Sie wahrscheinlich mehrere Erfahrungen damit, dass Sie etwas, was Sie gegessen oder getrunken haben, wieder erbrochen haben. Der Prototyp von Ablehnung besteht darin, etwas zu erbrechen. Etwas, was Sie zu sich genommen haben, schmeckt nicht gut oder fühlt sich nicht gut an – deshalb erbrechen Sie es. Das bedeutet Ablehnung.

Was ist das für eine Erfahrung, etwas zu erbrechen? Wie fühlt es sich für Sie an, wenn Sie das tun? Etwas zu erbrechen, ist keine neutrale, entspannte Aktivität. Es ist nicht wie eine höfliche Bitte: „Verlassen Sie bitte jetzt das Zimmer." Wenn Sie sich übergeben, verkrampft sich ihr ganzer Körper. Ablehnung beinhaltet den starken Wunsch, etwas loszuwerden, das sich schrecklich anfühlt – eine Art Ekel. „Igitt! Bleib mir damit vom Leibe. Schmeiß es weg!"

Stellen Sie sich jetzt vor, dass jemand diese intensive, gewaltsame, widerwärtige Energie auf Sie richtet. Das ist demütigend. Deswegen tut es auch so weh. Deshalb ist es auch so zerstörerisch. Deshalb versuchen wir, davor wegzulaufen.

Die Haltung der Ablehnung ist etwas, was wir verstehen müssen. Es ist nicht nur eine geistige Haltung. Wenn die Seele Nein sagt und einen Teil von sich selbst ablehnt, ist die ablehnende Haltung eine Widerspiegelung derselben Form von gewalttätiger Reaktion, die uns dazu veranlasst, etwas zu erbrechen. Weil wir wissen, wie sehr wir etwas verabscheuen, wenn wir es erbrechen, können wir erkennen, dass wir unbewusst fürchten, eine so gewalttätige Reaktion wäre auf uns gerichtet, und wir vermeiden diese Ablehnung intern (von unserem Superego) wie auch extern (von anderen).

Wenn wir etwas in unserer Erfahrung zurückweisen, tun wir genau das. – Wir versuchen, Teile von uns hinauszuschmeißen. Wir werden sie nicht nur dadurch los, dass wir sie packen und wegwerfen; wir versuchen, sie durch eine gewalttätige Aktion loszuwerden, die dem Erbrechen ähnelt. Sie wollen sich selbst erbrechen, oder wenigstens einen Teil von sich. So schrecklich ist das. Und genau das ist auch so tödlich am vergleichenden moralischen Beurteilen. Es wird zu der Grundlage, auf der wir etwas von uns loswerden wollen, und die Art, wie wir das machen, beschädigt unsere Seele. Ablehnung, Missbilligung oder das Herabschauen auf etwas sind keine distanzierten Positionen, die wir in Bezug auf unsere Erfahrung einnehmen, sie sind ein gewalttätiges, zerstörerisches Verhalten, mit dem wir uns selbst verletzen.

Wie reagiert unsere Seele auf diese aggressive, verletzende Haltung? Auf dieselbe Weise, auf die Sie reagieren würden, wenn Sie von jemandem, mit dem Sie sich zum ersten Mal treffen, abgelehnt werden. Was würden Sie tun? Als Erstes würden Sie es mit der Angst zu tun bekommen. Und wenn die Angst noch stärker wird, würden Sie sich wahrscheinlich aus dem Staub machen. Ihre Verabredung erscheint, wartet auf Sie und Sie tauchen nicht auf. Vielleicht rufen Sie auch in letzter Minute an und entschuldigen sich: „Tut mir leid, ich schaff's heute Abend nicht ... vielleicht nächste Woche."

Wenn Sie ein Freund später fragt, warum Sie sich so verhalten haben, sagen Sie: „Keine Ahnung, ich glaube, ich hatte zu viel Angst."

Dann sagt Ihr Freund: „Wovor hattest du denn Angst? Was hätte deiner Meinung nach passieren können? Das Schlimmste wäre gewesen, dass sie dich abgelehnt hätte."

Und Ihre Antwort ist: „Was meinst du damit ... ‚das wäre das Schlimmste gewesen'?"

Wenn wir die Tendenz haben, unsere Erfahrung abzulehnen, wird sich ein Teil von uns genau wie die Person in dem Beispiel fühlen: „Ich werde mich nicht zeigen. Ich werde mich verstecken oder in Deckung gehen oder so tun, als wäre ich so und nicht anders." Wenn wir das eine Zeit lang machen, sind wir uns nicht mehr bewusst, was in uns passiert. Das Gewahrsein steht uns nicht einmal zur Verfügung, weil Teile unserer Erfahrung so sehr unterdrückt worden sind, dass sie nicht einmal hochkommen, um gesehen zu werden. Wenn sie aber doch erscheinen, sind sie so getarnt oder geschützt, dass wir uns nicht bewusst werden können, worum es sich bei ihnen in Wirklichkeit handelt. Wenn wir nicht bewusst sein können, können wir nicht verstehen. Wenn wir nicht verstehen können, können wir nicht ganz da sein. Wenn wir nicht da sein können, präsent sein können, können wir nicht wir selbst sein. Wenn wir nicht wir selbst sein können, können wir nicht real sein.

Wir können nicht real sein, wenn wir uns selbst ablehnen. So einfach ist das. Es ist egal, was hochkommt; wir können nicht irgendetwas, das in uns aufsteigt, ablehnen und gleichzeitig real sein.

Auch Heilige sind Menschen, die furchtbare Gedanken haben. Sie können die schlimmsten Gedanken auf der ganzen Welt haben. Sie stellen nur nichts mit ihnen an, sie setzen sie nicht in die Tat um. Stellen Sie sich einen Heiligen vor, der einen negativen Gedanken hat und „Pfui!" sagt. Was für ein Heiliger ist das? Aber das ist unser Bild von Heiligen. Und wir glauben, dass sie nichts von uns halten, wenn wir einen negativen Gedanken haben oder irgendetwas Schädliches tun.

Was können wir also tun, anstatt unsere Erfahrung abzulehnen? Natürlich ist der erste Schritt, unsere Ablehnung nicht abzulehnen. Denken Sie an die Rückschritte, die passieren können, wenn Sie nicht bewusst sind. „Oje, hier kommt wieder die Ablehnung – schrecklich, furchtbar! Schaut mich nur an. Ich lehne meine Erfahrung ab. Eigentlich sollte ich tolerant, großzügig und spirituell sein, aber das bin ich nicht. Ist das nicht demütigend?“ Die Praxis besteht darin, sich dieser Ablehnung bewusst zu sein, sie zu halten, zu erkennen und zuzulassen, dass sie sich zu ihrer wahren Qualität transformiert, wie wir es in Kapitel 2 diskutiert haben.

Natürlich hat die Erfahrung der Ablehnung viele Auswirkungen, derer wir uns bewusst sein sollten. Diese Themen betreffen die Art und Weise, wie wir abgelehnt wurden, wer uns abgelehnt hat und wie wir diese Ablehnung verinnerlicht haben. Vielleicht fallen uns bestimmte Muster auf, wie wir unsere Erfahrung erleben, wenn wir uns abgelehnt fühlen, und ob wir uns mehr mit dem identifizieren, der ablehnt, oder mit dem, der abgelehnt wird. Je mehr wir unsere Erfahrung studieren – also das, was in unserem Bewusstsein erscheint –, desto mehr werden wir die Aktivität der Ablehnung erkennen können, die von ziemlich krasser Verurteilung bis zu eher subtiler Zurückweisung reicht.

Akzeptanz als Resignation

An diesem Punkt glauben Sie vielleicht, dass die beste Alternative zur Ablehnung Ihrer Erfahrung darin besteht, genau das Gegenteil zu tun. Was ist das Gegenteil von Ablehnung? Akzeptanz. Sie sehen, was erscheint – Sie sehen Ihre Schwäche oder Ihren Hass oder Ihre Verwundbarkeit –, und jetzt weisen Sie es nicht zurück, Sie akzeptieren es. Aber wir müssen uns das genauer anschauen, um zu erkennen, was möglicherweise darunterliegt.

Für die meisten Menschen bedeutet Akzeptanz: „Was da ist, ist da. Dann kann ich es genauso gut akzeptieren. Schließlich kann ich es nicht ändern.“ Aber das impliziert: „Ich mag es zwar immer noch nicht, aber ich kann es nicht ändern, deshalb muss ich es akzeptieren.“ Diese Art von Akzeptanz sieht vielleicht wie das Gegenteil von

Ablehnung aus, aber tatsächlich ist die Ablehnung darin bereits enthalten. Sie bedeutet: „Ich versuche nur, das Richtige zu tun. Innerlich lehne ich diese Erfahrung wirklich ab, aber ich möchte ein guter Praktizierender sein, deshalb werde ich so tun, als würde ich sie akzeptieren."

Wahre Akzeptanz enthält keinerlei ablehnende Haltung. Sie ist kein demütigendes, heftiges Erbrechen, und sie lässt auch keinen Widerwillen in der Seele aufkommen. Sie ist einfach da. Etwas erscheint und Sie antworten darauf nicht mit einem moralischen Urteil oder irgendwelchen Vorlieben. Sie erkennen das Gefühl oder die Erfahrung nur als das, was sie ist, ob es sich nun gut anfühlt oder nicht. Sie erleben sie mit Präsenz und Bewusstsein. Ihr Gefühl der Befriedigung oder der Zufriedenheit hängt nicht davon ab, ob es einem bestimmten Maßstab genügt, den Sie für Ihre Erfahrung angelegt haben.

Wenn ich also sage, dass Ablehnung nicht funktioniert, dass sie ein Hindernis für unsere Praxis darstellt, bedeutet das nicht, dass das Gegenmittel – oder was Leute als Gegenmittel bezeichnen – darin besteht, sie zu akzeptieren. Denn dieses „Gegenmittel" trägt eine implizite Ablehnung und eine beurteilende Haltung in sich. Warum ist das so? Weil man durch das Akzeptieren im Gegensatz zum Ablehnen in Wirklichkeit sagt: „Es ist besser, sie nicht abzulehnen, deshalb werde ich die Erfahrung akzeptieren. Das bedeutet, ich werde sie nicht verdrängen; ich werde mich mit ihr abfinden."

Akzeptanz als Begreifen

Aber wir erleben oft auch eine Form der Akzeptanz, die nicht mit Resignation gleichzusetzen ist. Sie ereignet sich dann, wenn wir unsere Erfahrung mögen. Wir glauben, dass wir etwas akzeptieren, aber tatsächlich greifen wir nach einer Erfahrung oder halten an einer Erfahrung fest, die wir gerne mögen.

Was geschieht, wenn wir unsere Erfahrung als gut oder wünschenswert einschätzen? Wir sagen, dass wir sie akzeptieren, und wir können dann auch sagen, dass Akzeptanz das Gegenteil von Ablehnung ist. Aber was bedeutet das in diesem Fall tatsächlich? Im Allgemeinen lehnen wir die Erfahrungen und Gefühle, die sich für uns gut anfühlen, nicht ab. Aber ist das wahre Akzeptanz?

Angenommen, ich fühle mich in diesem Moment richtig heilig. Oder ich spüre ein Gefühl der Demut in mir. Vielleicht erinnere ich mich daran, dass ich vor kurzem etwas wirklich Großzügiges getan habe, deshalb habe ich mir selbst gegenüber auch ein warmes, liebevolles Gefühl. Natürlich werde ich keines dieser Gefühle ablehnen. Hier handelt es sich um eine anhaftende Akzeptanz. Ich *will* mich in Bezug auf mich selbst so fühlen. Ich bin damit identifiziert. Höchstwahrscheinlich beurteile ich diesen Zustand als besser, verglichen mit der Zeit, in der ich selbstsüchtig, arrogant, oder was immer ich als unheilig oder unrein betrachte, war. Deshalb halte ich auch an meiner Erfahrung fest, anstatt sie zu verdrängen. Ich will sie für mich selbst behalten, ich will nicht, dass sie wieder weggeht.

Wahre Akzeptanz

Es passiert sehr selten, dass Menschen wahre Akzeptanz kennen. Das hat teilweise damit zu tun, dass das Wort „Akzeptanz" normalerweise als das Gegenteil von Ablehnung verstanden wird. Wenn ich etwas nicht ablehne, muss ich es akzeptieren. Ablehnung drückt etwas weg. Akzeptanz nimmt etwas zu sich, ob durch Resignation oder Anklammern. Wenn ich etwas nicht ausspucke, kaue ich es wieder und esse es stattdessen auf. Ich drücke es entweder weg oder nehme es zu mir – ich lehne es ab oder akzeptiere es –, das sind die beiden Wege, mit denen wir uns normalerweise auf unsere Erfahrung beziehen.

Die Akzeptanz unserer Wahren Natur ist tatsächlich etwas ganz anderes. Wahre Akzeptanz ergreift nichts und hält an nichts fest. Sie sagt: „Ich bin glücklich, ich selbst zu sein, – es ist völlig unwichtig, ob das Essen, das ich gerade zu mir nehme, gut oder schlecht ist. Ich kann mit beidem gut leben. Ich kann damit sein. Es ist interessant. Vielleicht schmeckt es furchtbar, vielleicht schmeckt es köstlich. Ich bin beidem gegenüber offen." In diesem Fall ist es nicht nötig, es auf die eine oder andere Weise zu beurteilen.

Wenn ich meine Erfahrung wirklich akzeptiere – ohne ein vergleichendes moralisches Urteil darüber abzugeben –, bin ich deswegen nicht enttäuscht, ich bin darüber aber auch nicht glücklich. Ich bin weder glücklich noch unglücklich. Ich brauche diesbezüglich nichts Besonderes zu fühlen. Ich komme einfach klar mit dem, wie es ist.

Wenn daher Leute glauben, dass sie etwas akzeptieren, bedeutet das meistens, dass sie sich entweder wünschen, an etwas festzuhalten, was sich gut anfühlt, oder sich mit etwas abzufinden, was sich nicht gut anfühlt, weil sie nicht wissen, was sie sonst tun sollen.

Letzteres passiert oft, wenn Leute mit einem physischen Problem zu kämpfen haben. Vielleicht sagt jemand: „Ich habe endlich mein Gewicht akzeptiert." Was bedeutet Akzeptanz in diesem Fall? Die meiste Zeit über bedeutet es: „Ich habe immer wieder versucht abzunehmen, aber es hat nie richtig funktioniert. Mir wäre lieber, wenn es anders wäre. Wenn ich könnte, würde ich es verändern. Ich würde etwas von diesem Fett wegschneiden. Aber im Moment habe ich keine Lust, mich überhaupt noch damit zu befassen." Das ist keine wahre Akzeptanz. Das ist Resignation.

Wahre Akzeptanz urteilt nicht, dass mein Gewicht anders sein sollte, als es ist. Wahre Akzeptanz sagt: „Da es so ist, bin ich daran interessiert, es zu erleben und komplett damit zu leben. Ich bin total präsent und ich bin hier voller Energie, voller Enthusiasmus und voller Interesse für das Leben." Die resignierte Akzeptanz schmälert den

Enthusiasmus. Das ist keine Haltung der Wahren Natur – es ist eine Ego-Haltung, die in Wirklichkeit eine leere Ablehnung ohne Lebendigkeit ist. So ist die Akzeptanz, die nach etwas greift, die eine klebrige Art der Anhaftung ist, ebenfalls keine wahre Akzeptanz.

Was wir wahre Akzeptanz nennen, ist mehr eine Art von zufriedener Aufmerksamkeit – eine Aufmerksamkeit, die mit sich selbst zufrieden ist. Sie ist nicht dauernd damit beschäftigt, das zu beurteilen und abzulehnen, was in ihr erscheint. Wahre Akzeptanz ist nicht identifiziert. Sie ist nicht mit irgendeinem Verlangen oder dem Bedürfnis verknüpft, dass die Dinge anders sein sollten, als sie sind.

Im Laufe der Zeit werden wir mit fortschreitender Praxis immer geschickter darin, diese Reaktionen auf unsere Erfahrung zu sehen, zu erkennen und zu verstehen – die Ablehnung, die resignierte Akzeptanz und die Akzeptanz, die nach etwas greift. Das versetzt uns immer mehr in die Lage, so mit unserer Erfahrung zu verweilen, wie sie ist.

Deshalb sagen wir auch, dass unsere Praxis nichts anderes als Präsenz mit Gewahrsein ist. Präsenz mit Gewahrsein lehnt nichts ab, aber sie greift auch nach nichts. Wenn wir einfach nur präsent und bewusst in unserem Erleben sind, können wir anfangen, den wahren Zustand zu erkennen, der auftaucht. Wir bemerken, dass unsere innere Haltung immer einfacher und subtiler wird, während wir mit unserer Erfahrung verweilen.

Wir fangen an, eine Offenheit, eine Verwundbarkeit, ein Zulassen zu erfahren, was einen Geschmack der subtilen Zufriedenheit und Befriedigung hat. Die Tatsache, dass unsere Präsenz auf diese Weise erscheint, offenbart uns, dass die Erfahrung ein Ausdruck unserer Wahren Natur ist. Diese Qualität in unserem Bewusstsein erscheint nicht deshalb, weil etwas Spezielles passiert, das wir mögen. Wahre Akzeptanz erscheint aus sich selbst heraus als ein Ergebnis dessen, dass wir für unsere Reaktionen – unsere Neigung zur Ablehnung oder zum Ergreifen – präsent sind, ohne dass sie uns dominieren.

Diese Art von Akzeptanz ist notwendig, damit wir korrekt mit dem Pfirsich umgehen können. Erinnern Sie sich noch an den Pfirsich, über den wir im 3. Kapitel gesprochen haben? Er ist faul, deshalb schmeißen Sie ihn weg, aber Sie lehnen trotzdem Ihr Gefühl nicht ab. Sie lehnen den Geschmack nicht ab. Es ist egal, wie er schmeckt. Er könnte verfault oder süß sein. Sie bemerken die Geschmacksempfindungen, aber Sie selbst zu sein – derjenige zu sein, der Sie sind – verändert sich deshalb nicht; Ihr inneres Gleichgewicht bleibt bestehen. Sie drücken nichts weg oder ziehen nichts an, was Sie spalten würde.

Ablehnung spaltet die Seele in sich. Sie sagt: „Ich bin hier, und ich lehne diese Erfahrung in mir ab und mache sie zu etwas anderem als mich." Genau das ist Ablehnung: etwas in uns zu etwas „anderem" zu machen, das kein Teil von uns ist.

Aus diesen Beispielen können wir also klarer erkennen, dass, wenn das vergleichende moralische Beurteilen von der Ablehnung begleitet wird, dieses Beurteilen seine wissenschaftliche Neutralität verliert und egozentriert wird. Wissenschaftliche Neutralität bedeutet, vergleichend zu urteilen, ohne eine Vorliebe für irgendetwas zu haben. In dieser ausgeglichenen Neutralität, die eine Art Abgeklärtheit ist, bleiben wir lebendig, gewahr und bewusst, weil wir etwas untersuchen, wir sind an etwas interessiert. Unsere Haltung ist offen und zulassend, wir erfreuen uns an unserer Suche nach der Wahrheit. Das bringt uns zur Grundlage all unserer Forschungsarbeit zurück: Wie auch immer unsere Erfahrung aussehen mag, wir sind daran interessiert, ihr gegenüber präsent zu sein und ihre Wahrheit herauszufinden. Zu lernen, das, was erscheint, nicht abzulehnen oder daran anzuhaften, wird uns dabei helfen, das so vollständig wie möglich zu tun.

Übung

Die wahre Akzeptanz Ihrer Erfahrung erkennen lernen

Diese Übung wird Ihnen dabei helfen, zu erforschen, wie Akzeptanz und Ablehnung in Ihrer Erfahrung funktionieren. In dieser Sitzung werden Sie Ihrem gegenwärtigen Prozess von Moment zu Moment folgen lernen.

Das Ziel ist, dort zu sein, wo Sie sind – was immer Sie auch erleben –, und Ihrer Erfahrung zu folgen, wie sie sich für mindestens 15 Minuten entfaltet. Sie versuchen nicht, eine besondere Erfahrung der Akzeptanz zu machen. Sie können die Dinge sehen, sie vergleichen und verstehen, aber Sie brauchen überhaupt nichts damit anzustellen. Sie erfahren sie einfach nur.

Wenn Sie fertig sind, gehen Sie noch einmal zurück und schauen Sie sich an, was passiert ist. Während Sie Ihre Erfahrung Revue passieren lassen, achten Sie darauf, wann und wie die einzelnen Elemente erschienen sind. War die Ablehnung aktiv? Zu welchem Zeitpunkt haben Sie resignierte Akzeptanz erlebt? Wann tauchte ergreifende Akzeptanz auf? Welche Gedanken, Gefühle und Wahrnehmungen haben zur Erfahrung der Ablehnung geführt?

Sind Sie an bestimmten Punkten zur wahren Akzeptanz übergewechselt? Wie ist das passiert? Mit welchem Element waren Sie am meisten beschäftigt? Welche Muster beobachten Sie bezüglich Ihres Prozesses im Bereich von Akzeptanz und Ablehnung?

9.
Hass und die Kraft zu sein

Wir erkennen jetzt immer klarer, dass die Praxis, wir selbst zu sein – herauszufinden, wo wir sind und einfach dort zu bleiben –, unsere Wahre Natur ausdrückt, weil unser Wesen von sich aus nichts mit sich anstellt. Die Wahre Natur manifestiert zwar alles, aber nur in seiner Reinheit. Sie ruht total in sich selbst, ist ungestört und ungetrennt – sie ist vollständige Stille und vollkommener Frieden. Wenn wir nicht damit beschäftigt sind, zu versuchen, uns selbst zu verändern, und uns stattdessen erlauben, dort zu sein, wo wir sind, wird dies die Wahre Natur in unserer Erfahrung spontan manifestieren. Wie wir jedoch gesehen haben, sind die inneren Aktivitäten, die wir einsetzen, um unsere Erfahrung zu verändern, das, was unsere Wahre Natur davon abhält, sich zu manifestieren. Der Großteil des Materials, mit dem wir in unserer Praxis auf irgendeine Art und Weise arbeiten, hat etwas mit den verschiedenen Manifestationen dieses kontinuierlichen Versuchs, uns zu verändern, zu tun.

All diese innere Aktivität macht es uns auf zwei grundlegende Arten schwer, wir selbst zu sein. Zuerst blockiert unser Einmischen das Auftauchen desjenigen, der wir wirklich sind. Weil wir das, was erscheint, nicht willkommen heißen, hat unsere Erfahrung keine Chance, sich zu entfalten und die Wahre Natur zu manifestieren. Unsere Aktivität verhindert, dass sie ihre natürliche Dynamik ausdrücken kann, ihre natürliche Tendenz, sich einfach und spontan von selbst zu offenbaren, daher bemerken oder erkennen wir unsere Wahre Natur nicht.

Zweitens, wenn wir glauben, dass Praxis bedeutet, unsere innere Verfassung zu verändern, anstatt zuzulassen, dass sie sich von selbst verändert, bewegen wir uns in einer Richtung auf uns zu, die in sich sehr verschieden von der unserer Wahren Natur ist. Mit anderen Worten, indem wir uns auf die Seite dieser inneren Aktivität schlagen, trennen wir uns von unserer Wahren Natur ab. Unsere Wahre Natur ist ganz einfach Dasein. Indem wir also innerlich aktiv sind, spalten wir uns von uns selbst ab, wir werden etwas anderes als das, was wir sind, wir verlassen unseren Aufenthaltsort. Auf eine bestimmte Art und Weise verlassen wir unser Selbst, unsere Natur, um dieses aktive Wesen zu werden, das immer versucht, sich zu verändern.

Deshalb erlauben wir unserer Erfahrung nicht, ihr Wesen zu offenbaren. Der Grund dafür ist, dass wir den Standpunkt einnehmen, wir müssten irgendetwas erreichen. Wir glauben, „Selbstverwirklichung ist die Wirkung einer Ursache, und diese Ursache ist meine eigene Anstrengung. Wenn ich das und das tue, wird dieses Ergebnis herauskommen."

Aber es widerspricht der Realität, dass Sie bereits selbstverwirklicht sind, dass Sie sich selbst nicht erreichen können, dass Sie sich selbst nicht verfolgen können. Sie können das, was passiert, nicht verändern, um Sie selbst zu werden. Sie sind schon Sie selbst,

Sie müssen sich nur noch da hinein entspannen. Wenn das geschieht, erkennen Sie Ihre Wahre Natur.

Die Falle innerer Aktivität

Wir haben gesehen, dass diese innere Aktivität, die das primäre Hindernis für uns darstellt, unsere Wahre Natur zu sein, viele Manifestationen besitzt, die unterschiedliche Formen des Widerstands, der Kontrolle und der Selbstverteidigung beinhalten. Und wir haben uns auch verschiedene Verhaltensformen angeschaut, die besonders darauf ausgerichtet sind, unsere Erfahrung zu verändern – Versuche, einem Ideal zu entsprechen –, anstatt uns einfach nur sein zu lassen. All diese Verhaltensweisen implizieren Selbstablehnung. Sie alle arbeiten gegen die natürliche Entfaltung unserer Wahren Natur in ihrer ganzen Leuchtkraft.

Außerdem haben wir gesehen, wie die innere und die äußere Aktivität miteinander verbunden sind. Erinnern Sie sich noch an den Pfirsich? Wenn Sie entdecken, dass er faul ist, können Sie ihn entweder wegschmeißen oder Sie können das Wegschmeißen mit einem hohen Maß innerer Aktivität begleiten. Vielleicht haben Sie aus Ihrer eigenen Erfahrung ja schon erkannt, dass, wann immer wir uns mit einer externen Aktivität beschäftigen, diese normalerweise von einer inneren Aktivität begleitet wird. Selbst wenn wir einfach nur sitzen, herrscht fast immer permanente Aktivität. Dies nehmen wir meistens als unablässiges Denken, Planen und den Versuch wahr, die Dinge zu verstehen. Aber was wir tun, ist viel wesentlicher, als nur in Gedanken versunken zu sein; wir befinden uns in einer energetischen Bewegung, in der die Dynamik des Seins eingeengt und gespalten wird. Es gibt ein Zögern und eine Art inneres Stottern. Dieses innere Beschäftigtsein ist das, was wir unter Ego-Aktivität verstehen – eine innere Aktivität mit einem mentalen Beigeschmack und einer aufgeregten energetischen Qualität. Ihr fehlt der sanfte, spontane, mühelose Fluss, der die Manifestation des Seins ist.

Die Kraft hinter zwanghafter Aktivität erkennen

Lassen Sie uns jetzt einen Schritt weitergehen und beobachten, was passiert, wenn diese Art von Aktivität sich verstärkt und zur Gewohnheit wird. Vielleicht haben Sie ja schon einmal beobachtet, dass, wenn Sie sich unsicher fühlen, wenn Ihr Wunsch, einen bestimmten Zustand zu erreichen oder ein bestimmtes Ergebnis zu erzielen, stärker wird, oder wenn Sie der inneren Aktivität direkt die Stirn bieten, diese Aktivität eine fiebrige Qualität annimmt. Sie kann sehr rasant werden, nicht enden wollend, sogar zwanghaft. Möglicherweise haben Sie sogar den Eindruck, dass Sie sie nicht aufhalten können. Es ist eine Energie, die wie von selbst läuft, die immer denkt, macht und plant. Dies kann passieren, wenn Sie verschiedene Anstrengungen unternehmen, irgendwo anders hinzugelangen, als dorthin, wo Sie tatsächlich sind, einschließlich folgender Punkte:

- Sie machen ausdrückliche, wiederholte Versuche, sich selbst in einem bestimmten Bereich Ihres äußeren Lebens zu verbessern.
- Sie setzen sich selbst unter Druck, um einen bestimmten inneren Zustand zu erschaffen oder beizubehalten, den Sie als wünschenswert erachten.
- Sie sind bestrebt, gemäß einem Ideal, einer Vorstellung, einer Erinnerung, einem Vergleich mit anderen oder einer spirituellen Lehre anders zu sein.
- Sie kämpfen darum, ein bestimmtes Gefühl oder einen Gedanken am Erscheinen zu hindern.

- Sie erleben dauerndes, rasantes, aufgeregtes Denken, Planen und emotionale Aktivität in Bezug auf ein bestimmtes Thema oder eine bestimmte Person.
- Sie fühlen sich zu einem bestimmten Ziel getrieben und strengen sich immer mehr an, es zu erreichen.
- Sie empfinden permanente Unzufriedenheit mit sich selbst und ein Gefühl des Scheiterns oder der Unzulänglichkeit.

Wenn eines oder mehrere dieser Muster anfangen, Ihre Erfahrung zu dominieren, können Sie etwas sehr Wichtiges erkennen, das Sie vorher vielleicht nicht wahrgenommen haben – etwas, das Ihren inneren Zustand transformieren kann: Die Intensität der Erfahrung selbst kann die zentrale Energie aufzeigen, die dieser zwanghaften, getriebenen inneren Aktivität Macht verleiht.

Wir haben gesehen, dass die effektivste Motivation für unsere Praxis Güte ist, die mitfühlend in dem Sinne ist, dass sie zwar hilfreich ist, aber auch die Qualität der Wertschätzung besitzt. Eine Barmherzigkeit, die die Energie der Wahren Natur widerspiegelt, während sie ihre Möglichkeiten manifestiert. Wir können erkennen, dass der natürliche Fluss unserer Erfahrung von der Liebe gespeist wird. Im Gegensatz dazu offenbart die Ego-Aktivität – besonders, wenn sie zwanghaft wird – eine sie antreibende Energie, die davon sehr verschieden ist. Wenn wir genau hinschauen, entdecken wir, dass der permanente, zwanghafte Versuch, uns zuverändern, uns zu verbessern, etwas anderes zu sein, in Wahrheit von Selbsthass motiviert wird.

Vielleicht ist es schwierig oder schmerzhaft, die Sache in diesem Licht zu sehen, aber denken Sie doch nur einmal daran, wie oft wir uns kritisieren, uns verurteilen, uns angreifen, uns abweisen, uns unter Druck setzen und an uns herumzerren. Was steckt dahinter? Warum wollen wir so gewalttätig gegen uns selbst sein?

Wenn wir damit fortfahren, unser Verhalten zu untersuchen, werden wir an einem ganz bestimmten Punkt erkennen, dass das, was wir ständig mit unserer inneren Aktivität tun, eine Form von Gewalt ist. Wir können es vielleicht die Aktivität des Superegos nennen oder einen anderen Begriff benutzen, aber es bleibt trotzdem Gewalt. Wir wissen, dass es gewalttätig ist, weil es uns verletzt, uns innerlich spaltet und dauernd die Wahre Natur desjenigen angreift, der wir sind.

Je mehr wir die Gewalt wahrnehmen, desto mehr erkennen wir auch, dass sie nicht aufhören wird, bis wir gewillt sind, eine bestimmte Wahrheit zu erkennen, die wir die meiste Zeit über nicht sehen wollen. Manche von uns sind sich ihrer bewusst, andere nicht. In beiden Fällen wollen wir es wahrscheinlich nicht glauben, aber die Wahrheit ist, dass wir uns nicht so behandeln würden, wenn wir uns nicht irgendwo ganz tief innerlich hassen würden. Dieser Hass ist vielleicht nicht deutlich zu erkennen, ist vielleicht versteckt, aber er operiert in uns als die innere zerstörerische Energie, als die Quelle der Gewalt, die diesen schmerzlichen Verhaltensweisen Kraft verleiht.

Den Hass erkennen

Wenn wir uns noch nicht sicher sind, dass der Hass der Brennstoff, die treibende Energie ist, fragen wir uns vielleicht: „Wie könnte ich mich selbst ablehnen, wenn ich nicht diese herzlose Missachtung für denjenigen hätte, der ich bin? Wie könnte ich meine Erfahrung ablehnen – versuchen, sie zu verdrängen, mich gegen sie zu wehren, sie zu verdrehen und zu manipulieren –, wenn ich irgendwo in mir nicht diese gefühllose, herzlose Energie hätte, die nicht auf mich eingestimmt, nicht einfühlsam ist und die zu dieser Ablehnung führt?"

Um diese Erkenntnis auf eine Weise zu gewinnen, die Ihnen helfen wird, sie besser zu verstehen, nehmen Sie sich einen Moment Zeit und denken Sie darüber nach, was wir in den Kapiteln, die zu diesem Punkt führen, bisher gelernt haben. Bei einem Großteil der bisher geleisteten Arbeit ging es um die Unterstützung unseres Verständnisses vom Wesen und der Wirkung verschiedener Typen negativer Reaktionen auf unsere Erfahrung. Manipulation, Kontrolle, Widerstand, Verteidigung, Beurteilung, Vergleich, Ablehnung – all dies sind unsere Versuche, Erfahrungen loszuwerden, die wir nicht haben wollen. Aus dieser Perspektive werden wir dann sehen können, dass Hass der letztendliche Ausdruck all unserer negativen Reaktionen ist. Tatsächlich ist er die Wurzel all dieser Verhaltensweisen.

Wie identifizieren wir diesen Hass in uns selbst? Häufig wird es nicht sofort deutlich, aber Sie werden herausfinden, dass Sie ihn am ehesten dann erkennen können, wenn Sie die Qualität der Zwanghaftigkeit spüren. Der Grund dafür ist, dass, wenn der Hass präsent ist, die Besessenheit ebenfalls anwesend ist. – Unser Bewusstsein wird vom Objekt unseres Hasses verzehrt. Stellen Sie sich vor, jemand hat Sie emotional verletzt. Sie werden wahrscheinlich andauernd darüber nachdenken und sich überlegen: „Was soll ich machen? Wie kann ich diese Person fertigmachen?" Alle möglichen Bilder gehen Ihnen durch den Kopf, und Sie können nicht damit aufhören, sich das Schlimmste auszumalen und sich vorzustellen, was Sie dieser Person antun würden oder was mit ihr passieren könnte. Vielleicht grübeln Sie aber in dieser Situation auch die ganze Zeit über Fairness, Gerechtigkeit und Vergeltung nach. Wenn Sie all diesen Gedanken und Überlegungen auf den Grund gehen, werden Sie Hass finden.

Wir tendieren dazu, andere Begriffe für unsere Gefühle zu finden, weil wir uns damit besser fühlen. Vielleicht sagen wir: „Ich spüre eine Menge Aggression gegen diese Person!", „Ich kann ihn nicht ausstehen!", oder sogar: „Ich bin echt total wütend auf sie." Vielleicht drücken Sie es auch ein wenig positiver aus und sagen: „Na ja, ich fühle mich verantwortlich dafür, andere davor zu bewahren, genauso verletzt zu werden wie ich." Das mag sogar richtig sein, aber wenn Sie besessen sind, geht es tatsächlich um Hass.

Und wenn wir dies als den Hass erkennen, der der fundamentalen inneren Aktivität des Egos Kraft verleiht, wird klar, dass es tatsächlich um Hass auf das Leben geht – auf den unkontrollierbaren, dynamischen Fluss des Lebens. Im Bereich der inneren Arbeit ist dieser Hass gegen unsere eigene Erfahrung gerichtet, gegen uns selbst. Deshalb müssen wir unseren Hass auch erkennen und verstehen, müssen seine Manifestationen wahrnehmen und sehen, wie er funktioniert, um zu versuchen, unsere Erfahrung zu verändern. Wenn Sie sagen, dass Sie Ihre Erfahrung abweisen, sie verändern oder verbessern wollen, besteht der innere Impuls tatsächlich darin, sie auszulöschen, sie zu vernichten, dafür zu sorgen, dass sie nicht existiert, weil sie nicht erwünscht ist.

Bevor wir zu verstehen versuchen, was diesen Hass tatsächlich ausmacht, ist es wichtig, sich bewusst zu sein, wie wir von der Art, in der Hass normalerweise von unserer Gesellschaft gesehen wird, beeinflusst werden. Fast allen hat man beigebracht, dass Hass schlecht, falsch oder böse ist – etwas, das man vermeiden muss, weil es anderen und uns selbst Schaden zufügt. Doch wie wir gesehen haben, verlangt, mit uns selbst so zu sein, wie wir sind, eine offenere und akzeptierendere Haltung gegenüber all unseren Erfahrungen. Es geht nicht darum, irgendeine besondere Art des Seins, Fühlens oder Handelns zu befürworten. Es geht darum, Sie zu ermutigen, das Phänomen zu erforschen. Daher bedeutet die Akzeptanz unseres Selbsthasses im wahrsten Sinne nicht, zu behaupten, er wäre gut oder schlecht; es bedeutet einfach nur, dass wir mit ihm sein und ihn vorurteilslos erforschen können – im Vertrauen darauf, dass das, was auch immer wir von ihm sehen und verstehen müssen, durch die Weisheit unserer Wahren Natur offenbart werden wird.

Erkennen, was Hass ist

Was *ist* also Hass? Wenn wir entdecken wollen, was dahinter steckt, wird uns auffallen, dass Hass ein Versuch ist, Schwierigkeiten zu beseitigen. Hass ist das Bestreben, sich an dem, was uns verletzt, was sich uns in den Weg stellt, was uns daran hindert, das zu bekommen, was wir wollen, zu rächen. Es ist der Versuch, das Hindernis, die Frustration und die Quelle der Frustration zu beseitigen. Damit ist Hass zwar in sich rachsüchtig, aber er ist auch ein Versuch, das Gleichgewicht in der Situation wiederherzustellen. Sie wollen die Dinge ins Gleichgewicht bringen, und Sie glauben, das wird nur dann passieren, wenn Sie die Quelle, die Sie verletzt hat, beseitigen können. Offensichtlich gibt es diese Erfahrung von Hass und Rachedurst zwischen Individuen und Gesellschaften, aber in diesem Zusammenhang liegt unser Fokus darauf, wie er in uns agiert und operiert. Hass ist eine Energie, die wir bei jeder Erfahrung von der Leine lassen, die wir als eine Quelle der Frustration betrachten.

Das bedeutet, wenn wir das, was in uns erscheint, nicht mögen oder akzeptieren, ob es sich nun um Wut oder Trauer, Schwäche, Mangel oder sogar ein positives Gefühl wie Liebe oder Güte handelt, wollen wir es vernichten, weil wir spüren, dass es unangenehm ist. Aber die tiefer gehende Thematik sieht folgendermaßen aus: Weil eine solche Erfahrung oder ein solches Gefühl unangenehm ist, schließen wir daraus, dass es uns davon abhält, glücklich zu sein, dass wir nicht das bekommen werden, was wir wollen. Wir sagen zu uns: „Diese Erfahrung ist nicht das, was ich will, deshalb bin ich darüber nicht glücklich; sie ist mein Feind. Daher werde ich sie vernichten." Und wie vernichten Sie sie? Sie hassen sie. Hass ist das

Effektivste, das dem Ego bisher eingefallen ist, um den Feind zu vernichten.

Die Geschichte hat gezeigt, was für uns auch im Innern stimmt: Der Hass ist eine bestimmte Energie, die zerstören kann, weil sie kein Herz, keine Liebe, keine Sensibilität besitzt und nicht auf Güte und Sanftheit eingestimmt ist. Er ist ein sehr wirksames Instrument der Zerstörung. Allerdings auf Kosten unserer Sensibilität, unserer Resonanz, unseres Gewahrseins und unseres Bewusstseins. Er zerstört, indem er die Sensibilität beseitigt. Deshalb neigt er auch dazu, unser Bewusstsein zu verringern und zu begrenzen, es verflachen zu lassen.

Der Mythos der Ego-Vernichtung

Diesen Verlust des Bewusstseins können wir auf die Weise erkennen, auf die der Hass im Zusammenhang mit unserer inneren Arbeit erscheint. Während wir in unserer inneren Praxis tiefer gehen, beginnen wir zu erkennen, dass das, was unserer spirituellen Verwirklichung im Weg steht, unsere Ego-Manifestationen sind – unsere Problemstellungen, unsere Verkrampfungen, unser Widerstand, unsere Konflikte, unsere Identifikationen – in Kürze: unser Ego-Selbst. Wir haben genug gelernt, um zu erkennen, dass es das Selbst ist, was uns davon abhält, einfach nur zu sein. Jetzt manifestiert sich unser Hass als ein Versuch, dieses Selbst zu vernichten. – Und wir glauben, dass dies einer spirituellen Wahrheit dient!

Weil so viele spirituelle Lehrer gesagt haben, dass der Weg zur Erleuchtung mit der Vernichtung des Egos einhergeht und dass der Tod des Egos die Antwort auf all unsere Probleme ist, haben wir möglicherweise die Auswirkungen dieser Lehren noch nicht untersucht. Was bedeutet der Tod des Egos? Für gewöhnlich meinen wir damit: „Lösch das Ego aus, vernichte es. Vernichte das Selbst, denn für uns, als spirituelle Sucher, ist es der Feind."

Was machen wir mit einem Feind, der uns im Weg steht? Wir tun alles, was in unserer Macht steht, um ihn zu vertreiben, um ihn aus dem Weg zu räumen, damit wir das Nirwana erreichen können, nach dem es uns verlangt. Wir suchen nach der letztendlichen Erlösung, weil wir glauben, dass, sobald das Hindernis fort ist – sobald die Verengungen, die Frustrationen, die Themen verschwunden sind, die Unwissenheit, das Ego, das Selbst verschwunden ist – wir glücklich sein werden. Wir werden erleuchtet sein, wir werden mit uns im Einklang sein.

Hier erkennen wir einen besonderen Ausdruck derselben Tendenz, die die ganze Zeit über da ist: das Verlangen, das, was wir in unserer Erfahrung oder uns selbst nicht mögen, zu vernichten. Wenn diese Tendenz extrem wird, hassen Menschen sich so sehr, dass sie depressiv werden oder sogar Selbstmord begehen. Aber allen Ego-Aktivitäten – ob wir es mit den Herausforderungen des Alltags, mit einer ernsten psychologischen Krise oder mit unserer spirituellen Praxis zu tun haben – wohnt ein subtiler Hass inne, der die innere Aktivität antreibt, die dauernd versucht, glücklich zu werden und die „letztendliche Erlösung" zu erlangen.

Denken Sie darüber nach. Warum wollen wir uns verändern? Um uns gut zu fühlen, um uns besser zu fühlen, um endlich Ruhe zu finden. Denken Sie an all die Filme, die davon handeln, die Bösewichte zu vernichten oder Rache zu nehmen. Was tritt ein, wenn der Held am Ende den Schurken erschießt oder ihn hinter Gitter bringt? Frieden und Entspannung. Aber erst am Schluss des Films, in den letzten Minuten, kann der Held diese ganzen unermüdlichen Aktivitäten beenden und endlich zur Ruhe kommen. Der ganze Film dreht sich darum, zu dem Punkt zu gelangen, an dem er einfach nur loslassen und entspannen kann, die Füße hochlegen und ein Bier trinken kann. Vorher ist er von seinem Feind besessen: „Ich muss ihn vernichten. Ich muss meine Mission zu Ende bringen, sonst finde ich keinen

Frieden." Das ist der perfekte Ausdruck unserer inneren Überzeugung, wie wir Ruhe und Frieden finden können.

Das zieht sich durch die gesamte Gesellschaft. Wenn ich zum Beispiel Nachrichten höre und dauernd von Morden, Vergewaltigungen und Missbrauch die Rede ist, fällt mir auf, dass es oft die Familie des Opfers ist, die am meisten darauf drängt, dass die Person, die das Verbrechen begangen hat, auch die höchste Strafe bekommt, selbst wenn es sich um die Todesstrafe handelt. Die Angehörigen sagen ganz offen: „Wir wollen Genugtuung", und das Gesetz sorgt dafür – die Gesellschaft unterstützt ihre Position.

Die Idee dahinter ist, dass, wenn man uns ein Unrecht angetan hat, wir vollkommen im Recht mit unserem Wunsch sind, den anderen zu verletzen, uns zu rächen und ihn zu bestrafen. Das hat sich in unserer Gesellschaft durchgesetzt. Sogar nette, normale Leute sagen: „Ich finde keine Ruhe, bis ich nicht Genugtuung bekommen habe. Dieser Mann hat mein Kind umgebracht, deshalb muss ich ihn ins Gefängnis bringen oder auf den elektrischen Stuhl. Erst dann werde ich zufrieden sein." Ich frage mich immer, warum das so befriedigend ist. Wo liegt die Befriedigung darin, jemand anderen umzubringen oder ihn so schwer wie möglich zu verletzen?

Wir glauben, dass es befriedigend sein wird, weil unser Hass das will. Es ist unser Hass in Aktion. Wir glauben, dass die einzige Art in Frieden mit uns leben zu können, darin besteht, das, was uns verletzt, was uns unglücklich macht, zu vernichten, denn wir wollen zu diesem Frieden, zu diesem Nirwana zurückkehren. Wir wollen es loswerden, es vergessen, uns entspannen und unser Leben weiterführen.

Daher ist Hass auch wie eine Seuche, er ist überall. Wir hassen andere, wenn wir im Unrecht sind. Und was wir gegenüber anderen fühlen, fühlen wir auch unweigerlich in Bezug auf uns selbst. Warum? Wenn wir andere hassen, hassen wir die Tatsache, dass sie uns verletzt, gedemütigt oder frustriert haben. Das bedeutet, in Wirklichkeit hassen wir unsere eigenen Gefühle, die unserer Ansicht nach von dieser Person verursacht worden sind. Ein Objekt zu hassen, spiegelt daher die Tatsache wider, dass wir die Gefühle hassen, die dieses Objekt in uns auslöst, und deshalb hassen wir auch uns selbst.

Auf einer tieferen Stufe impliziert Hass Selbsthass, weil der Hass in sich bereits eine Dualität reflektiert: Da gibt es mich und den anderen oder mich und das, was ich hasse, was zwangsläufig bereits eine Dualität innerhalb des Selbst bedeutet. Da wir in Wahrheit keine Dualität sind – wir sind ein Ausdruck des Seins von allem –, heißt das, dass wir uns und unser Bewusstsein selbst spalten, wenn wir irgendetwas hassen; wir hassen einen Teil unseres Bewusstseins. Und wir spalten uns von der Einheit unserer Natur ab. Anders kann es auch gar nicht sein.

Den Hass entdecken

Wenn wir uns der Themen, die mit dem Hass auf andere und auf uns selbst verbunden sind, bewusster werden, durchschreiten wir viele verschiedene Stufen und Erkenntnisse. Erst auf den tieferen Stufen der inneren Praxis können wir erkennen, dass wir uns ausdrücklich hassen. Sehen Sie selbst, ob Sie identifizieren können, wo Sie sind und was für Sie hinsichtlich der folgenden Aussagen wahr ist. Manche folgen einzeln aufeinander, andere überlappen sich.

- Ich missachte oder schließe jemanden aus, der mich beleidigt hat, aber ich glaube nicht, dass ich ihn wirklich hasse.
- Ich bin besessen von dem Gedanken, diese Person herabzusetzen, und mir wird klar, dass ich ihn wirklich hasse.
- Ich erkenne meinen Hass auf diese Person, erkenne aber nicht, dass ich dadurch, dass ich ihn hasse, ich mich auch gleichzeitig selbst hasse.

- Ich kann meinen Selbsthass nicht eindeutig erkennen, aber ich kann meine Tendenz sehen, mich selbst abzulehnen, mich zu verurteilen, mich anzugreifen, mich zu kritisieren und zu versuchen, mich zu verbiegen, zu verändern und zu verbessern.
- Mir fällt auf, dass meine innere Aktivität obsessiv geworden ist, dass ich nicht aufhören kann, mich abzulehnen, mich zu verurteilen, mich zu kritisieren und zu versuchen, mich zu verändern und zu verbessern.
- Mir sind die Kämpfe bewusst, die ich ausfechte, und ich glaube trotzdem, dass meine Anstrengungen, mich selbst zu verändern und zu verbessern, berechtigt sind; dass dies die richtigen Mittel sind, um innerlich Frieden zu finden.
- Ich beginne zu erkennen, dass als ein wichtiges Ergebnis meiner inneren Aktivität ein gewisser fiebriger Zustand aufrechterhalten wird und dass ich diese Dynamik anscheinend nicht stoppen kann.
- Ich erkenne die unaufhörliche Aktivität meines Egos als das wichtigste Hindernis für meinen inneren Frieden. Sie ist mein Feind, ich wünschte, ich könnte sie loswerden. Ich glaube, dass meine spirituelle Praxis mir dabei helfen kann, mein Ego zu vernichten, damit ich frei sein kann.
- Ich bin so frustriert über meine ständige Aufgeregtheit und über die Tatsache, dass ich immer irgendetwas mit mir anstelle. Ich kann nichts tun, um das zu stoppen, deshalb kann ich auch nie zur Ruhe kommen und Frieden finden.
- Ich hasse diese unaufhaltsame Aktivität, die sich in mir abspielt, und ich will sie zerstören. *Ich hasse mich selbst.*
- Vorher war mir das nicht klar, aber jetzt, da mein Hass sich gezeigt hat, erkenne ich, dass er schon die ganze Zeit da war.

Die Gründe für den Hass

Wir können sagen, dass unser Problem das Ego ist, das Selbst, aber es gibt kein Ego oder Selbst außer dem, was sich in unserem Bewusstsein manifestiert. Um zu verstehen, wie Hass funktioniert, hilft es, zu wissen, wie er dorthin gekommen ist. Allgemein gesprochen entstehen die Gründe für den Hass auf zwei Ebenen. Die erste Ebene, die ich die psychodynamische nenne, hängt mit unserer persönlichen Geschichte zusammen. Von der Zeit unserer Kindheit an sind wir nicht genügend geliebt worden. Vielleicht hat man uns sogar gehasst, missachtet, gedemütigt oder so behandelt, als würden wir nicht existieren; vielleicht fühlen wir uns schuldig oder schlecht oder haben uns selbst für Dinge gehasst, die man uns angetan hat oder die wir getan haben. Die Frustration, die sich in uns durch das Zusammenspiel mit unserer Umwelt und den vielen Dingen, die wir von anderen lernen, entwickelt, erzeugt eine Menge Hass. Die spezifischen Ausprägungen verändern sich unseren Lebensumständen entsprechend, aber kaum jemand kann den Auswirkungen des Hasses entgehen.

Die zweite Ebene ist unser Mangel an Verständnis, unsere Unwissenheit in Bezug auf die Art und Weise, in der das Bewusstsein arbeitet. Wir können erkennen, dass es Hindernisse für unsere Freiheit gibt, Barrieren für unseren inneren Frieden, die es uns unmöglich erscheinen lassen, wir selbst zu sein, ohne die ganze Zeit zu kämpfen. Weil wir jedoch, wie wir gesehen haben, nicht verstehen, wie die Dinge funktionieren, glauben wir am Ende, dass die beste Art, mit diesen Hindernissen umzugehen, darin besteht, sie loszuwerden – das Hindernis zu beseitigen oder zu vernichten, genau wie wir es in der äußeren Welt machen. Das ist der einzige Weg, wie wir Frieden, Stille und Erlösung vom Leid zu finden glauben. Wir wissen nicht, dass wir damit dasselbe Leid, dieselbe Frustration aufrechterhalten. Wir spalten uns selbst ab und agieren innerlich auf destruktive Art und Weise. Unsere Handlungen trennen uns von uns selbst und halten unsere Wahre Natur davon ab, sich in ihrer Reinheit und Fülle zu offenbaren. Deshalb bleiben wir in einem fehlinformierten, fehlgeleiteten Versuch der Selbstverwirklichung, der Befreiung, des Erreichens des Nirwana, stecken.

Wir wissen nicht, wie die Realität funktioniert. Und wir müssen uns enorm anstrengen, um es zu lernen. Aber mit der Zeit und durch die Praxis erscheint Weisheit in uns, einfach indem wir beobachten, was geschieht, und von unserer Wahren Natur lernen. Wir beginnen zu verstehen, dass die innere Aktivität, der wir nachgehen, um Hindernisse zu beseitigen, in Wirklichkeit eine Kraft in unserer Wahren Natur imitiert, die Hindernisse beseitigen kann. Diese Kraft wird gebraucht, weil Hindernisse wie Unwissenheit, Identifikation, Barrieren und Widerstände eindeutig existieren. Aber wir müssen lernen, dass der Weg des Egos nicht funktioniert, weil er letztlich auf Hass gegründet ist und weil Hass immer spaltet.

Diese Spaltungsstrategien des Egos machen uns gefühllos – tatsächlich entfernen sie uns noch mehr vom Sein. Aber sobald wir erkennen, dass sie nur Versuche sind, etwas zu tun, was das Ego nicht kann, haben wir die Chance, zu erkennen, was das *Sein* tun kann. Wir können die Kraft der Wahren Natur erkennen, die uns klar zeigt, was geschieht, die uns das genaue Verständnis des Hindernisses vermittelt – was es tut, und warum es da ist. Wenn wir das Hindernis als das erkennen, was es ist – mit der totalen Unmittelbarkeit der Präsenz und der präzisen Klarheit des Bewusstseins –, wird das Bewusstsein selbst als eine Qualität erscheinen, die reine Stille, reine Friedlichkeit, also die Anwesenheit des Friedens ist. Die Anwesenheit des Friedens allein löst jede Aufregung und Unruhe auf. Der Friede braucht gar nichts zu tun; allein seine Manifestation bringt jeden Konflikt zum Schmelzen, und die Hindernisse lösen sich einfach im Verständnis auf, das von dieser Stille untrennbar ist.

Deshalb legt diese Unterweisung auch den Schwerpunkt so sehr darauf, nur da zu sein, nichts zu tun und einfach verwundbar und präsent für die Unmittelbarkeit des Gefühls zu sein. Wenn wir mit der Unmittelbarkeit des Gefühls hier sind und nichts tun, offenbart sich das Nichtstun an einem bestimmten Punkt als Kraft. Diese Kraft besteht nicht nur darin, dass wir nicht agieren, sondern dass wir die Präsenz der totalen Stille erfahren. Das ist die Essenz des Nichttuns, die Frieden *ist*. Nur die Tatsache der Stille, die Präsenz des Friedens, vernichtet die Unwissenheit. Aber *diese* Vernichtung ist die Tat der Wertschätzung und der Liebe in reinem Nichtstun und in reiner Stille.

Der Hass will auslöschen, aber er löscht durch Vernichtung aus, dadurch, dass er unser Bewusstsein stumpf macht, durch Unterdrückung, durch Spaltung. Die Wahre Natur vernichtet nicht wirklich etwas, denn etwas löscht nicht etwas anderes aus – es gibt keine Dualität. Die Art von Vernichtung, die die Wahre Natur ermöglicht, ist mehr eine Art Erkenntnis, ein genaues Verständnis, welches das Sein in uns weckt. Es gibt keine innere Aufregung in unserer Haltung, wir sehen und verstehen, welches Hindernis auch auftauchen mag, aber wir geben ihm keine Energie in Form von Reaktion, daher wird es ganz von selbst still und erscheint nicht mehr. Das erfahren wir als ein Sich-Auflösen oder Schmelzen, aber was tatsächlich passiert, ist, dass die Energie, die dem Hindernis Nahrung gibt, verschwindet. Das Hindernis verliert seine Dynamik und taucht einfach nicht mehr auf.

An diesem Punkt erkennen wir, dass die Stille oder Beruhigung des Egos, des Selbst, nicht von der Stille unseres Seins zu trennen ist. Und wir erkennen, dass wir in einem Zustand sind, den das Ego zwar erreichen wollte, aber nie erreichen konnte, weil seine Methode, die Dinge zu verdrängen und zu versuchen, sie zu vernichten, nicht funktioniert. Was funktioniert, ist, einfach da zu sein mit einem klaren Bewusstsein von dem, was passiert.

Wir wissen nichts von unserem Sein und seiner Kraft, aber es existiert trotzdem irgendwo in uns, daher wissen wir auf einer Ebene auch, was es ist. Weil wir diese Kraft nicht kennen, bemühen wir uns, eine andere Kraft in Gang zu setzen – Hass –, die eine Verzerrung und Nachahmung der wahren Kraft darstellt. Das Ziel des Hasses besteht darin, unser Leid zu beenden und das Hindernis zu beseitigen. Und wir glauben, dass es die Hindernisse zwischen uns und der Fülle unseres Seins beseitigen wird. Aber – wie wir gesehen haben – wenn wir das dadurch versuchen, dass wir den Feind bekämpfen, ihn abwehren oder in die Luft sprengen wollen, enden all unsere Bemühungen damit, dass wir die Gewalt, die Aufregung und die Trennung vom Sein aufrechterhalten.

Wie können Sie also mit dieser destruktiven inneren Aktivität aufhören? Zuerst müssen Sie Ihren Widerstand und Ihre Ablehnung erkennen und den Hass, der zu dieser Haltung gehört. Weil der Hass die Energie hinter der Ablehnung ist, wird die Ablehnung kein Ende nehmen, solange diese Energie da ist. Deshalb müssen Sie sich des Hasses bewusst werden. Sie müssen mit Ihrem Hass und Ihrem Selbsthass auf dieselbe Art und Weise in Verbindung treten, wie Sie mit Abwehr, Widerstand oder Selbstschutz umgehen, wenn sie erscheinen: Sie lehnen den Hass nicht ab, sondern Sie erkennen ihn als das, was er ist. Anstatt ihn auszuagieren oder ihn dominieren zu müssen, werden Sie zu dem Bewusstsein, das ihn hält.

Lernen Sie, Ihren Hass zu halten, mit ihm zu sein, spüren Sie ihn von innen und außen so stark wie möglich. Geben Sie sich Mühe, den Hass zu verstehen, seine Energie zu fühlen, seine Kraft zu spüren, und identifizieren Sie alle Assoziationen, die in Verbindung mit ihm hochkommen. Sehen Sie sich die Geschichte an, die ihn erzeugt hat, und verstehen Sie sie ebenfalls. Setzen Sie Ihre Untersuchung so lange fort, bis Sie schließlich in der Lage sind, diesen Hass komplett zu fühlen, in seiner ganzen Energie und Kraft. Wenn Sie ihn nicht durch

Verurteilung oder Abwehr blockieren, wird der Hass – genau wie alles andere, was in Ihrem Bewusstsein auftaucht – ganz natürlich sein eigenes Wesen offenbaren. Er wird sich auflösen und das zurücklassen, was wahr ist.

Diese Wahrheit erweist sich als die essenzielle Kraft. Sie ist die Kraft der Wahrheit, des Friedens und der Stille. Es ist die gewaltige, schweigende Kraft, zu *sein,* – ungestört und unbewegt von der Unwissenheit und der Reaktivität des vertrauten Selbst. Es ist einfach die Kraft, derjenige zu sein, der Sie sind, ohne Beherrschung oder Kontrolle, die Kraft der Wahren Natur, die Ihnen Liebe und Freiheit dadurch bringt, dass Sie einfach Sie selbst sind.

Übung

Selbsthass identifizieren

Der Zweck dieser Übung besteht darin, Ihre Neugier und Bereitwilligkeit anzuregen, den Hass zu erkennen, der möglicherweise unbewusst in Ihrer inneren Praxis am Werk ist. Um das zu tun, müssen Sie sich die Arten anschauen, in denen Sie sich verändern, abwandeln, verbessern oder zur Erleuchtung bringen wollen. Betrachten Sie die gesamte Bandbreite von internen Aktivitäten, die Sie ausüben, wie zum Beispiel bestimmte Maßstäbe an sich anzulegen, Ihr Verhalten zu analysieren, Ihre emotionalen Reaktionen zu bewältigen, Ihren inneren Prozess zu stoppen und Ihr Bewusstsein zu beschränken.

Denken Sie über die zugrunde liegenden besten Absichten nach, die Sie vielleicht haben, genau wie über Ihre Überzeugungen in Bezug auf das, was Sie brauchen, um sich zu verändern oder zu wachsen. Achten Sie auf den Grad, bis zu dem Sie entweder gewillt sind, sich für das zu öffnen, was Sie wirklich sind, oder bis zu dem Sie versuchen, sich Ihrem Ideal, wie Sie sein sollten, anzunähern. Achten Sie auf jedes innere Gefühl von Grausamkeit, Bösartigkeit oder Kälte im Prozess der Untersuchung. Achten Sie ebenfalls auf jedes Unbehagen, jede Angst oder Scham, die während Ihrer Erforschung auftauchen mag.

Je mehr Sie gewillt sind, die Manipulationen, Verurteilungen, Angriffe und Ablehnungen zu sehen – welche Manifestationen von Aggression auch immer Teil Ihres inneren Prozesses sein mögen –, desto mehr können Sie die Energie erkennen, die die treibende Kraft dahinter ist. Seien Sie sich bewusst, dass Hass sich als Ablehnung, Nichtbeachtung, Gewalttätigkeit, Besessenheit, Aufregung, Rückzug, Kälte oder Mangel an Gefühl manifestieren kann, genau wie durch die direkte zerstörende Intensität des puren Hasses.

Wenn Sie ein Element Ihres Selbsthasses erkennen können, achten Sie darauf, wie es sich anfühlt, wenn Sie sich dessen bewusst sind. Können Sie es genug verstehen, um sich nicht für seine Anwesenheit zu verurteilen? Falls es einen Raum gibt, um mit dem Hass zu verweilen, beobachten Sie, was passiert, wenn Sie einfach nur mit der Erfahrung verbleiben und sich selbst gegenüber präsent sind.

10.
Unwissenheit und direktes Wissen

Im ersten Teil dieses Buchs haben wir untersucht, wie die Hindernisse für die Selbsterkenntnis in unserer Praxis, einfach dort zu sein, wo wir sind, auftauchen. Wir haben uns auf die Arten konzentriert, in denen Aggression, Anhaftung, Selbstschutz, Widerstand, Abwehr, Selbsthass und andere Formen innerer Aktivität es uns erschweren, das zu sein, was auch immer wir sind, wo auch immer wir uns befinden.

Vielleicht ist bis jetzt noch nicht klar, dass keine dieser Aktivitäten vollständig verstanden werden kann, bis wir Ihre Beziehung zur Unwissenheit erkennen. Wenn zum Beispiel Hass auftaucht, gibt es dafür psychodynamische oder historisch erworbene Gründe, aber das sind nicht die einzigen Ursachen. Hass erscheint auch einfach deshalb, weil wir unwissend sind. Das bedeutet, wir wissen nicht, wie unser Geist und unser Bewusstsein funktionieren.

Das wirft die Notwendigkeit auf, die primäre Wurzel des Egos, des gesamten Ego-Lebens zu untersuchen, die die Unwissenheit ist.

Auf dieselbe Weise, wie wir uns der speziellen Manifestationen bewusst werden müssen, die es für uns schwer machen, real zu sein, wir selbst zu sein, müssen wir den Beitrag erkennen, den unsere Unwissenheit zu der Situation leistet. Wenn wir entdecken, dass die Unwissenheit all diesen inneren Aktivitäten und verwandten Haltungen zugrunde liegt, erkennen wir, dass sie das fundamentale Hindernis ist, das uns davon abhält, dort zu sein, wo wir sind.

Ohne Unwissenheit wäre es schwierig, mit diesen Aktivitäten fortzufahren. Das hängt damit zusammen, dass Einsichten und Selbsterkenntnis auftauchen, wenn die Unwissenheit sich auflöst. Wir müssen uns darüber klar sein, wie unsere Unwissenheit operiert, damit wir, während sie sich transformiert, verstehen können, wie sie zu Einsicht, Klarheit, Wissen und der Erkenntnis der Wahrheit einer Situation werden kann. Erleuchtung bedeutet, zur Wirklichkeit zu erwachen, sie als das zu erkennen, was sie wirklich ist, und mit ihr so zu sein, wie sie ist. Deshalb wird Erleuchtung für gewöhnlich auch mit Selbsterkenntnis, Selbstverwirklichung, Erhellung und Klarheit gleichgesetzt.

In den vorherigen Kapiteln haben wir mit der Tatsache gearbeitet, dass wir alle möglichen Arten von Überzeugungen, Vorstellungen, Positionen, Identifikationen und Strukturen besitzen, die wir für uns selbst halten. Wir haben gesehen, dass sie nicht für das stehen, wer und was wir sind. Wir haben auch mit unserem Unbewusstsein und seinen Themen gearbeitet, und wie das, was in unserer Erfahrung erscheint, mit diesen unbewussten Teilen von uns selbst verbunden ist, was es wiederum schwierig macht, die Wahrheit unserer Erfahrung zu kennen. Deshalb war – obwohl Sie das vielleicht nicht erkannt haben – ein großer Teil der Untersuchung, die wir bisher angestellt haben, eine Untersuchung der Unwissenheit, wie sie sich auf verschiedene Arten und Weisen manifestiert. Lassen Sie uns daher jetzt den Sachverhalt der Unwissenheit näher betrachten.

Angelernte Unwissenheit

Es gibt zwei Arten von Ignoranz, die wir erkennen und verstehen müssen, damit sie uns nicht länger kontrollieren und definieren können. Sobald wir sie als das identifizieren, was sie sind, hören sie auf, Hindernisse zu sein.

Die erste Kategorie heißt *angelernte Unwissenheit.* Man kann sie auch als *entwickelte* oder *angesammelte Unwissenheit* bezeichnen. Manchmal wird der Begriff *konzeptuelle Unwissenheit* benutzt, was bedeutet, dass wir, während unser Geist sich entwickelt und wir die Fähigkeit zur Begriffsbildung erwerben, eine bestimmte Art der Unwissenheit entwickeln, die spezifisch menschlich ist. Ganz allgemein gesprochen, haben Tiere und andere Wesen diese Form von Unwissenheit nicht, denn das ist etwas, was man lernen muss, damit es sich entwickeln kann.

Normalerweise entwickelt sich das Unwissen als Wissen. Das bedeutet, vieles von dem Wissen über uns und über die Welt ist tatsächlich angelernte Unwissenheit. Sie ist unwissend, weil sie einfach falsch ist; sie spiegelt nicht wider, wie die Wirklichkeit ist. Wir haben alle möglichen Überzeugungen, Vorstellungen und Ideologien bezüglich uns selbst, davon, wie die Dinge funktionieren und was sie auslöst, und viele von ihnen sind ungenau. Natürlich ist es schwierig, das als Unwissenheit zu erkennen, weil es das ist, was wir wissen. Es ist das, was wir für unser Wissen halten.

Selbst unser experimentell bewiesenes wissenschaftliches Wissen ist Teil dieser angelernten Unwissenheit. Obwohl es nützlich und in gewissem Sinne auch korrekt ist, stellt es kein wahres Bild von dem dar, wie die Dinge sind. Aber allgemein gesprochen beziehen sich unsere Probleme nicht auf die Genauigkeit der wissenschaftlichen Erkenntnisse; sie betreffen unser persönliches Wissen darüber, wer und was wir sind, was die Wirklichkeit ist, was Beziehungen sind, wie die Dinge geschehen, wie der Geist arbeitet und so weiter.

Beispielsweise glauben eine Menge Leute, dass Hass, Macht und Aggression uns Frieden und Freiheit bringen werden. – Aber so funktioniert das nicht. Diese Art Unwissenheit ist sehr schwer zu verbannen. Wenn Sie glauben, dass etwas wahr ist, können Ihnen zwar viele Leute sagen, dass das nicht stimmt, aber Sie werden ihnen nicht glauben. Sie verhalten sich weiterhin so, als wäre es wahr, weil Sie wirklich glauben, dass es wahr *ist.*

Unser angelerntes Unwissen liegt also einem Großteil unserer inneren Aktivität und unserer äußeren Aktionen zugrunde. Ein geläufiges Beispiel ist das vergleichende Beurteilen. Wir glauben zu wissen, was gut und was schlecht ist. Wir stellen uns vor, dass *dies* passieren sollte oder dass *jenes* hätte passieren sollen. Diese Annahmen basieren auf der Unwissenheit, die wir Wissen nennen. Wir glauben nicht nur, dass wir wissen, was passieren sollte, wir denken auch: „Ich weiß, wie ich das hinkriegen kann. Ich muss einfach nur irgendeinen Engel oder eine Gottheit visualisieren“, oder: „Ich muss mich politisch engagieren, mehr meditieren, bewusster atmen, meine Untersuchung vertiefen, die Hungrigen speisen, wieder zur Schule gehen ...“ Und so weiter und so weiter.

Um die Charakteristika angelernter Unwissenheit zusammenzufassen, können wir festhalten:

- Sie ist unser angesammeltes Wissen über die Realität. Sie ist das, was wir für wahr halten, deshalb bildet sie auch die Basis für unsere innere und äußere Aktivität.
- Sie heißt auch konzeptuelle Unwissenheit. Wir stellen uns Dinge im Geist vor, diese Dinge werden zu Wissen und dieses Wissen wird zu angelernter Unwissenheit.

- Obwohl vieles davon wissenschaftlich genau ist, entspricht es nicht dem Wesen der Wirklichkeit. Das bedeutet nicht, dass es der Wirklichkeit widerspricht, es ist eher eine Annäherung daran.
- Wenn es um unser Wissen über uns selbst geht und um unser Bewusstsein, wie die Seele und die Wahrnehmung funktionieren, ist das, was wir für wirklich halten, einfach nicht wahr. Oft ist es das Gegenteil der Wahrheit.

Wie Sie gesehen haben, besteht ein Großteil der inneren Arbeit darin, all unsere Identifikationen, unsere Strukturen, unsere Glaubenssätze, unsere Positionen und Selbstbilder, die wir für wahr halten, zu durchschauen. So glauben wir zum Beispiel, dass wir dieses Individuum mit dieser Geschichte sind, das mit anderen Individuen und ihrer Geschichte interagiert. Wir glauben, wir wären physische Körper, die sich durch Zeit und Raum hindurchbewegen, und wir halten das für Wissen, weil es wissenschaftlich bewiesen werden kann. Aber durch die Arbeit der inneren Verwirklichung erkennen wir an einem bestimmten Punkt, dass es ein angelerntes Wissen ist, welches in Wirklichkeit ein angelerntes Unwissen ist, ein angesammeltes Unwissen.

Uns wird immer klarer, dass das, was wir für wahr halten, falsch oder nicht die ganze Wahrheit ist, oder dass es eine andere Bedeutung hat, als wir glauben.

Angeborene Unwissenheit

Die andere Ebene der Unwissenheit ist noch elementarer und subtiler, und es ist viel schwieriger, mit ihr umzugehen. Sie heißt angeborene Unwissenheit. Aber wir können sie nicht einmal als Unwissenheit erkennen, bis wir einen Großteil unserer angelernten

Unwissenheit durchgearbeitet haben. Sofern wir nicht viel mehr Klarheit bezüglich unserer Überzeugungen, Vorstellungen, Positionen und Muster gewonnen haben, werden wir unsere angeborene Unwissenheit nur schwer identifizieren können. Aber an einem bestimmten Punkt realisieren wir, dass – egal, wie viel wir davon auch durcharbeiten – uns die Erkenntnis aus diesem Prozess nicht die Klarheit, Offenheit und Unmittelbarkeit bringt, die wir erfahren, wenn wir direkter mit der Realität in Berührung sind. Dann beginnen wir das zu erkennen, was *angeborene Unwissenheit* genannt wird, oder auch *primäre Unwissenheit*. Das ist die Unwissenheit, die wir mit allen Tieren teilen. Sie ist nicht angelernt; wir kommen damit auf die Welt.

Angelernte Unwissenheit ist direkt mit der Entwicklung des Geistes und des Egos verbunden – mit allen Strukturen und Darstellungen, Bildern, Mustern, Überzeugungen und Vorstellungen über uns selbst und die Realität. Aber die Entwicklung dieser angelernten Unwissenheit basiert auf einer noch fundamentaleren Unwissenheit: der Unwissenheit unserer Wahren Natur.

Wir kommen auf die Welt und kennen unsere Wahre Natur nicht. Wir wissen nicht, wer wir sind. Das bedeutet nicht, dass wir die Wahre Natur nicht erfahren. Es bedeutet auch nicht, dass wir sie nicht fühlen. Es bedeutet nicht, dass wir sie nicht erkennen. Es bedeutet, dass wir sie nicht verstehen. Wir wissen nicht, was sie ist. Wir kennen ihren Sinn, ihre Bedeutung nicht. Wir wissen nicht, dass *sie das ist, was wir sind.*

Tiere sind ihre Wahre Natur, aber sie wissen es nicht. Sehr junge Säuglinge sind fast völlig ihre Wahre Natur, aber auch sie wissen das nicht. Wenn wir Kinder sind, fühlen, spüren, schmecken wir sie vielleicht, aber wir wissen nicht, dass sie das ist, was wir sind. Um ihre Bedeutung zu erkennen, um in der Lage zu sein, sie in einer aufschlussreichen Form zu unterscheiden – um zu erkennen „Das bin ich! Das ist das Wesen der Welt. Und das ist die Wahrheit!" –, müssen wir zuerst angelernte Unwissenheit entwickeln.

Um daher die Beziehung zwischen angelernter Unwissenheit, angeborener Unwissenheit und unserer Wahren Natur zu klären, können wir sagen:

- Angelernte Unwissenheit basiert auf angeborener Unwissenheit; ohne diese angeborene Unwissenheit können wir keine angelernte Unwissenheit entwickeln.
  Wir müssen angelernte Unwissenheit entwickeln, bevor wir unsere angeborene oder fundamentale Unwissenheit erkennen können.
- Der Grund, warum wir eine Vorstellung von der Person entwickeln, die wir sind – die dann Teil unserer angelernten Unwissenheit wird –, besteht darin, dass wir unsere Wahre Natur nicht kennen; wir sind von Geburt unwissend.
- Wenn wir von Anfang an bereits wüssten, wer und was wir sind, müssten wir kein Gefühl für das Selbst entwickeln, um zu wissen, wer wir sind. Aber wir wissen nicht, wer wir sind, daher entwickeln wir ein Gefühl für das Selbst, glauben es und halten es aufgrund unserer angeborenen Unwissenheit für wahr.
- Während wir die angelernte Unwissenheit durcharbeiten, beginnen wir, unsere Wahre Natur zu erleben. Um unsere Wahre Natur vollständig zu verstehen,müssen wir durch unsere angeborene Unwissenheit hindurchgehen. Unsere angeborene Unwissenheit durchschreiten zu können, verlangt, dass wir unsere Wahre Natur vollständig verstehen.

Damit anzufangen, der angeborenen Unwissenheit gegenüberzutreten, bedeutet, etwas erkennen zu lernen, das wir noch nicht einmal kategorisieren können. Es ist genau so, als würde man das erste Mal etwas Exotisches sehen. Sie sehen es, Sie nehmen es wahr, aber wenn es subtil oder die ganze Zeit über präsent ist, erkennen Sie nicht, was es ist. Sie realisieren die Bedeutung dessen, was Sie sehen, nicht. So nehmen zum Beispiel Menschen aus gemäßigteren Klimazonen, die Länder im Norden besuchen, Schnee einfach nur als Schnee wahr. Die Einheimischen hingegen leben die meiste Zeit mit dem Schnee. Sie sind mit vielen verschiedenen Variationen von Kälte, Trockenheit, Konsistenz und Dichte vertraut und sehen daher viele verschiedene Arten Schnee, die für sie alles andere als nur ein Ding namens Schnee sind. Nur im Laufe der Zeit und mit Bedarf an Erfahrung wäre der Neuankömmling in der Lage, Schnee in all diesen Variationen zu erkennen.

Als Erwachsener werden Sie ohne Führung oder eine wirkliche Wissbegier keine Ahnung davon bekommen, was die Wahre Natur ist. Wenn Sie zu jung sind, werden Sie nicht wissen, was sie ist, weil Sie noch nicht die Aufnahmefähigkeit besitzen, um sie zu erkennen. Die Fähigkeit, zu unterscheiden und zu verstehen, verlangt ein gewisses Maß an geistiger Entwicklung. Trotzdem bildet sich der Geist im Verlauf seiner Entwicklung mit angelernter Unwissenheit heraus.

Unsere Unterscheidungsfähigkeit entwickeln

Das Ego entwickelt sich mit dem Geist, und während das passiert, wächst unsere Unterscheidungsfähigkeit. Säuglinge verfügen bereits über ein gewisses Maß an Unterscheidung, aber es ist viel rudimentärer als unsere erwachsene Fähigkeit, die Dinge auseinanderzuhalten – zu wissen, was sie sind, und ihre Bedeutung und die Beziehung zu anderen Dingen zu erkennen. Die Unterscheidungsfähigkeit von Säuglingen beschränkt sich zunächst auf die Möglichkeit von Erkenntnis. Sie besitzen die neurologischen Voraussetzungen dafür und verfügen über instinktive Reize. Aber wir wissen inzwischen, dass sie eine Art Wissen besitzen, das viel früher zu arbeiten beginnt, als Entwicklungspsychologen gedacht haben.

Es braucht Zeit, damit der Geist die Fähigkeit zum unterscheidenden Wissen entwickelt, und obwohl die Forschung sich vielleicht noch nicht einig ist, was den genauen Zeitpunkt angeht, herrscht Konsens darüber, dass diese Entwicklung in Stufen verläuft. Wir alle kommen mit uns innewohnender Unwissenheit zur Welt. – Wir wissen, dass es uns gibt, dass wir existieren, aber wir wissen nicht, *was* wir sind. Wir machen Erfahrungen, aber wir wissen nicht, was wir erfahren. Wir sehen, aber wir wissen nicht, was wir sehen. Mit der Zeit lernen wir, wie die Dinge aussehen, und wir lernen auch, sie zu erkennen, sie voneinander zu unterscheiden und zu verstehen. All dies entwickelt die Fähigkeit zur Begriffsbildung.

Wie geschieht das? Wir entwickeln unsere Kapazität, indem wir die üblichen Dinge kennen lernen, die Menschen kennen. Phänomene auf der offensichtlichsten, gröbsten Ebene – der physischen Ebene – sind am Anfang von allergrößter Wichtigkeit. Daher beginnen wir auch damit, unsere Körper kennen zu lernen, andere Menschen kennen zu lernen, Dinge in der materiellen Umgebung kennen zu lernen und so weiter. Dem folgen dann immer subtilere Arten des Kennenlernens.

Wenn wir dann – wie wir gesehen haben – unser angelerntes, konzeptualisiertes Wissen entwickelt haben, handelt es sich in Wirklichkeit um angelernte oder konzeptuelle Unwissenheit, denn sie verdeckt die Wahre Natur, mit der wir auf die Welt gekommen sind. Unsere angelernte Unwissenheit verschleiert und trennt uns von dem, der wir wirklich sind. Um die Wahre Natur zu erkennen und sie als Erfahrung zur Verfügung zu haben, müssen wir unsere angelernte Unwissenheit durchdringen und durchschauen. Aber um die Wahre Natur zu *verstehen*, müssen wir unsere angeborene Unwissenheit überwinden.

Unsere Wahre Natur verstehen

Wie verstehen wir unsere Wahre Natur? Und was bedeutet es überhaupt, sie zu verstehen?

Es gibt drei Aspekte, die wir betrachten müssen, um unsere Wahre Natur zu verstehen. Zuerst müssen wir wissen, was die Wahre Natur ist. Als Zweites müssen wir sie als unsere eigene Natur erkennen, nicht als etwas außerhalb von uns selbst oder als eine Abstraktion.

Und drittens müssen wir die Beziehung unserer Wahren Natur zum Rest der Manifestation sehen – zu den Gedanken, den Gefühlen, dem Körper, den Objekten, die wir sehen, und so weiter. Zu wissen, was die Wahre Natur ist, zu wissen, dass sie das ist, was wir sind, und ihre Beziehung zu allem, was sich manifestiert, zu kennen – das ist vollständiges Verständnis. Das ist wahre Inspiration. Das ist Erleuchtung.

Jeder dieser drei Schritte komplettiert unser Verständnis. Und jeder Schritt dieses Verstehens ist schwieriger als der Schritt davor. Deshalb können wir die Wahre Natur zwar vielleicht verstehen, sind uns aber trotzdem nicht bewusst, dass sie ist, was wir sind. Oder vielleicht erkennen wir die Wahre Natur und wissen, dass wir sie sind, aber wir wissen möglicherweise noch nicht, wie sie mit allem anderen verbunden ist. Lassen Sie uns diese drei Schritte detaillierter betrachten.

Der erste Schritt besteht darin, zu erkennen, was die Wahre Natur ist. Das bedeutet, sie von vertrauteren Elementen in unserer Erfahrung, wie zum Beispiel Gedanken und Gefühlen, Empfindungen und Energie, zu unterscheiden. Wir müssen sehen, welche Wirkung sie auf unsere Wahrnehmung und auf unsere Erfahrung hat. Wir müssen verstehen, dass die Wahre Natur das grundsätzliche Wesen unserer Erfahrung ist, und begreifen, was das bedeutet, um sie *als* Wahre Natur zu erkennen.

Der zweite Schritt besteht darin, dass Sie *sich selbst* als die Wahre Natur verstehen. Das bedeutet, auf der erwachsenen Ebene die volle Unterscheidungsfähigkeit und Einsicht zu besitzen, wer und was Sie sind. Es ist möglich, die Wahre Natur zu erkennen – der erste Schritt –, aber nicht zu wissen, dass Sie identisch mit Ihnen ist. Vielleicht glauben Sie ja, sie wäre Gott. Oder ein Engel, der zu Ihnen herabgestiegen ist. Sie erleben, dass diese Präsenz leer, leicht und leuchtend ist und dass sie sich so anders anfühlt, als Sie sich „selbst" kennen, dass Sie glauben, es müsse sich um irgendeinen wundervollen Engel handeln. Sie erkennen diese Präsenz, aber Sie wissen nicht, dass Sie es sind. Sich selbst als Wahre Natur zu verstehen, bedeutet, dass Sie erkennen: „Das ist *mein* Wesen." Das passiert nicht durch Denken, sondern durch Erfahrung.

Der dritte Schritt besteht darin, zu erkennen, dass die Wahre Natur das Wesen von allem ist, und zu wissen, wie sie alles hervorbringt. Wir wissen nicht, wie die Dinge funktionieren, weil wir nicht verstehen, wie die Dinge mit der Wahren Natur verbunden sind.

Die Beziehung der Wahren Natur zu allem anderen zu sehen, wird uns dabei helfen, zu erkennen und zu verstehen, wie die Dinge funktionieren. Wie geschehen sie? Was ist Handlung? Wie vollzieht sich diese Handlung? Wie sind Handlung und Nichthandlung miteinander verbunden? Diese Dinge zu verstehen, ist wesentlich für die Weisheit des Lebens. Wenn Sie einfach nur sitzen und meditieren, brauchen Sie die Beziehung der Wahren Natur zu allem anderen nicht zu erkennen. Aber wir sitzen nicht nur, wir leben. Unser Geist arbeitet mit all seinen Gedanken und Gefühlen. Wir müssen die Beziehungen verstehen, die in allen Bereichen unseres Lebens existieren.

Sich durch die Unwissenheit zur Wahren Natur bewegen

Wir haben über Unwissenheit gesprochen und wie diese als Hindernis für die Erleuchtung funktioniert, für das Wissen um unsere Wahre Natur, für das Leben in der Freiheit der Wahren Natur. Unsere Praxis der Untersuchung soll uns grundsätzlich dabei helfen, die Unwissenheit zu durchschauen, sie *als* Unwissenheit zu identifizieren. Wenn die Unwissenheit als Unwissenheit erkannt wird, wird sie sich als wahres Wissen transformieren, als die Wahrnehmung der Wahrheit.

Durch welchen Prozess geschieht das? Wir beginnen unsere Untersuchung immer mit dem, was wir in unserer Erfahrung als wahr erkennen. Ich nehme womöglich wahr, dass mir in Wahrheit nicht gefällt, wie eine Freundin mich ignoriert. Indem ich diese Wahrheit erforsche, erkenne ich möglicherweise, dass es mir nicht gefällt, weil meine Mutter mich auf eine ähnliche Weise ignoriert hat, wodurch ich mich wertlos gefühlt habe. Deshalb glaube ich, wenn ich dies in Bezug zu dieser Freundin setze, dass ich ein verletztes Kind bin und sie meine Mutter ist. Wir können also hier im Detail genau erkennen, was unsere Gefühle auf die eine oder andere Art ausmacht. Die Wahrheit, die wir zuerst erkennen, ist die Wahrheit bezüglich etwas, was nicht wahr ist. Wir erkennen das Falsche als falsch. Wenn ich mein Selbstbild und die Projektion auf meine Freundin erkenne, wird mir klar, dass beides nicht wahr ist. Sie ist nicht meine Mutter, und ich bin nicht das Bild eines wertlosen Kindes. Tatsächlich bin ich etwas, das viel lebendiger und unmittelbarer ist, eine Präsenz, die in sich Wert hat, weil sie das ist, was wirklich ist.

Das bringt uns dann zur Erkenntnis der Wahrheit. Wir erkennen, was wir tatsächlich erfahren, und erkennen, dass die Wahrheit unsere Wahre Natur ist. Wir entdecken, dass es das ist, was wir *sind*, nicht nur das, was wir erfahren. Vielleicht sind viele Schritte und Erfahrungen nötig, um mit der Wahrheit zu verweilen, während sie das Falsche oder die angelernte Unwissenheit enthüllt, bevor die Wahre Natur sich als unser Wesen offenbart. Die Liebe zur Wahrheit muss dabei unser Leitmotiv sein. Wenn wir an dem Prozess dranbleiben, erreichen wir am Ende die dritte Ebene des Verständnisses, auf der wir erkennen und wissen, dass die Wahre Natur – unsere Wahre Natur – das ist, was alles bewegt, dass sie die Quelle von allem ist.

Wie kommt diese Entdeckung zustande? Indem wir einfach nur dort sind, wo wir sind. Ob wir nun untersuchen, meditieren oder unseren Geschäften nachgehen, lernen wir während der gesamten Reise, präsent und bewusst zu sein, einfach nur da zu sein und nichts zu bewegen. Diese Haltung lädt die Wahre Natur ein, sich selbst zu offenbaren, zu offenbaren, dass sie das ist, was wir sind, und zu offenbaren, wie alles andere sich darauf bezieht.

Unmittelbares Wissen

Wie wir also erkennen, ist unsere Praxis in gewisser Weise eine Frage der Selbsterkenntnis, der Selbsterhellung. Sie ist Erleuchtung, ein Wissen. Aber erinnern Sie sich daran, dass das Wissen, von dem wir hier sprechen, kein konzeptuelles Wissen ist. Konzeptuelles Wissen wird immer zu konzeptueller Unwissenheit. Selbst wenn Sie etwas wissen, was wahr ist, selbst wenn Sie etwas über Ihre Wahre Natur erkennen, wird es sofort zu einem Bild, wenn es konzeptualisiert und in Ihrem Geist abgespeichert wird. Wenn Sie das Bild für die Realität halten oder anfangen, die Realität durch dieses Bild zu sehen, wird es wieder zu einem Schleier. Es wird zu Unwissenheit.

Das bedeutet also, dass das Wissen, über das wir hier sprechen, unmittelbar sein muss. Deswegen sagen wir auch, dass Sie nicht nur bewusst sein müssen, Sie müssen vollständig präsent sein. Ihr Bewusstsein von dem, was Sie erfahren, muss das gesamte Feld Ihres

Gewahrseins erfüllen. Es muss alles fühlen, was auch immer da sein mag, ohne Schleier oder Filter. Was immer Sie fühlen mögen – Hass, Abwehr, Widerstand, Wut, Glück, Weite –, Sie lassen zu, dass es Ihr ganzes Bewusstsein erfüllt, damit Sie es direkt und vollständig spüren können. Das Gefühl davon, die Erfahrung von allem, was auftaucht, ist untrennbar von dem Wissen darüber, – denn Sie können die Wahre Natur nicht konzeptuell verstehen, durch den diskursiven Geist.

Trotzdem ist die Entwicklung des diskursiven Geistes eine notwendige Stufe bei der Entwicklung der Unterscheidungsfähigkeit unseres innewohnenden Gewahrseins. Und sie ist nützlich, um die Aufgaben des Lebens zu meistern. Aber dies ist nicht das Wissen, das für die Selbsterkenntnis notwendig ist. Diese Art von Wissen muss mehr ein gefühltes Wissen sein, ein empirisches Wissen. Ich nenne es das unmittelbare oder direkte Wissen.

Im Westen haben wir dafür ein Wort: „Gnosis", was „Wissen" bedeutet. Aber Gnosis ist ein Wissen durch das Sein, durch unmittelbaren Kontakt, in dem das Gefühl und die Erfahrung des Wissens untrennbar sind. Deshalb müssen wir unsere Sprache auch verfeinern und diese Begriffe auf eine Weise verstehen, die unsere Unterscheidung stimmiger und schärfer macht. Indem wir das Wesen dieser Gnosis erkennen – des direkten Wissens, das unsere Unwissenheit konfrontiert –, können wir wertschätzen, dass es sich um nichtduales Wissen handelt. Wir bewegen uns über die Dualität hinaus, die unsere Wahrnehmung und unser gewöhnliches Wissen vom Geist durchdringt. Das macht es wiederum leichter, die Wahre Natur zu sehen und zu erkennen.

Deshalb ist unsere Praxis des Untersuchens auch eine Untersuchung unserer Erfahrung. Aus diesem Grund ist unsere Meditation die Direktheit des Seins, die das Sein, die Präsenz und das Bewusstsein ist, das die Präsenz durchdringt. Das Bewusstsein, das die Präsenz durchdringt, schafft die Möglichkeit der Erkenntnis, des direkten Wissens oder der Gnosis. Wenn diese Fähigkeit zur Erkenntnis entwickelt wird und wir die Wahre Natur erfahren, können wir erkennen, dass es das ist, was wir wirklich sind, und dass es tatsächlich das Wesen von allem ist.

Was Sie nicht sehen, entwickelt sich nicht. Wenn Sie einen bestimmten Teil Ihrer Erfahrung nicht als das erkennen, was er ist, wird er sich nicht komplett offenbaren. Deshalb kann auch das Potenzial in Menschen, ihre Wahre Natur zu kennen, nicht von einem Kind oder Tier verwirklicht werden, denn beide können die Wahre Natur nicht als das erkennen, was sie ist. Wir müssen sie erkennen, damit sie sich entfalten kann. Je mehr wir die Wahre Natur erkennen und verstehen, desto mehr enthüllt sie ihre Möglichkeiten.

Deshalb lädt auch das Gesehenwerden, das Gewusstwerden, das Erkannt- und Unterschiedenwerden die Wahre Natur dazu ein, mehr von dem zu offenbaren, was sie ist. Sie offenbart ihre Schätze, ihre Fülle, ihre Perfektion. Dieses Wissen befreit, weil es uns dabei hilft, das zu sehen, was wir sind, was wir machen und wie die Dinge funktionieren. Das bedeutet es, Weisheit zu erlangen. Wir sind regelmäßiger in der Lage, zu erkennen, wann wir unsere Erfahrung abwehren oder uns in sie einmischen, und besser imstande, damit aufzuhören. Wir werden immer fähiger, uns selbst als diejenigen zu belassen, die wir sind, und uns als das zu lassen, was wir sind – unsere Wahre Natur. Daher lernen wir in unserer Praxis, weise zu sein. Wir lernen Weisheit durch das direkte Verständnis unserer Erfahrung.

Übung

Angelernte Unwissenheit und direktes Wissen erkennen

Suchen Sie sich einen ruhigen Platz, von dem aus Sie Ihre Umgebung betrachten können. Öffnen Sie sich als Erstes für das unmittelbare Gewahrsein der äußeren und inneren Realität, mit dem Fokus auf Empfindung und Wahrnehmung. Nehmen Sie zunächst einmal nur Farben, Formen, Strukturen, Empfindungen und Muster in Ihrer Erfahrung wahr. Seien Sie sich bewusst, wie Sie all diese Objekte Ihrer Erfahrung normalerweise wahrnehmen, aber verzichten Sie darauf, in die Inhalte verstrickt zu werden, und bleiben Sie auf Ihr wahrnehmendes Gewahrsein eingestimmt.

Dann denken Sie darüber nach, wie Ihre Vorstellungen, Überzeugungen und das Wissen über diese Realität Ihre direkte Erfahrung davon beeinflussen. Wenn Sie sich auf den Inhalt dessen konzentrieren, wessen Sie gewahr sind, was passiert dann? Erweitern geistige Konzepte Ihre Erfahrung? Liefern sie Details? Strukturieren oder fokussieren sie Ihre Aufmerksamkeit in eine bestimmte Richtung? Distanzieren sie Sie von der Unmittelbarkeit?

Wenn Sie bei der direkten wahrnehmenden Erfahrung bleiben, was geschieht dann mit Ihrem Wissen und dem Verständnis Ihrer Erfahrung? Verschwindet es ohne diese Vorstellungen? Manifestiert es sich auf eine andere Weise als Ihr geistiges Wissen? Denken Sie über den Qualitätsunterschied zwischen Ihrem vertrauten geistigen Wissen (der angelernten Unwissenheit) und diesem direkteren empirischen Wissen nach.

11.
Freiheit von den Filtern des Geistes

Unsere Diskussion über die Unwissenheit als dem fundamentalen Hindernis, dort zu sein, wo wir sind, hat uns in ein neues Gebiet geführt, das wir jetzt noch umfassender erforschen wollen. Anstatt sich auf die speziellen Verhaltensweisen zu fokussieren, mit denen wir auf unsere Erfahrung reagieren, wollen wir die Hindernisse untersuchen, die der *Art*, wie wir erfahren, innewohnen. Diese Hindernisse sind nicht die speziellen Aktivitäten der Abwehr, der Einmischung, der Manipulation und anderer sekundärer Manifestationen, die wir beobachtet haben und die unsere Reaktion auf das hauptsächliche Ereignis ausmachen. Stattdessen sind sie Missverständnisse oder falsche Wahrnehmungen dessen, was wir tatsächlich erfahren, – davon, wo wir sind, wer wir sind und von der Wirklichkeit selbst. Indem wir unsere Aufmerksamkeit auf diese Hindernisse lenken, verlegen wir den Fokus von den sekundären Manifestationen unserer Erfahrung zur primären Manifestation, – wie die Erfahrung selbst tatsächlich erscheint und wahrgenommen wird.

Lassen Sie uns noch einmal anschauen, was wir bisher erforscht haben, damit wir den Übergang in dieses neue Gebiet klarer erkennen können:

Wir haben fortwährend auf das „nichts tun" und das „dort sein, wo wir sind" hingewiesen. Das sind zwei unterschiedliche Arten, dasselbe zu sagen. Jede von beiden veranschaulicht etwas über uns selbst. „Nichts tun" bedeutet, keinerlei innerer Aktivität nachzugehen. „Dort sein, wo wir sind" weist auf die Tatsache hin, dass die *Abwesenheit* dieser inneren selbstzentrierten Aktivität das ist, was wir mit Präsenz oder mit Sein meinen. Wir haben daher gesehen, dass wir einfach nur da sind, wenn wir wirklich lernen, nichts mit unserer eigenen Erfahrung anzustellen. Und umgekehrt: Wenn wir wirklich dort sind, wo wir sind, werden wir nichts mit unserer Erfahrung anstellen.

Wir haben einige der Methoden diskutiert, mit denen wir uns in unsere Erfahrung einmischen, – wie wir sie nicht allein lassen, wie wir versuchen, sie zu verändern, sie zu verbessern, sie zu vervollkommnen, wie wir sie verurteilen, sie abwehren, sie verdrängen, nach ihr greifen und so weiter. Hier ist es nützlich, anzumerken, dass wir nichts tun, wenn wir uns bewusster darüber werden, wie diese Aktivitäten als Hindernisse oder Blockierungen fungieren. Wir entwickeln einfach mehr Unterscheidungsfähigkeit, die uns bei unserer Praxis helfen kann. Wir lernen nur, was es bedeutet, wirklich dort zu verweilen, wo wir sind, – wie wir im Moment präsent und wir selbst sein können.

Wir haben diskutiert, wie unsere angelernte Unwissenheit, die das ist, was wir zu wissen glauben, die Basis für all unsere Einmischung bildet. Wir haben gesehen, wie unsere Aktivitäten und Beziehungen auf Vorstellungen, Überzeugungen und Identifikationen beruhen – was wir für wahr halten, was wir für Wirklichkeit halten, was unserer Meinung nach funktionieren wird.

Aber all diese Aktivitäten, die wir untersucht haben, gehören einem bestimmten Typus an. Sie tendieren dazu, eindeutiger und leichter identifizierbar zu sein, obwohl sie häufig, wie wir gesehen haben, auch sehr subtil sein können. Außerdem sind sie sekundäre Manifestationen – verschiedene Reaktionen auf das, was wir wahrzunehmen glauben. Aber es gibt noch eine andere Kategorie der Einmischung in unsere Erfahrung, die viel schwieriger zu erkennen ist. Das ist die innere Einmischung, die sich nicht von der primären Manifestation trennen lässt, also von dem, wie wir das, was unmittelbar geschieht, wahrnehmen. Das ist die zweite hauptsächliche Art und Weise, auf die unser angesammeltes Wissen zu einem Hindernis für uns wird auf dem Weg, wir selbst zu sein: durch eine viel subtilere Methode, auf die wir uns in unsere Erfahrung einmischen, indem wir bewusst oder unbewusst versuchen, sie zu lenken, und dadurch verhindern, dass sie ganz spontan aus sich heraus entsteht.

Ich beziehe mich hier auf eine stillschweigende innere Aktivität, derer wir uns vielleicht bewusst werden, wenn wir immer geschickter darin werden, uns nicht von den deutlicheren, gröberen inneren Aktivitäten verstricken zu lassen, die wir identifiziert haben. Auf diese Weise beeinflusst und gestaltet unser Geist oder unser Bewusstsein unsere Erfahrung, einfach weil sie in diese Erfahrung involviert sind. Lassen Sie uns einen Blick darauf werfen, wie das funktioniert.

Schleier der Vergangenheit

Wir können die Bewegung der Projektion oder des Verurteilens erkennen. Wir können unseren Hass und unsere Abwehr fühlen und spüren. Aber diese andere Kategorie von Aktivität kann nicht so leicht identifiziert werden. Wenn wir ihr anfänglich nachgehen, glauben wir, dass wir einfach nur dort sind, wo wir sind, und nichts tun. Aber wenn wir unsere Reaktionen in verschiedenen Situationen registrieren und beobachten, können wir erkennen, dass vieles von diesem „dort sein, wo wir sind" immer noch das Ergebnis des Einmischens ist.

Warum ist diese Form der Einmischung so schwer zu erkennen? Zum Teil deshalb, weil die eindeutigeren Aktivitäten der Einmischung unregelmäßig erscheinen und man sie daher leichter bemerken kann, wenn sie auftauchen. Diese andere Art von Einmischung ist eine unterschwellige, manchmal sogar unbewusste innere Aktivität, die die ganze Zeit über stattfindet. Sie manifestiert sich nach außen normalerweise durch unseren kontinuierlichen Gedankenprozess, unseren fast konstanten inneren Dialog. Wir können sie manchmal als eine aufgeregte energetische Qualität in uns bemerken, obwohl wir uns vielleicht nicht im Klaren darüber sind, was diese erzeugt. Aber ob wir sie nun bemerken oder nicht, sie beeinflusst unsere Erfahrung und gestaltet sie auf die eine oder andere Weise entsprechend unseres angesammelten Wissens, das auf unserer Unwissenheit basiert. Deshalb ist unsere Erfahrung nicht frei, um sich spontan als das zu manifestieren, was sie ist, oder, um es genauer zu sagen, was sie sein kann.

Hier ist ein Beispiel: Stellen Sie sich vor, dass Sie einer anderen Person begegnen. Das muss keine besonders aufgeladene Situation sein; jede Interaktion wird enthüllen, dass Sie ein bekanntes Muster ausagieren. Sie sehen die Person auf eine bestimmte Weise, Sie sehen sich selbst auf eine bestimmte Weise, und Sie fühlen auf eine bestimmte Weise, wie Sie beide miteinander umgehen. Aber obwohl Ihre Erfahrung einfach das zu sein scheint, was passiert – Sie glauben, Sie sind nur dort, wo Sie mit dieser Person sind –, wird sie in Wirklichkeit durch Ihr angesammeltes Wissen und Ihre Erinnerung geprägt.

Die Art, wie Sie diese Interaktion erfahren – und tatsächlich fast jede Interaktion –, ist das wiederholte Ausagieren einer internalisierten Erfahrung von jemandem aus Ihrer Vergangenheit. Sie projizieren die Dynamik einer früheren Beziehung auf die jetzige Situation und nehmen die gegenwärtige Interaktion durch diesen Schleier wahr. Was geschieht, erscheint nicht frei und spontan; Sie formen es, Sie gestalten es auf eine ganz bestimmte Art und Weise. Ein Anzeichen dafür ist die Tatsache, dass jemand anderes diese Person nicht auf dieselbe Art und Weise wahrnehmen würde.

Sie werden sich selbst nicht als jemand sehen, der versucht, auf eine bestimmte Art und Weise zu sein. Bestimmt denken Sie: „Ich bin einfach nur der, der ich bin", aber das ist nicht wirklich eine Erfahrung, die frei und spontan erscheint. Sie wird durch Ihr historisches Wissen, durch Ihr angelerntes Wissen, bestimmt – durch all die Überzeugungen und Vorstellungen darüber, wer Sie sind, wie andere Menschen sind und was Realität ist. Sie wird durch Ihr gewöhnliches angesammeltes Wissen beeinflusst.

Wenn wir uns also diese Situation der Einmischung mit all ihren subtilen Aktivitäten anschauen, bemerken wir:

- Unsere Erfahrung erscheint nicht frei. Wir mischen uns dadurch in die Spontaneität unserer Erfahrung ein, dass wir sie durch unsere angesammelten Glaubenssätze und Auffassungen wahrnehmen.
- Unsere Erfahrungen werden ganz besonders durch einen unterschwelligen geistigen Prozess geformt und geprägt – durch die unaufhörliche Aktivität der Erinnerung, des Denkens und der Reaktion auf Informationen aus der Vergangenheit.
- In jeder Interaktion mit einem anderen Individuum überlagern wir unsere Erfahrung mit einem Bild von dem, der wir sind, einem Bild der anderen Person und einer ganz bestimmten Gefühlsqualität der Beziehung. Mit dem Ergebnis, dass wir eine Realität erfahren, die zumindest teilweise durch vergangene Konditionierungen erzeugt wird.

- Wir sehen unsere Aktivität nicht als Einmischung, weil wir diese besondere Erfahrung nicht ausdrücklich ablehnen. Aber was wir tatsächlich ablehnen, ist die Spontaneität unserer Erfahrungen, die erscheinen. Das ist genau die Schwierigkeit, die wir mit dem dort sein, wo wir sind, haben: Wir versuchen, unserer Erfahrung eine Richtung zu geben. Aber hier *versuchen* wir nicht nur, unsere Erfahrung zu lenken, wir lenken sie *tatsächlich*. Wir geben ihr eine Form, indem wir sie durch die Brille der Vergangenheit anschauen. Unsere Erfahrung wird teilweise dadurch geprägt, dass sie durch den Filter vergangenen Wissens erscheint.
- Diese innere Aktivität zu beobachten, ist viel subtiler, denn es handelt sich um einen fast durchgehenden unterschwelligen oder unbewussten geistigen Prozess, der aus vielen Teilen besteht: dem Erinnern, der Vorstellung, dem Überlagern eines bestimmten Bildes oder einer bestimmten Form, dem Filtern, der Projektion und einer Menge anderer unbewusster geistiger und emotionaler Vorgänge.

Daraus können wir erkennen, dass wir unsere Erfahrung permanent erschaffen, anstatt sie sie selbst sein zu lassen, anstatt sie frei aus sich selbst heraus erscheinen zu lassen. Deshalb ist auch jede Ego-Erfahrung im Wesentlichen ein Einmischen in unsere gegenwärtige Erfahrung. Hier kommt noch ein anderes Beispiel:

Stellen Sie sich vor, Sie fühlen: „Ich bin wütend auf meinen Partner, genau da bin ich gerade." Das scheint die Wahrheit zu sein, und wahrscheinlich ist es auch so. Aber wütend auf diese Person zu sein, impliziert vielleicht auch, dass Sie die Situation mit einer Beziehung zu jemand anderem aus Ihrer Vergangenheit überlagert haben. Sie haben sie aus Ihrer Erinnerung angeschleppt, auf Ihren Schultern getragen und dem Moment angehängt. Sie haben sie dem Moment aufgezwungen und Sie zwingen sie ihm immer noch auf, versuchen alles, damit sie so bleibt, damit sie zu der Vergangenheit passt, die Sie noch mit sich herumtragen.

Deshalb identifizieren Sie sich auch mit dieser Geschichte: „Ich bin wütend, weil mir diese Person wehgetan hat." Aber wenn wir die Situation erforschen, erkennen wir, dass wir die Sache die meiste Zeit über nicht korrekt einschätzen. Selbst wenn etwas von dem, was wir sehen, wahr ist, projizieren wir zwangsläufig Dinge auf die Erfahrung, die nicht wirklich passieren. Wir sind zumindest teilweise in einer Täuschung gefangen.

Das ist nur ein anderer Weg, um auszudrücken, dass wir unsere Erfahrung manipulieren. Aber es ist eine Form des Tuns, die wir normalerweise nicht als Tun bezeichnen. Wir sagen: „Ich kann nicht anders, ich muss immer daran denken, dass ich wütend auf diesen Typ bin", doch das Denken selbst ist eine Einmischung in den Moment. Es ist eine Reaktion und eine Erinnerung. Wir aktivieren ein besonderes Programm, von dem wir glauben, es wäre die Realität.

Es *ist* auf einer Ebene auch unsere Realität, aber wenn wir uns wirklich mit dieser Realität dort sein lassen, wenn wir präsent sind und sie vollständig fühlen, kann sie uns näher an die Wahrheit heranführen, und die Erfahrung wird beginnen, ihre Wahre Natur zu enthüllen. Wir fangen an, zu erkennen, dass unsere Gedanken über die Person, auf die wir wütend sind, einen geistigen Vorgang einschließen, eine Projektion, eine Übertragung und eine Vorstellung von uns selbst. Mit anderen Worten: Damit diese Erfahrung, dass wir auf jemand wütend sind, geschehen kann, müssen wir glauben, dass wir eine bestimmte Person sind und dass unser Partner eine bestimmte Person ist. Wenn wir diese Überzeugungen loslassen, wird die Realität anfangen, sich zu verändern. Wir glauben vielleicht nicht, dass wir diese Überzeugungen loslassen können, was eventuell auch stimmt. Aber wichtig ist hier, uns darüber bewusst zu sein, dass unsere Realität zumindest teilweise auf einer geistigen Überzeugung aus der Vergangenheit basiert. Daher sind wir in der Lage, die geistige Qualität unserer Erfahrung zu erkennen, die ihre leere Qualität enthüllt – ihren Mangel an Präsenz –, denn der Realität, die wir erfahren, mangelt es an vollständiger Unmittelbarkeit.

Deshalb wird auch das Gewahrsein mit Präsenz in unserer Praxis so sehr betont. Wir sind bewusst und präsent gegenüber dem, wo wir sind. Wenn wir einfach nur bewusst, aber nicht wirklich präsent sind, verpassen wir möglicherweise die Tatsache, dass unsere Erfahrung spürbar und voller Bewusstsein sein kann, dass wir einen unmittelbaren Kontakt und eine Berührung mit dem haben können, was passiert.

Lassen Sie uns daher noch einmal anschauen, wie wir uns auf ein klares Verständnis unserer Erfahrung und dem, wer und was wir wirklich sind, zubewegen.

- Wenn wir ein Ereignis oder eine Interaktion erleben, reagieren wir im Allgemeinen auf das, was wir dabei erfahren (sekundäre Manifestation). Das schließt das Urteilen, den Widerstand, das Leugnen, die Manipulation und so weiter ein.
- Wenn wir diese Einmischung stoppen können, werden wir uns dessen bewusster, was tatsächlich hochkommt (die primäre Manifestation), und wir fangen an, es zu verstehen. Wir erkennen, dass es sich nicht um eine vollständige, unmittelbare Erfahrung des Jetzt handelt. Wir erkennen, dass unsere Erfahrung von unzähligen Schichten von Schleiern überlagert wird, die sie nicht ganz spürbar, nicht ganz lebendig, nicht unmittelbar machen.
- Wir glauben zwar, dort zu sein, wo wir sind, aber tatsächlich sind wir mit einer inneren Aktivität beschäftigt, die zunächst nicht offensichtlich ist. Wir sind unbewusst abgespalten, von unserem Sein dissoziiert, oder wir haben vielleicht ein Gefühl von Getrenntheit, spüren aber gleichzeitig, dass wir dem Zustand ausgesetzt sind.

- Wenn wir einfach nur mit unserer Erfahrung verweilen und sie nicht bekämpfen, beginnt sie, sich zu offenbaren, und wir fangen an zu erkennen, wie unser Geist sich in unsere momentane Erfahrung einmischt.
- Wenn wir erkennen, wie unsere Überzeugungen und Vorstellungen darin eingeschlossen sind, beginnen wir, auch die geistige Qualität unserer Erfahrung zu sehen, ihre Leere und ihren Mangel an Realität.
- Wir überlagern den Moment mit dem, wovon wir glauben, dass wir es sind. Mit anderen Worten: Wenn irgendetwas passiert, reagieren wir auf der Basis einer bestimmten Projektion aus der Vergangenheit auf eine spezielleWeise, die uns in diesem Moment zu einer bestimmten Art von Person werden lässt.
- In dem Moment, in dem größere Klarheit, größeres Verständnis und größere Bewusstheit von Präsenz erscheinen, beginnen wir zu erkennen, dass wir noch nicht wir selbst sind, wenn wir denken, dass wir dort sind, wo wir sind. Wir fangen an zu verstehen, dass wir mit einer Projektion beschäftigt sind, einer Projektion unseres Geistes auf den Moment.
- Wir beginnen, die inneren Aktivitäten der Einmischung in die primäre Manifestation genauer zu erkennen, an die wir uns gewöhnt haben und von denen wir geglaubt haben, sie wären der wirkliche Inhalt des Moments. Wir werden uns unserer Selbstbilder, unserer Identitäten, unserer Ego-Strukturen, der Programme unserer persönlichen Geschichte und unserer Projektionen bewusst. All dies sind Einmischungen.
- Wenn wir langsam verstehen, was passiert – indem wir erkennen, dass der Inhalt der Erfahrung eine Projektion und ein Standpunkt ist, den wir in diesem Moment einnehmen –, transformiert das Licht des Bewusstseins unsere Erfahrung in die tatsächliche

Realität dieses Moments. Gleichzeitig wird es uns in das transformieren, was wir wirklich sind, und nicht in das, von dem wir glauben, es zu sein.

Den Mangel an Unmittelbarkeit offenlegen

Wenn wir diese Themen durcharbeiten, wird klar, dass unsere Unwissenheit sich weiterhin fortsetzt, weil wir nicht wissen, wer wir sind. Wie verstehen wir also diese Art innerer Aktivität, die uns davon abhält, wirklich wir selbst zu sein, und wie arbeiten wir mit ihr?

Diese Aktivität ist sehr schwer zu erkennen, denn wie wir vorhin bereits gesagt haben, ist sie unterschwellig und meist unbewusst. Eine traditionelle Methode, die wir benutzen, besteht darin, zu meditieren, was bedeutet, sich nicht absichtlich mit irgendwelchen inneren Aktivitäten zu beschäftigen. Der Geist wird sich schließlich irgendwann beruhigen, die Aufregung wird sich legen, und dieses Niederlassen, diese Stille, wird mehr Unmittelbarkeit in unsere Erfahrung hereinbringen. Der Grund dafür ist, dass wir uns in der Meditation nicht durch die geistigen Prozesse des Denkens, Reagierens und der inneren Aufgeregtheit vom gegenwärtigen Moment abspalten.

Was Ihre primäre Praxis, dort zu sein, wo Sie sind, und die Untersuchung Ihrer Erfahrung betrifft, so werden Sie herausfinden, dass Sie am besten mit der Unmittelbarkeit Ihrer Erfahrung arbeiten und dadurch eine Qualität des Gewahrseins und des Bewusstseins in sie hereintragen werden, die ihre Wahrheit erkennen kann. Sie beschäftigen sich mit Ihrer Erfahrung, Sie untersuchen sie: Was ist das? Was ist sein Wesen? Was macht es in jedem Moment so besonders?

Wir sehen unsere Gedanken, unsere Gefühle und den Inhalt unserer Bilder und Projektionen und können durch Gegenüberstellung und durch wissenschaftliches vergleichendes Urteilen die Verbindung zwischen diesen Elementen und dem, was wir in der Vergangenheit erlebt haben, erkennen. Sie könnten möglicherweise realisieren: „Oh, ich fühle mich jetzt genau so wie damals, als meine Mutter mir sagte, ich wäre dumm!"

Wenn wir diese Verbindung ziehen, erkennen wir, dass es etwas Gemeinsames in all unseren Erfahrungen gibt: Sie sind nicht wirklich im Moment, sie sind von unserer Vergangenheit gefärbt. Wir können den Schleier und die Verpackung sehen, in die unser Bewusstsein sich eingehüllt hat und die zu einer Einmischung geworden sind. Wir erkennen, dass die Dynamik unseres Seins nicht komplett frei ist; es fehlt die totale Offenheit, die die Erfahrung dazu einlädt, frisch zu erscheinen, genau so, wie sie ist. Wir spüren, dass unsere Erfahrung von alten, muffigen Schleiern überlagert wird, die eine Dumpfheit und eine Dunkelheit erzeugen.

In unserer gewöhnlichen Erfahrung sprechen wir oft davon, hier zu sein. Und natürlich *sind* wir auch auf irgendeine Art und Weise hier. Aber was bedeutet es auf der ersten Stufe der Selbsterkenntnis, hier zu sein, wenn es kein direktes Gefühl für die essenzielle Präsenz gibt? Es bedeutet nichts anderes, als dass ich das fühle, was ich fühle, und offenkundig nicht versuche, es zu verändern. Aber *ich* bin noch gar nicht da! Wie kann ich da sein, wenn nur eine Vorstellung von mir da ist? Ich kann nur versuchen, mir dessen bewusst zu sein, was geschieht, es zu fühlen, es zu erkennen und es nicht zu bekämpfen.

Wenn ich indes wirklich lerne, es nicht zu bekämpfen, beginnt meine Erfahrung mir zu offenbaren, dass ich *nicht* hier bin, nicht wirklich präsent bin. Es ist wahr, dass ich es nicht bekämpfe, ich bin mir seiner bewusst, ich versuche nicht zu fliehen. Ich bin also vielleicht nicht wirklich mit meiner Aufmerksamkeit woanders, aber ich bin auch nicht richtig hier. Ich bin noch nicht wirklich in der Wahrheit dessen gelandet, was hier ist, der Wahrheit des Jetzt. Ich schwebe nur über der Erfahrung. Ich bin irgendwo in meinem Geist, in einer geistigen Realität.

Unsere Erfahrung vergegenständlichen

Wenn wir den geistigen Inhalt unserer Erfahrung untersuchen, erkennen wir langsam, dass unsere Erfahrung aus Bildern, Reaktionen und Projektionen zusammengesetzt ist, die alle Wissen in unserem Geist sind. Eine einfachere aber gleichzeitig auch tiefgründige Art, dies auszudrücken, ist, zu sagen, dass unsere Erfahrung zum größten Teil aus Vergegenständlichung besteht. Eine Vergegenständlichung bezieht sich auf etwas, das wir erfahren oder worüber wir nachgedacht haben und das zu einem Objekt in unserem Geist, zu einem geistigen Gebilde geworden ist.

So ist zum Beispiel das Bild unseres Körpers, auf das wir uns verlassen, um uns zu erfahren, eine Vergegenständlichung des Körpers. Wenn Sie jemanden vorbeigehen sehen, den Sie kennen, sehen Sie ihn als eine besondere materielle Zeit-Raum-Entität, die durch ein bestimmtes Etikett identifiziert wird, das wir Namen nennen. Das ist eine Vergegenständlichung – eine eingekapselte Vorstellung von einer Person. Aber eine Person ist keine Zeit-Raum-Entität. Er oder sie ist eine Manifestation, eine Form, die die Realität annimmt, die wir zum ersten Mal zu einem speziellen Zeitpunkt erfahren. Unser Geist erinnert sich an diesen Ausdruck, abstrahiert ihn aus der Einheit des Seins, von der er untrennbar ist, und macht ihn zu einem Objekt, indem er ihn verpackt und ihm ein Etikett aufdrückt.

Stellen Sie sich vor, Sie nehmen eine Mahlzeit ein und heben Ihren Löffel an. Was ist dieser Löffel? Der Löffel, den Sie erleben, ist nicht der wirkliche Löffel. Was Sie erfahren, ist die Vergegenständlichung des Löffels – also etwas, mit dem Ihr Geist die Situation überlagert. Sie erschaffen geistig ein Objekt, das Sie Löffel nennen, und projizieren es auf die Form, die die Realität im Jetzt einnimmt. Wenn Sie diese Form ohne die Vergegenständlichung sehen könnten, ohne diesen geistigen Vorgang, würden Sie sie als eine Präsenz erkennen, die an dieser Stelle eine bestimmte Gestalt und Farbe annimmt.

Damit will ich nicht sagen, dass es an dem Löffel nichts Reales gibt. Offensichtlich stellt es etwas in Ihrer Hand dar, das Sie benutzen, um Essen in Ihren Mund zu befördern. Aber wenn Sie den Löffel ohne irgendeinen geistigen Vorgang sehen, wird es mehr wie die Erscheinung eines Löffels sein, das Hologramm eines Löffels. Tatsächlich werden Sie ihn ohne Vergegenständlichung als Licht erkennen. Er ist eine Form aus Licht mit Schatten und Farben, die ihrer vertrauten Identität als dem geistigen Abbild eines Löffels beraubt wurde. Und es ist die geistige Vorstellung dieses Löffels, die es für das Auge undurchlässig und fest macht. Ohne diese Vergegenständlichungen oder geistigen Bilder würde alles um Sie herum nur ein riesiges Feld aus Licht sein, das die Form von Hologrammen annimmt. Aber aufgrund unserer Vergegenständlichungen sehen wir das Licht selbst nicht; wir sehen nur die Farbe und die Form, die es annimmt und die wir dann als dieses oder jenes Objekt bezeichnen. Dieses geistige Objekt ist eine Eintrübung, die uns vom Kontakt mit dem Lichtfeld abschneidet.

Wenn wir das Beispiel des Löffels auf unsere restliche Erfahrung ausweiten, können wir sehen, wie unser angelerntes Wissen uns daran hindert, wir selbst zu sein. Unsere gesamte Erfahrung setzt sich aus Vergegenständlichungen zusammen – aus abstrakten Konzepten und Eindrücken, die geistig erzeugte Objekte geworden sind. Wir fahren damit fort, unserer Erfahrung unseren Glauben an diese Entitäten aufzuzwingen. Auf diese Weise mischen wir uns in den Moment ein und tun so, als wären diese Entitäten wahr, obwohl es in Wirklichkeit unser Geist ist, der sie zu Entitäten gemacht hat.

Dieser Prozess der Vergegenständlichung unserer Erfahrung passiert konstant die ganze Zeit über, und wir überlagern die Gegenwart andauernd mit alten Vergegenständlichungen aus der Vergangenheit. Wir sehen das Jetzt nicht, sondern erfahren stattdessen einen objektivierten Moment, was bedeutet, dass wir das Jetzt mit vorher geschaffenen Vergegenständlichungen überlagern – Bilder, Darstellungen und geistige Konstrukte von dem, was wir für das Selbst halten, andere Leute und verschiedene Objekte.

Weil wir den Moment ganz fest mit diesen Konstrukten umwickeln, ist die Dynamik des Seins nicht frei, sich selbst in uns zu manifestieren. Unser Sein wird daher immer mehr verengt und dahin gelenkt, sich durch die eine oder andere Verpackung, die speziell zu uns gehört, zu manifestieren. Diese Vergegenständlichung der Erfahrung, des Bewusstseins, des jetzigen Moments, hält uns davon ab, wir selbst zu sein. Wir fühlen nicht, dass wir wirklich da sind. Es ist so, als wären wir nicht gelandet. Wir empfinden uns so, weil es eine Trennung gibt – eine Distanz zwischen unserem wahren Seinszustand und dem, was wir erfahren –, die durch den Geist geschaffen wird, der Schicht auf Schicht dieser Hüllen dazwischen legt.

In den vorherigen Kapiteln haben wir gelernt, dass es bei unserer Praxis darum geht, die Wahrheit in Bezug auf das, was in jedem Moment in unserer Erfahrung geschieht, zu sehen. Es geht darum, zu erkennen, was sie ist, und sie zu verstehen. Jetzt, da Sie ein bisschen besser verstehen, wie die Vergegenständlichung operiert, können Sie wertschätzen, wie wichtig es ist, dass wir uns durch diesen Prozess hindurch fühlen und uns ihm empirisch annähern. Wenn wir nämlich nur geistig mit ihm arbeiten, agieren wir immer noch innerhalb unserer Vergegenständlichungen und werden von ihnen gefangen. Deshalb ist es auch für den denkenden Geist allein nicht möglich, die Vergegenständlichung aufzulösen, obwohl das einige postmoderne Philosophen behaupten.

Im Gegensatz dazu fordert das Beobachten unserer Erfahrung mit Gewahrsein und Präsenz die Vergegenständlichungen heraus, indem es sie *als* Vergegenständlichungen enthüllt. Es ist unser Glaube an sie, der sie an ihrem Platz hält. Wir klammern uns an ihnen fest, wir erhalten sie dadurch, dass wir sie für wirklich halten. Aber wenn wir sie einmal als geistige Konstrukte erkannt haben, werden sie transparent, und das macht es uns möglich, ihnen nicht mehr zu folgen.

Hier ist es wichtig, sich daran zu erinnern, dass, egal welche Konstrukte wir auch identifizieren mögen, wir sie nicht als Feind betrachten und abweisen sollten. Genau wie bei jedem anderen Teil unserer Praxis sind wir aufgerufen, unsere geistigen Vorgänge zu verstehen und unseren Mangel an Unmittelbarkeit und die Vergegenständlichungen, die ihn erschaffen, zu erkennen. Das geschieht einfach dadurch, dass wir präsent und uns dessen gewahr sind, was passiert und es erforschen. Selbst wenn wir erkennen, wie wir unsere Unmittelbarkeit beschränken, müssen wir nicht in die Urteilsfalle gehen.

Wenn wir diese Dinge als das erkennen, was sie sind, beginnen die Hindernisse, die Schichten, sich aufzulösen, und wir fangen an, uns selbst geerdeter und präsenter zu fühlen. Wenn sie sich auflösen, offenbaren sie die Wahre Natur des Moments und wir fühlen eine wesentlich stärkere Unmittelbarkeit in unserer Erfahrung.

Schließlich erkennen wir, dass Unmittelbarkeit in Wirklichkeit Präsenz bedeutet. Das heißt, wenn unsere Erfahrung tatsächlich direkt wird – ohne die Zwischenschaltung irgendwelcher geistiger Konstrukte –, sind wir hier, wirklich im Jetzt, vollständig in unserer Erfahrung. Derart in unserer Erfahrung zu sein, ist das, was wir Präsenz nennen, und das meinen wir auch, wenn wir darüber sprechen, wirklich wir selbst zu sein. Wir erkennen, dass „hier zu sein" bedeutet: „Ich bin tatsächlich die Präsenz, die ich bin. Ich bin genau in diesem Moment hier, und meine Erfahrung ist kein geistiges Konstrukt, das ich aus meiner Vergangenheit ausgebuddelt habe. Ich bin einfach nur, was ich bin, in meiner Tatsächlichkeit, und ich erfahre diesen Moment komplett, direkt, ohne irgendwelches Einmischen. Ich bin das Gewahrsein, das Bewusstsein selbst, das präsent ist, das in diesem Moment existiert, und ich erlebe mich als diese Existenz selbst."

Später, wenn uns die Konstrukte, mit denen unser Geist den Moment überlagert hat, nicht länger bestimmen und einengen – wenn wir uns endlich unmittelbar erleben und sein lassen können –, erkennen wir, was es bedeutet, nicht innerlich zu agieren, weder in Bezug auf uns noch auf unsere Erfahrung. Denn „nicht innerlich agieren" und „wir selbst zu sein" erweisen sich als genau dasselbe: die Einfachheit dessen, nur hier zu sein.

Dann erscheint die Erkenntnis: „Ich bin nicht nur frei, einfach zu sein, frei, nicht zu handeln, ich bin auch das Medium, das sich seiner gewahr ist, das bewusste Medium selbst." Die Tatsache und die Erkenntnis der Tatsache ist das, was es uns ermöglicht, wirklich dort zu sein, wo wir sind – was sich als das herausstellt, *was* wir sind.

Wir verstehen dann auch, was Unmittelbarkeit ist. Das heißt, wir erfahren die Dinge direkt. Aber wir erkennen ebenfalls, dass wir uns selbst in dieser Unmittelbarkeit erfahren. Wir erleben nicht nur den Inhalt der Erfahrung, wir erleben ebenso unsere Bewusstheit.

Wenn ich daher in einem Moment meine Trauer erlebe und mich dem direkt und vollkommen widme, erkenne ich, dass ich diese Präsenz, diese Fülle, dieses Gewahrsein, dieses Leuchten bin, die an irgendeinem inneren Punkt von der Trauer durchdrungen werden. Ich bin dieses selbstexistente Gewahrsein, das sich der Trauer gewahr ist.

Und wir erkennen, dass dieses selbstexistente Gewahrsein jetzt das Primäre ist, was in unserer Erfahrung erscheint. Es ist eine tatsächliche, wahre Manifestation der Realität in diesem Moment. Alles andere – einschließlich unserer Gefühle – ist sekundär und verändert sich dauernd.

Im weiteren Verlauf, wenn unsere Erfahrung wirklich unmittelbar in dem Sinne ist, dass Erlebender und Erlebnis in totalem Kontakt sind, ohne Distanz zwischen ihnen, werden sie eins, und wir erfahren diese Einheit als das, was wir sind: „Ich bin einfach nur hier, ich bin einfach nur das, was ich bin.“ Aber das bedeutet tatsächlich, dass das Ich, das existiert – das hier ist, das das ist, was ich bin –, keine Vorstellung, kein Konstrukt im Geist ist; es ist genau das Gewahrsein, die Präsenz, das greifbare Bewusstsein, das aus dem Leuchten, aus der Klarheit des Seins gemacht wurde.

Das ist ein noch tieferes Verständnis, als wir es vorher erreicht haben in Bezug auf das, was es bedeutet, dort zu sein, wo wir sind. Jetzt können wir die Verbindung zwischen dem Ort, an dem wir sind, und dem Wir-selbst-Sein – wirklich sein – besser verstehen. Wir können erkennen, dass „wo ich bin“ bedeutet, dass ich – mein wahres Selbst, meine Bewusstheit, meine Präsenz, meine eigentliche Existenz, das, was in diesem Moment *ist* – mir dessen bewusst und dass ich gleichzeitig auch das Bewusstsein all der Einzelheiten bin, die im Kontext meiner Erfahrung erscheinen. Ich bin mir all dessen unmittelbar bewusst, mit einem Gewahrsein, das es ganz durchdringt.

Das heißt, zu Beginn unserer Praxis erscheint uns die Unmittelbarkeit vielleicht nur als unser inneres Erleben, aber schließlich wird jede Erfahrung unmittelbar. Immer, wenn wir etwas erleben, erleben wir die eigentliche Substanz dieses Etwas, weil wir dieselbe Substanz *sind.* Jetzt können wir auch besser verstehen, wie „dort zu sein, wo wir sind“ nur durch die Aktivität des Geistes von dem getrennt ist, „was wir sind“. Wir sind in Wahrheit das, was wir erfahren.

Übung

Die Erweiterung oder Begrenzung der Unmittelbarkeit der Erfahrung beobachten

Bei dieser Übung können Sie sich anschauen, wie Sie auf andere Leute, mit denen Sie in Beziehung stehen, reagieren, indem Sie Ihre innere Erfahrung untersuchen, wenn Sie nicht mit jemandem interagieren oder beides. Nehmen Sie sich Zeit, um über folgende Fragen nachzudenken:

Was macht Ihre Erfahrung unmittelbarer?

Auf welche Art und Weise beschränken Sie die Unmittelbarkeit Ihrer Erfahrung?

Was veranlasst Sie dazu, die Unmittelbarkeit Ihrer Erfahrung zu begrenzen?

Was ist zutreffend bezüglich der Begrenzung der Unmittelbarkeit Ihrer Erfahrung? Das bedeutet, welchen Nutzen glauben Sie davon zu haben? Wenn Sie diese Frage erforschen, wenden Sie sich an Ihr Unbewusstes, nicht an Ihren logischen Geist.

Wie beschränken Sie die Unmittelbarkeit Ihrer Erfahrung jetzt in diesem Moment?

12.
Die Falle der Identifikation

Im vorhergehenden Kapitel haben wir gesehen, dass unser gesamtes gewöhnliches Wissen auf dem subtilen geistigen Vorgang basiert, den wir Vergegenständlichung nennen: eine Erfahrung, eine Wahrnehmung, einen Eindruck oder ein Konzept zu nehmen und es zu vergegenständlichen, zu speichern und es dann in verschiedenen Situationen als Linse oder Filter für unsere Erfahrung zu benutzen. Wir haben gelernt, dass unsere gewöhnliche Erfahrung durch diese Aktivität des Geistes vermittelt wird, der permanent unsere Wahrnehmung filtert und unsere Erfahrung gemäß unserem angesammelten Wissen und unserer Geschichte strukturiert. In diesem Kapitel werden wir einen weiteren Schritt nach vorn machen, um noch besser verstehen zu können, wie dieser Prozess funktioniert.

Damit unser vergegenständlichtes Wissen – unsere angelernte Unwissenheit – unsere primäre Erfahrung oder unsere sekundäre Reaktion darauf gestalten kann, muss ein spezieller geistiger Prozess in Gang gesetzt werden. Ausgehend von unserer Perspektive, zu lernen, wer wir sind und wo wir sind, werden wir nun damit fortfahren, zu erforschen, wie dieser Prozess aussieht.

Identifikation ist das Hindernis

Die Tatsache, dass wir in unserem Geist Vergegenständlichungen haben, hindert uns nicht per se daran, hier zu sein, wo wir sind. Unsere Reaktionen, unsere Assoziationen oder sogar unsere Abwehr eines Gefühls oder einer Erfahrung hindern uns in sich nicht daran, dass wir wir selbst sein können. Wir müssen unsere Vergegenständlichungen auf eine besondere Art und Weise einsetzen, damit sie zu Hindernissen werden. Ein Beispiel aus dem täglichen Leben wird Ihnen zeigen, warum das so ist.

Stellen Sie sich vor, sie sind auf einer Party mit Ihrem Mann oder Ihrer Frau und Sie bemerken aus den Augenwinkeln, dass am anderen Ende des Raums jemand mit Ihrem Partner flirtet. Ihr Partner findet langsam Gefallen an dieser Person und genießt ganz offensichtlich die Aufmerksamkeit. Er oder sie lacht und verhält sich auf eine Weise, wie es zwischen Ihnen nicht mehr der Fall ist. Sie bemerken an sich selbst eine Reaktion, die wir Eifersucht nennen.

Normalerweise werden Menschen von der Erfahrung der Eifersucht vollkommen überwältigt, aber es ist tatsächlich auch möglich, dass die Eifersucht aufsteigt, ohne dass sie Sie auf eine Weise beeinflusst, ohne dass Sie geködert werden. Wenn Sie aufmerksam sind, werden Sie sehen, dass Eifersucht als ein Bild erscheinen kann, als ein Gedanke, als ein Gefühl oder als eine ganz bestimmte physiologische Reaktion im Körper. Daher könnten Sie die Eifersucht auch als nur das Aufkommen eines speziellen Zustands erfahren, den Sie erleben. Man kann jeder beliebigen Manifestation von Eifersucht gewahr sein und entscheiden, sie voll zu erleben und Ihrem Gewahrsein zu erlauben, sie transparent zu machen. Wenn Sie gegenüber dem Gewahrsein, das Sie durchdringt, präsent sein könnten, würde die Eifersucht sich ganz von selbst transformieren, auf natürliche und spontane Art und Weise, um ihr unterschwelliges Wesen zu enthüllen.

Aber normalerweise enden diese Erfahrungen stets auf eine Weise, die uns in die Falle lockt; wir sind nicht aufgrund des Gefühls selbst gefangen, sondern aufgrund der Art, wie wir darauf reagieren. Wir erfahren Eifersucht nicht nur, wir vergraben uns darin. Wir definieren uns durch sie: „Ich bin ein eifersüchtiger Mensch. Ich weiß genau, dass ich das bin." Manchmal erkennen wir, dass die Eifersucht uns kontrolliert und unsere Gefühle und Taten bestimmt, und zu anderen Zeiten werden wir so sehr davon überwältigt, dass wir nicht einmal wissen, dass wir eifersüchtig sind. Wir drücken es nur in unserem Verhalten, in unseren Worten und Taten aus.

Das nennen wir *Identifikation.* Es geht nicht nur darum, dass Eifersucht auftaucht, sondern darum, dass wir uns mit diesem Zustand der Eifersucht *identifizieren*. Das Gefühl ist tatsächlich nur eine vorübergehende Welle, aber das sehen wir nicht. Wir sehen nicht, dass wir etwas Größeres sind, das das Gefühl enthält, dass das Gefühl selbst viel kleiner als wir ist und uns nicht bestimmt. Wenn wir nicht identifiziert wären, könnten wir unser eifersüchtiges Gefühl als etwas erkennen, das in unser Bewusstsein hinein- und auch wieder herausfließt. Aber wenn wir uns in der Welle befinden und von ihr bestimmt werden, vergessen wir den Ozean, wir vergessen sogar das Wasser. Daher ist es auch dieser Prozess der Identifikation, der notwendig ist, damit irgendein Stück alten Wissens – irgendwelche Vergegenständlichungen – zum Hindernis werden kann.

Natürlich sind viele geistige Prozesse in diese Identifikation involviert, einschließlich Erinnern, Integrieren, Vergleichen, Projizieren, Verkörpern, Vergegenständlichen und so weiter, aber normalerweise bezieht man sich auf sie nur unter einer einzigen Überschrift – Identifikation.

Alle Ego-Erfahrungen sind Identifikation

Es sind nicht nur problematische oder bedrückende Gefühle, die dazu tendieren, uns in die Identifikation hereinzuziehen. Alle Ego-Erfahrungen schließen Identifikation mit ein; wir identifizieren uns ständig mit dem einen oder anderen Inhalt. Daher sollten wir auch als Erstes feststellen, dass wir uns mit fast allem identifizieren können. Das kann eine Ego-Struktur oder ein Selbstbild sein, eine Projektion oder eine spezielle Emotion, gewohnheitsmäßige Gefühle oder Gedanken, eine Sehnsucht oder eine Anhaftung, ein Plan, eine Vorstellung oder ein Ideal. Es kann ein großes Ding, ein kleines Ding, ein geistiger Vorgang oder etwas Konkretes sein. Die Identifikation kann eine grobe, offensichtliche Falle sein, oder sie kann sehr subtil sein und sich im Hintergrund halten. Unsere Identifikation kann auf der Vergangenheit beruhen, man kann sich aber auch mit der gegenwärtigen Erfahrung identifizieren.

Weil Identifikation so tiefgreifend ist, wollen wir diese subtile Aktivität, mit der wir permanent beschäftigt sind, besser verstehen. Wir wollen mehr über diese Gewohnheit wissen, die uns in einer begrenzten, vorübergehenden Manifestation gefangen hält, während in Wahrheit unser ursprüngliches Wesen – unsere wahre Identität – vollkommen frei und unglaublich weit ist. Deshalb wollen wir uns zu Anfang einmal die Definition des Begriffs *Identifikation* anschauen.

Identifikation als gegenwärtige Aktivität

In der psychologischen Fachliteratur versteht man unter „Identifikation" die Verwendung eines Bildes, eines Ausdrucks oder einer Vorstellung, durch die wir unsere Wahrnehmung desjenigen, der wir sind, oder unser Gefühl für die Realität definieren. Mit anderen Worten, wir nehmen ein Bild, einen Ausdruck oder ein Stück Wissen und machen daraus einen festen Baustein für unser Gefühl von uns selbst. Das ist ein Teil des Prozesses der Entwicklung des Egos. Wir internalisieren Eindrücke, stabilisieren sie innerhalb des Geistes und benutzen sie dann, um zu definieren, wer wir sind und was die Welt ist.

Die Art, wie wir das Wort „Identifikation" in unserer Arbeit verwenden, schließt diese psychodynamische Bedeutung mit ein, die die Identifikation vor allem als historischen Prozess betrachtet. Aber sie schließt ebenfalls gegenwärtige Aktivität mit ein: die Handlung des Identifizierens in diesem Moment. So identifizieren wir uns vielleicht mit einer speziellen Struktur, die von unserem Ego in der Vergangenheit gebildet wurde und unbewusst geblieben ist, wie „Ich bin eine starke Frau" oder „Ich bin ein dummes Kind". Wir identifizieren uns damit. Das bedeutet, wir glauben, dass es wahr ist: „Das bin ich." Mit dieser Identifikation leben wir von Moment zu Moment, selbst wenn wir uns den Satz nicht dauernd vorsagen.

Identifikation mit dem Körper

Wenn wir uns dieser Definition bewusst sind, können wir erkennen, dass ein noch durchdringenderes, wenn auch subtileres Beispiel für Identifikation mit unserem Körper zu tun hat. Wir wissen, dass wir uns normalerweise mit unserem Körper identifizieren, wir halten unseren Körper für das, was wir sind, – er ist unsere Identität, unser eigenes Selbst. Wir erfahren den Körper nicht nur, wir sind uns nicht nur des Körpers bewusst, sondern wir benutzen ihn auch, um uns zu definieren. Tatsächlich ist es schwer, darüber nachzudenken, wie wir uns als diejenigen identifizieren, die wir sind, ohne wenigstens unbewusst unsere Erfahrung als Körper mit einzubeziehen.

Wir tun so, als wären wir der Körper, deshalb vollzieht sich unsere Identifikation mit ihm auch andauernd, fast die ganze Zeit über. Der

Körper findet in diesem Moment statt, er ist nicht nur eine Erinnerung und er ist nicht statisch. Aber wir identifizieren uns damit, als wäre er etwas Festes. Das heißt, womit wir uns wirklich identifizieren, ist ein Körperbild – das Bild unseres Körpers, das wir in unserem Geist konstruiert haben. Das ist etwas aus der Vergangenheit, an das wir uns erinnern und das in jedem Moment zum Tragen kommt. Wir spüren unseren Körper tatsächlich gemäß diesem Bild. Aber selbst wenn wir unseren Körper in seiner Unmittelbarkeit in diesem Moment spüren könnten, könnten wir uns auch damit identifizieren und unser Gefühl von dem, wer wir sind, allein auf diese Erfahrung beschränken.

Um Identifikation noch besser zu verstehen, sollten wir einmal der Art, wie wir unseren Körper fühlen, die Art, was wir uns in Bezug auf unsere Kleidung fühlen, entgegensetzen. Wir hängen vielleicht an manchen Kleidungsstücken, aber wir identifizieren uns nicht mit ihnen. Der Grund dafür ist, dass wir sie viele Male wechseln, sie werden alt und abgetragen oder wir haben sie einfach über, deshalb geben oder werfen wir sie weg und kaufen uns neue. Sie definieren uns nicht. Aber mein Körper ist nicht etwas, das ich gegen eine neue Version eintauschen würde, – auch wenn manche Leute einen geklonten Körper haben wollen und wenn immer mehr Menschen viel Geld für kosmetische Chirurgie ausgeben, um das Aussehen verschiedener Teile ihres Körpers zu verändern. Allein die Tatsache, dass Menschen gewillt sind, so viel Geld auszugeben, um ihren Körper zu verändern, ist bereits ein Hinweis auf das Maß, wie sehr sie sich mit ihm identifizieren.

Deshalb identifizieren wir uns auch in der Regel am stärksten und tiefsten mit unserem Körper und nicht mit unseren Kleidern. Das bedeutet nicht, dass wir uns nie mit unseren Kleidungsstücken identifizieren. Wir hängen vielleicht an einem bestimmten Kleid oder einem Anzug, aber die Identifikation mit unseren Kleidern bezieht sich normalerweise eher auf einen Kleidungsstil als auf ein bestimmtes Kleidungsstück. In diesem Sinne definiert sie Ihr Stil. So trägt eine Frau vielleicht sehr gern alte, weite Kleider. Wenn ihre Freundin dann sagt: „Warum trägst du nicht etwas Modischeres, das dir besser passt?“, wird sie das nicht tun, weil es nicht zu ihrer Selbstidentität passt. Sie ist mit ihrem lässigen, weiten Kleidungsstil identifiziert. Andere Leute müssen immer die neueste Mode tragen – das ist Teil ihrer Identität –, während andere sich gern demonstrativ exzentrisch kleiden, wodurch sie sich einzigartig fühlen.

Stellen wir uns einmal vor, diese exzentrische Person würde an einem bestimmten Kleidungsstück hängen. Wenn sie es verlieren oder wenn es in der Reinigung ruiniert würde, würde sie sich sehr aufregen. Sie würde ihr Lieblingsstück nicht weggeben und sie würde es sehr wahrscheinlich auch nicht ausleihen wollen. Das hat mehr mit Anhaftung als mit Identifikation zu tun.

Obwohl Anhaftung und Identifikation normalerweise nicht dasselbe sind, können sie sich überlappen. Der Grund dafür ist, dass Identifikation sowohl eine Art ist, uns zu definieren, als auch eine Art, wie wir emotional und energetisch in etwas investieren. Die zweite Form der Identifikation liegt sehr nahe an der Bedeutung von Anhaftung. Deshalb können wir erkennen, dass manche Anhaftungen dasselbe sind wie Identifikation. Beispielweise haften wir zwar an unserem Körper an, sind aber auch mit ihm identifiziert. Wir wollen ihn ganz bestimmt nicht aufgeben – teilweise deshalb, weil wir bereits so viel von unserem Leben in ihn investiert haben, doch auch weil wir glauben, dass er tatsächlich das ist, was wir sind.

Identifikation mit den Emotionen

Dieselbe Form starker Identifikation können wir mit einer Emotion spüren. Wie wir früher bereits festgestellt haben, hängt der Unterschied zwischen identifizieren und nicht identifizieren von unserer Reaktion auf den Inhalt ab, der dabei aufsteigt, nicht vom Inhalt selbst. Wenn ich also wütend bin, kann ich mit der Wut identifiziert sein, was bedeutet: „Ich will wütend sein. Ich muss wütend sein. Ich werde weiterhin wütend sein. Ich kann begründen, warum ich wütend bin. Ich habe alles Recht, wütend zu sein." Wenn ich nicht mit der Wut identifiziert bin, kann ich sagen: „Okay, ich bin also wütend, das passiert gerade. Na und? Ich werde oft wütend, es kommt und es geht." Demzufolge können wir jetzt die grundsätzlichen Prinzipien der Identifikation erkennen:

- Sich zu identifizieren bedeutet, dass wir uns selbst über etwas definieren: Wer wir zu sein glauben, ist nicht getrennt von diesem bestimmten Ausdruck oder dieser Manifestation.
- Sich zu identifizieren kann auch bedeuten, dass wir emotional und energetisch in diesem Ausdruck gefangen sind.
- Es ist unsere Beziehung zu dem, was erscheint, das bestimmt, ob Identifikation geschieht oder nicht und welche Form sie annimmt.

Sich mit dem gegenwärtigen Moment identifizieren

Identifikation geschieht am häufigsten in Verbindung mit Ereignissen, Strukturen, Bildern und Überzeugungen aus der Vergangenheit, aber wir können uns auch mit gegenwärtigen Manifestationen identifizieren, die keine Vergegenständlichungen sind. Nehmen wir an, Sie erleben Ihre Wahre Natur und fühlen die Präsenz ihrer Klarheit und Helligkeit. Diese raumgreifende, klare Präsenz einfach nur zu *sein,* ist nicht dasselbe, wie sich damit zu *identifizieren*. Der Grund dafür ist, dass kein geistiger Vorgang notwendig ist, damit Sie Ihre Wahre Natur sein können; es gibt nur die Erkenntnis: „Das ist es, was ich in diesem Moment bin." Jetzt könnten Sie sich mit dieser Präsenz identifizieren, sobald Sie sie erkannt haben, aber die Identifikation fügt immer etwas hinzu. Der Geist kommt, hält an der Erfahrung fest und bleibt in ihr hängen. Der Geist will sie festhalten, will sie benutzen, um zu identifizieren, wer Sie sind.

Das heißt, selbst wenn wir wir selbst sind und die Präsenz unserer Wahren Natur erfahren, ist Identifikation immer noch möglich. Sich mit dieser reinen Präsenz zu identifizieren, impliziert einen Prozess der Vergegenständlichung. Das bedeutet, die Erfahrung wird zu einem „Objekt" gemacht, mit dem man sich auf eine ganz bestimmte Art und Weise identifizieren kann. Unser Geist erkennt die Wahre Natur, aber er hört nicht an dieser Stelle auf. Er will die Wahre Natur in irgendein Paket packen. Dann hängt er sich auf eine bestimmte Art und Weise an die Erfahrung an, die es uns ermöglicht, eine Vorstellung von dem zu entwickeln, wer wir sind.

Daraus können wir erkennen:

- Identifikation schließt immer Vergegenständlichung mit ein.
- Wenn wir unsere Erfahrung nicht vergegenständlichen, kann sich der Geist nicht damit identifizieren.
- Identifikation kann geschehen, wenn der Prozess der Vergegenständlichung das Ergebnis von etwas aus der Vergangenheit ist, oder wenn eine neue Erfahrung im gegenwärtigen Moment geschieht.
- Identifikation geschieht, weil wir glauben, dass wir ein Selbst brauchen und eine Identität für dieses Selbst.

Sie verstehen jetzt, dass, wenn Sie sich mit etwas identifizieren, der Inhalt dieser Erfahrung oder dieses Gefühl Sie überwältigen wird. Aber selbst das zu wissen, reicht nicht, um vollständig zu verstehen, wie Identifikation funktioniert. Sie müssen in der Lage sein, zu unterscheiden, ob Sie auf eine Art und Weise von einer Identifikation überwältigt werden, die Sie bindet oder die Ihnen Freiheit gewährt.

Denken Sie daran, dass Sie auch überwältigt werden, wenn Sie Ihre Wahre Natur sind, – aber Sie werden überwältigt und sind frei. Derjenige, als der Sie sich normalerweise wahrnehmen, existiert nicht länger. Es gibt nur die Wahre Natur. Auf der anderen Seite haftet im Prozess der Identifikation eine Ego-Identität – ein Gefühl für das Selbst – an einer Erfahrung oder an dem Inhalt dieser Erfahrung an. Und die Identifikation erfolgt immer mit einem vergegenständlichten Inhalt.

Das bedeutet jedoch nicht, dass Sie nichts fühlen sollen. Wenn Sie zum Beispiel traurig sind, könnten Sie das Gefühl auch willkommen heißen, anstatt Ihre Erfahrung abzulehnen. Sie könnten die unmittelbare Fülle der Traurigkeit spüren, ohne sich damit zu identifizieren. Das Einzige, was die Traurigkeit komplett durchdringen kann, ist die Präsenz selbst. Wenn wir eine Begrenzung unserer Fähigkeit, das zu tun, sehen, erkennen wir, dass die Präsenz in dieser Situation beschränkt ist.

Identifikation unterstützt falsche Identität

Wenn ich meine Wahre Natur bin, ist das keine Identifikation, es ist einfach nur Sein, was keine Aktivität ist. Das Wort „Sein“ (being) ist im Englischen allerdings ein bisschen verzwickt. Weil das Verb „sein“(to be) heißt, impliziert „ich bin seiend“ (I am being), dass ich etwas tue, ich *tue* sein. Aber das bedeutet dieser Satz nicht. Er bedeutet, dass ich nichts tue, um ich selbst zu sein. Ich bin nur ich selbst. Ich brauche nichts, um das zu sein. Ich *bin* es. Dennoch, wenn ich es bin, gibt es niemanden, kein Ich, das es ist. Es gibt keine Trennung. Ich und es sind eins, es gibt kein Ich, das es für sich beansprucht. Wenn ich daher sage, ich bin Licht, ich bin Präsenz, meine ich damit nicht, dass es ein Ich gibt, das sich mit Licht und Präsenz identifiziert. Es ist nur eine Erkenntnis, ein Wissen, ein Sehen, ein Bewusstsein von dem, was hier ist.

Trotzdem kann der Geist sich plötzlich einschalten und den Inhalt einer solchen Erfahrung vergegenständlichen, indem er ihn als Objekt der Wahrnehmung erkennt, eine Grenze um ihn herumzieht und ihn in diesem Moment benutzt, um ein Gefühl des Selbst zu schaffen. Auf diese Weise hafte ich der Erfahrung an und identifiziere mich mit ihr.

Im Gegensatz zum Sein ist die Identifikation eine Aktivität, ein geistiger Vorgang, den ich vollziehe, um mich mit etwas zu verbinden. Wenn ich mich mit dem identifiziere, was ich bin, muss ich zuerst einmal glauben, dass ich getrennt von dem bin, was ich bin, damit Identifikation geschehen kann.

Daher ist das eine der zentralen Gefahren auf dem spirituellen Weg: Immer, wenn wir etwas Neues erfahren, wollen wir es in eine Schachtel packen. Wir vergegenständlichen es und spalten uns dann davon ab, damit wir uns damit identifizieren können. Manche meiner Schüler fragen mich gelegentlich: „Ich hatte die und die Erfahrung. Was ist das? Wie nennen wir das?" Sie fragen teilweise deshalb, weil sie erkennen wollen, was gerade mit ihnen passiert ist, aber sie fragen auch, damit sie ihrer Erfahrung ein Etikett aufdrücken, sie definieren und festhalten können. Die Vorstellung sieht so aus: „Wenn ich diese wirklich tolle Sache, die mir gerade zugestoßen ist, verpacken kann, kann ich mich damit identifizieren. Ich kann glauben, dass ich das bin, dass es ein Teil von mir ist. Es ist etwas, von dem ich sagen kann, dass ich es habe." Andererseits ist es der Präsenz völlig egal, was sie ist. Sie ist total frei von sich. Sie ist einfach nur sie selbst.

Wir können uns der Tendenz, unsere Erfahrung schockgefrieren zu wollen, um sie zu erkennen, bewusst werden. All diese Schnappschüsse sind die Art, wie wir vergegenständlichen, aber die Wirklichkeit ähnelt mehr einem Film als einem Foto. Wenn du bist, fließt alles.

Wenn du es bist, kannst du es nicht verlieren

Wenn wir identifiziert sind, haben wir nicht das Gefühl, als ob wir selbst das getan hätten; wir fühlen, dass *uns* etwas geschehen ist. Aber tatsächlich ist Identifikation etwas, was wir tun. Es ist möglich, sich dieser subtilen inneren Aktivität und dem, was dahintersteckt, bewusst zu werden. Wenn eine starke Identifikation auftaucht, ist sie fast wie eine Sucht. Sie spüren das Bedürfnis, identifiziert zu sein.

Doch es handelt sich dabei nicht nur um ein Bedürfnis für diese oder jene besondere Identifikation. Sie glauben, Sie brauchen eine Identität. Sie sind danach süchtig, eine Identität zu haben, und es ist sehr schwierig, völlig ohne diese Identifikationen auszukommen, die die Identität permanent erzeugen. Und wir sind mit so vielem gleichzeitig identifiziert. Eine Identifikation fällt weg, und eine andere nimmt ihren Platz ein. Wir werden eine nach der anderen los, aber die Notwendigkeit für eine Selbstidentität bleibt bestehen.

Identifikation kann mit allem stattfinden. Manche Menschen sind mit ihren Jobs identifiziert. Die meisten sind damit identifiziert, ein Mann oder eine Frau zu sein. Wir glauben, dass, wenn wir die Identifikation loswerden, die Realität ebenfalls verschwinden wird. Aber in Wirklichkeit wird das, was real ist – was immer es auch sei –, durch unsere Identifikation mit ihm weder geschaffen noch erhalten.

Wenn wir wir selbst sind, ist darin das Vertrauen, die Sicherheit, die Gewissheit, die leichte, natürliche, entspannte Art des einfachen Da-Seins enthalten. Die Erkenntnis dessen ist die Erleuchtung dessen, wer wir sind. Wenn mir daher total klar ist, dass ich das bin, brauche ich keinen geistigen Vorgang aufzurufen, um das zu etablieren oder zu versuchen, mich daran zu erinnern. Wenn ich wirklich erkenne, dass ich das bin, muss ich mich nicht daran erinnern, dass ich es bin. Wohin auch immer ich gehe, bin ich es. Aber wenn ich mir nicht sicher bin, dass ich es bin, werde ich darum kämpfen, mich daran zu erinnern, wer ich bin.

Wir können es auch anders ausdrücken: Wenn wir diese Sicherheit nicht haben, wenn wir kein Vertrauen in denjenigen haben, der wir sind, dann verdinglichen wir uns, um eine Identität mit uns herumtragen zu können. Und diese Identität werde ich auch anderen gegenüber zur Geltung bringen. Manche Menschen sind damit identifiziert, das Absolute zu sein, und wenn jemand ihnen sagt, dass sie das nicht sind, fühlen sie sich verletzt. „Kannst du nicht sehen, dass ich es bin? Jeder sollte sehen, dass ich das Absolute bin.“ Das kann auch spirituell entwickelten Erwachsenen passieren. Aber es bedeutet, dass es Identifikation gibt. Selbst wenn diese Menschen sich tatsächlich als das Absolute erleben, erschafft die Identifikation eine Lücke. Ich nenne sie die narzisstische Lücke. In dieser Lücke, wo wir es brauchen, als das gesehen zu werden, wer wir sind, sind wir nicht vollkommen wir selbst, wir sind nicht dort, wo wir sind. Wir sind nicht einfach seiend.

Jede Art von Identifikation ist ein geistiger Vorgang, der uns in einer bestimmten Form in die Falle gehen lässt. Manche von uns identifizieren sich mit ihrer Nationalität. Manche identifizieren sich mit ihrer Rasse. Andere sind identifiziert mit ihrer Intelligenz oder mit ihrer Schönheit. Wir wissen, dass viele von uns damit identifiziert sind, ein Kind oder ein missbrauchtes Kind zu sein. Wichtig zu erinnern ist dabei, dass jede Form uns in die Falle gehen lässt, egal, wie hochtrabend sie auch sein mag. Unabhängig von dem, womit wir uns identifizieren, sind wir nicht frei. Ich kann mich selbst als Gott erleben, aber wenn ich damit identifiziert bin, Gott zu sein, bin ich verloren, bin ich nicht frei. Dann muss ich Gott sein, und wer das nicht glaubt, bekommt es mit mir zu tun.

Nichtidentifikation als Teil der spirituellen Praxis

Egal, welche Form die Identifikation annimmt, sie erscheint immer aus der besonderen Verbindung, die wir mit dem Inhalt unserer Erfahrung haben. Wir verleihen diesem speziellen Inhalt auf eine Weise Wichtigkeit, die uns von der Unmittelbarkeit, wir selbst zu sein, abtrennt. Deshalb trainieren auch viele spirituelle Schulen ihre Schüler darauf, die Identifikation zu erkennen und aufzulösen.

Oder, um es genauer zu sagen, sie lehren sie, die Identifikation zu erkennen und nicht auf sie hereinzufallen. Viele Leute glauben, dass Nichtidentifikation eine Aktivität ist: „Ich sehe meine Identifikation, und ich mache etwas mit ihr – ich identifiziere mich nicht. Auf dieselbe Weise, wie ich mich identifizieren kann, kann ich mich auch nicht identifizieren." Aber das ist nicht der Fall. Identifikation ist eine Aktivität, und wahre Nichtidentifikation ist die Abwesenheit dieser Aktivität.

Nichtidentifikation bedeutet, …

- das innere Anhaften meiner Identität oder meines Bewusstseins an einem bestimmten Inhalt zu erkennen,
- dieses Anhaften an einem Inhalt als das zu erkennen, was es ist – eine Identifikation,

- der Identifikation weder zu glauben, noch ihr zu folgen, sie nicht zu verdrängen,
- sie zu verstehen und sie sich als die Wahre Natur auflösen oder offenbaren zu lassen.

Wenn wir versuchen, eine Identifikation zu verdrängen, werden wir uns am Ende mit etwas anderem identifizieren. Die Wahre Natur drückt nichts weg. Wenn sie Identifikation sieht, sagt die Wahre Natur: „Hm, das ist eine sehr interessante Manifestation. Ich wusste gar nicht, dass ich das kann! Ich kann mich tatsächlich selbst in die Falle locken. Manchmal vergesse ich sogar, dass ich mich in die Falle locke. Ich bin wirklich gut darin, mir selbst in die Falle zu gehen."

Deshalb ist es wichtig, Nichtidentifikation nicht mit der inneren Aktivität des Verdrängens oder des Verleugnens zu verwechseln. Manche Leute machen sich zum Beispiel Sorgen, dass ihre Werte verschwinden werden, wenn sie sich nicht mit ihnen identifizieren. Aber sich nicht mit seinen Werten zu identifizieren, bedeutet nicht, dass sie verschwinden werden. Wenn sie real sind, werden sie da sein; sie werden sogar noch stärker da sein. Wenn sie nicht real sind, werden sie verschwinden. Aber das bedeutet nur, dass Sie sich noch nicht komplett sicher bezüglich der Realität Ihrer Werte sind. Deshalb müssen Sie sich auch mit ihnen identifizieren. Die Identifikation sagt: „Ich bin nicht gewillt, die Sache aufzugeben! Ich bin nicht gewillt, von dieser Identifikation frei zu sein." Genau deshalb hat die Identifikation auch solche Macht über uns: Wir wollen unsere Identifikationen nicht aufgeben, weil sich das wie ein Verlust an Boden anfühlen würde.

Identifikation ist nicht Ihr Schicksal

Wie alles andere, das in unserem Bewusstsein auftaucht, müssen wir uns die Identifikation nicht zum Feind machen. Identifikation ist nicht Ihr Schicksal; es ist nicht etwas, was Sie bekämpfen müssen. Es ist etwas, dessen Sie sich bewusst sein, das Sie erkennen sollten. Denn wenn Sie es bekämpfen, wenn Sie es zu Ihrem Schicksal machen, gehen Sie derselben Tätigkeit nach: Sie identifizieren sich einfach nur mit etwas anderem. Wenn Sie wütend sind, können Sie dem Gedanken in die Falle gehen: „Das bin ich nicht; ich bin meine Wahre Natur. Ich sollte überhaupt nicht wütend werden. Und ganz bestimmt sollte ich mich nicht mit meiner Wut identifizieren, nun, da ich sie fühle."

Oder wir lehnen andere Menschen ab. Stellen wir uns einmal vor, Sie und Ihr bester Freund unterhalten sich miteinander und am Ende streiten Sie sich. Sie sagen zu ihm: „Ich glaube, du bist mit deiner Wut identifiziert." Wenn Sie das aussprechen, sagen Sie höchstwahrscheinlich *nicht*: „Mir ist deine Identifikation bewusst, und ich gebe dir diese Information, um dir dabei zu helfen, dich zu befreien." Was Sie ihm stattdessen sagen, ist: „Du solltest besser damit aufhören, es gefällt mir nicht. Ich will, dass du mich jetzt in Ruhe lässt, weil ich *mich* von deiner Wut frei machen will."

Identifikation und Untersuchung

Was sind die Auswirkungen auf unsere Praxis der Untersuchung? Da wir jetzt verstehen, dass jede Verdinglichung, jede Struktur, in der wir gefangen sind, eine Identifikation mit einschließt, können wir lernen, leichter zu erkennen, wenn wir im Identifizieren gefangen sind. Je präsenter und je bewusster wir uns der Gegenwart sind, desto besser können wir uns entspannen und die natürliche Entfaltung unserer Erfahrung zulassen. Wenn unsere Bewusstheit stärker wird, wird es leichter, ein direktes, unmittelbares Wissen unserer Erfahrung zu gewinnen. Bestimmt wird unser Geist unsere Erfahrung etikettieren, das ist seine natürliche Tendenz, und auch die müssen wir nicht bekämpfen. Aber es kann mehr ein nachträglicher Einfall sein, er muss der Untersuchung nicht in die Quere kommen. Was wir untersuchen, ist unsere unmittelbare Erfahrung, der der Geist ein Etikett aufdrückt. Diese unmittelbare Erfahrung ist das, was sich entfaltet, und dabei bleibt die Untersuchung.

Wenn der Fokus andererseits mehr auf dem diskursiven Geist liegt, der etikettiert, dann geschieht die wirkliche Untersuchung nicht, es handelt sich dann mehr um eine geistige Untersuchung, die uns nicht dabei helfen wird, zu lernen, wo wir sind. Wir werden abgespalten bleiben, anstatt zu lernen, real zu sein.

In diesem Kapitel haben wir eine der durchdringendsten und subtilsten Formen erkannt, wie wir unsere Erfahrung manipulieren und uns von der Unmittelbarkeit dessen, wo wir sind, distanzieren. Identifikation ist das unvermeidliche Ergebnis unserer geistigen Fähigkeit, unsere Erfahrung zu verdinglichen, kombiniert mit unserem Mangel an Vertrauen in das einfache Sein. Unsere Fähigkeit, diese Aktivität auszuüben, neugierig auf sie zu sein, zu lernen, wie sie funktioniert und ihr nicht zu folgen, wird unsere Fähigkeit, die Einfachheit unserer Wahren Natur zu sein, auf direkte Art und Weise potenzieren.

Übung

Identifikation in Ihrer Erfahrung erkennen

Nehmen Sie sich etwa 15 Minuten, um ganz offen zu untersuchen, was Ihnen von Moment zu Moment widerfährt. Höchstwahrscheinlich werden Sie jederzeit mit einem Element davon identifiziert sein. Wenn Sie Ihre Erfahrung untersuchen, um zu sehen, wo Sie sind, denken Sie darüber nach, wie die Identifikation Ihre Erfahrung möglicherweise gestalten wird.

Um Ihre Identifikation zu erkennen, müssen Sie sehen, woher Sie kommen oder wer Sie bei der Erfahrung zu sein glauben. Wenn Sie sich der Reaktionen, Haltungen, Wünsche, Vorlieben und Anhaftungen bewusst werden, wird Ihnen das Hinweise auf die Art Ihrer Identifikation liefern.

Wenn Sie sich einer Identifikation bewusst werden, achten Sie darauf, wie Sie sich beim Erkennen fühlen. Beurteilen Sie sie, lehnen Sie sie ab, fühlen Sie sich erleichtert, sind Sie neugierig? Wenn Sie in der Lage sind, sie zu erforschen, achten Sie darauf, ob sie sich verändert, auflöst oder im Laufe der Zeit transformiert. Sich der unterschiedlichen Formen in Ihrem Gefühl von Zwang und Freiheit bewusst zu werden, kann ein weiterer Schlüssel zur Aktivität der Identifikation sein.

13.
Das Jetzt erhellen

Wenn wir uns in unserem wahren selbstexistierenden Zustand erleben, werden wir sehen, was wir in Wirklichkeit sind: Wir sind Wesen aus Licht. Erinnern Sie sich an das Beispiel des Löffels in Kapitel 11. Wenn man ihn ohne irgendeinen geistigen Vorgang der Verdinglichung sieht, nimmt man ihn als eine Form von Licht wahr. Auch wir sind Formen von Licht, wenn wir uns mit absoluter Unmittelbarkeit wahrnehmen.

Wir sind Wesen aus Licht im flüssigen Zustand – total ohne Reibung, total leuchtend, total strahlend und frei. Wie jeder weiß, hat Licht keine Masse und kein Gewicht, deshalb kann die Schwerkraft ihm auch nichts anhaben. Das bedeutet, in unserer Wahren Natur haben wir ebenfalls keine Schwere, keine Dichte, kein Gewicht. Wir sind nur insofern substanziell, als dass flüssiges Licht eine Fülle, eine Art Körper hat. Aber diese Fülle, diese Substanzialität ist vollkommen leicht und geschmeidig. Das ist die Natur des Bewusstseins. Weil sie Licht ist, *hilft* sie uns nicht zu sehen – *sie ist das, was sieht*, das, was wahrnimmt. Daher sind Licht, Gewahrsein, Bewusstsein, Wahrnehmung und Sensibilität alle ein und dasselbe. Wenn wir die Wahrheit erkennen, dass wir Wesen aus Licht sind, haben wir dennoch die Tendenz, diese Wahrnehmung zu verdinglichen und uns damit zu identifizieren, uns dadurch zu konkretisieren und uns als schwer und undurchlässig zu erfahren. Selbst als Lichtwesen nehmen wir uns als physischen Körper mit seinen Teilen und Aktivitäten wahr, der aus Masse besteht und unter dem Einfluss der Schwerkraft funktioniert. Wir glauben, dass wir Wesen in Raum und Zeit sind, dass unsere Existenz in der Vergangenheit begann und in der Zukunft enden wird.

In unserer weiteren Erforschung der Wahren Natur und der Hindernisse auf dem Weg, wir selbst zu sein, wollen wir uns jetzt einem anderen speziellen Bereich zuwenden, der es uns schwer macht, wir selbst zu sein: unserem unvollständigen Verständnis des Wesens der Zeit. Um das tun zu können, müssen wir unsere Erfahrung aus der Perspektive eines Lichtwesens betrachten. Welche Eigenschaften von Licht und Zeit können uns dabei helfen, mehr über unsere essenzielle Natur zu erfahren?

Licht und das Verstreichen der Zeit

Die Wissenschaft sagt uns, dass das Licht sich mit der maximalen Geschwindigkeit bewegt, was ihm bestimmte Eigenschaften verleiht, die es von allem anderen unterscheiden. Eines der Prinzipien in Einsteins Relativitätstheorie lautet, dass die Zeit umso langsamer vergeht, je schneller man reist. Für jemanden, der sich mit hoher Geschwindigkeit bewegt, wird die Zeit immer langsamer – und je mehr wir uns der Lichtgeschwindigkeit nähern, desto langsamer wird sie. Das heißt, je näher wir dem kommen, Licht zu sein, desto langsamer wird die Zeit für uns verstreichen.

Welche Folgen hat das für das Verständnis, was es bedeutet, wir selbst zu sein? Wenn wir es auf unser Innenleben anwenden, können wir sehen, dass, je präsenter wir sind und je vollständiger wir unsere essenzielle Präsenz erfahren und sind, desto mehr werden wir erleben, dass die Dinge sich verlangsamen. Das scheint das Gesetz der Zeit zu sein. Nicht, dass die lineare Zeit sich dadurch verändert, aber uns steht erfahrungsgemäß mehr Zeit „zur Verfügung". Je mehr wir die Präsenz sind, desto mehr sind wir in der Gegenwart. Deshalb hat die Langsamkeit der Zeit auch viel mit dem Sein in der Gegenwart zu tun.

Sehr wahrscheinlich gibt es eine etymologische Verbindung zwischen den Worten „präsent" und „Präsenz", denn die beiden sind in Sinn und Bedeutung sehr eng miteinander verbunden. Wenn wir in unserer Praxis der Untersuchung darüber sprechen, wo wir sind, sprechen wir über das Sein im Moment. Unsere Erfahrung ist immer in der Gegenwart, selbst wenn unser Geist sich in Vergangenheit und Zukunft aufhält. Die tatsächliche Manifestation – das, was in unserer Erfahrung aufsteigt – erscheint immer genau jetzt in diesem Moment. Das Gleiche gilt für das Licht. Für das Licht gibt es nur das Jetzt; nichts anderes. Diese Tatsache ist eine andere Konsequenz der Realität, die in Einsteins Relativitätsgleichungen beschrieben wird.

Was versteckt sich hinter dem Prinzip, je schneller man sich bewegt, desto langsamer erfährt man die Zeit? Es fängt mit dem Verständnis an, dass die Geschwindigkeit eines jeden Objekts im Universum als eine Funktion des Reisens durch Raum und Zeit gesehen werden kann. Wir reisen nie durch den Raum, ohne dass Zeit vergeht. Ein physikalisches Gesetz besagt, je schneller man sich im Raum bewegt, desto langsamer bewegt man sich in der Zeit. Wenn wir mit Normalgeschwindigkeit reisen, können wir das nicht erkennen. Aber wenn Objekte sich beschleunigen und sich der Lichtgeschwindigkeit annähern, wird klar, dass die Geschwindigkeit in der Zeit abnimmt, je mehr die Geschwindigkeit im Raum zunimmt. Und der Höhepunkt ist dann die Lichtgeschwindigkeit.

In unserem Universum kann nichts die Lichtgeschwindigkeit im Raum übertreffen. Und je langsamer man in Bezug zur Lichtgeschwindigkeit reist, desto schneller vergeht die Zeit. Deshalb vergeht für Menschen die Zeit in Relation zum Licht sehr schnell, weil wir uns im Vergleich mit dem Licht sehr langsam durch den Raum bewegen. Daher entspricht die Kombination von Geschwindigkeit im Raum und in der Zeit immer der Lichtgeschwindigkeit.

Licht und das ewige Jetzt

Die menschliche Erfahrung sieht so aus, dass wir uns durch den Raum bewegen und dabei immer älter werden – die Zeit verstreicht. Was ist die Erfahrung von Licht? Die Zeit gilt nicht als Licht – das Licht bewegt sich nicht durch die Zeit. Es reist mit Höchstgeschwindigkeit durch den Raum – mit Lichtgeschwindigkeit. Wie hoch ist dann seine Geschwindigkeit in der Zeit? Sie liegt bei null. Der Grund dafür ist folgender: Weil seine Geschwindigkeit im Raum der Lichtgeschwindigkeit entspricht und die Lichtgeschwindigkeit die maximale Geschwindigkeit ist, liegt seine Geschwindigkeit in der Zeit bei null.

Einstein hat über das physische Licht gesprochen, aber wenn wir das innere Licht erfahren, die tatsächliche Leuchtkraft der Wahren Natur, beginnen wir, Einsteins Idee zu schätzen, und erfahren etwas Ähnliches, anstatt nur ein theoretisches Verständnis dieser Idee zu haben. Wir beginnen zu wissen, was es heißt, wenn wir sagen, dass für das Licht die Zeit nicht verstreicht, dass es für das Licht immer das ewige Jetzt ist und dass es nichts als das Jetzt gibt.

Was bedeutet das? Wenn Sie das Licht eines Sterns sehen und ein Teil davon aus der Zeit des Urknalls stammt, werden Sie denken, dass der Teil des Lichts, den Sie sehen, sehr alt ist, – vielleicht drei Billionen Jahre alt. Logischerweise denken Sie: „Dieses Licht kommt von diesem Stern, und es hat so lange gebraucht, um zu uns zu gelangen, deshalb muss es mindestens so alt sein." Aber das Licht selbst wird nicht erfahren, dass Zeit dabei verstrichen ist. Wenn Sie das Licht erleben oder wenn Sie es „reiten" würden, würden Sie wissen, dass es genauso alt ist wie zur Zeit des Urknalls. Es ist zu 100 Prozent neues Licht, für immer frisch, es wird niemals alt.

Für Menschen, die sich außerhalb des Lichts bewegen, verstreicht daher die Zeit, und die Dinge werden älter. Aber für das Licht gibt es so etwas nicht. Das Licht reist mit einer bestimmten Geschwindigkeit durch den Raum, doch es macht dabei nicht die Erfahrung, alt zu werden. Es ist immer neu, immer frisch und daher auch immer es selbst; es verändert sich nicht. Es ist immer, allezeit, sein wahres Wesen.

Vielleicht haben Sie noch nicht darüber nachgedacht, aber es ist wissenschaftlich bewiesen, dass das Licht alterslos ist. Wir erfahren das nicht, weil wir nicht mit Lichtgeschwindigkeit reisen; wir sehen es nur von außen. Das ist genau so, als würden wir uns unsere Wahre Natur von außen anschauen, aus der Perspektive des physischen Körpers: Wir erfahren immer wieder das Verstreichen der Zeit und nehmen deshalb an, dass auch für unsere Wahre Natur Zeit verstreichen muss. Aber wenn wir im Zustand unserer Wahren Natur sind, können sich die Dinge um uns herum verändern, und unser Körper verändert sich ebenfalls, doch wir erleben nicht, dass Zeit vergeht. Der Grund dafür ist, dass die Erfahrung dieses Lichtkörpers Alterslosigkeit, Endlosigkeit ist, – sie ist immer jetzt, jetzt, jetzt, nie verändert, das ewig frische Jetzt, genau dieser Moment, allezeit.

Was wir daher die Gegenwart nennen, ist in Wahrheit der Schnittpunkt zwischen dem, was wir Zeit nennen und dieser zeitlosen Präsenz. Der einzige Ort, an dem wir die Wahre Natur berühren, ist im gegenwärtigen Moment, weder in der Vergangenheit noch in der Zukunft. Im gegenwärtigen Moment schneidet die Wahre Natur die Zeit, weil sie das Jetzt ist.

Das Jetzt ohne Zukunft

Die Wahre Natur ist die Jetztheit der Zeit, aber die Jetztheit der Zeit ist nicht nur die jetzige Zeit, der spezielle Moment, in dem Sie sind. Wenn Sie die tatsächliche Jetztheit der Zeit erfahren, ist das kein Moment *in* der Zeit; es hat keinen Anfang oder ein Ende. Wenn Sie bemerken, dass sich ein Ereignis zuträgt, können Sie sagen, dass es einen Anfang und ein Ende hat, aber all das wird tatsächlich im Jetzt erlebt. Deshalb beginnt das Jetzt selbst auch nicht mit dem Anfang des Ereignisses, und es endet nicht mit seinem Ende. Es ist immer jetzt.

Sie können daher nun verstehen, warum es schwierig ist, von der Perspektive des Lichts aus logisch zu denken. Für das Licht erscheint das Universum völlig anders. Wie wir gesehen haben, altert es nicht, und es verstreicht auch keine Zeit für das Licht. Deshalb existiert auch so etwas wie Langeweile nicht, denn es gibt keine Geschichte und keine Zukunft.

Was bedeutet das für uns als Menschen, die Erfahrungen machen? Wenn es keine Geschichte, keine Zukunft gibt, dann berührt mich auch nichts. Wie kann mich etwas berühren, wenn es nur das Jetzt gibt, das real ist, das gegenwärtig ist? Und wenn ich erkenne, dass es nur das Jetzt gibt, was für einen Grund sollte es dann geben, meine Erfahrung zu verändern?

Jeder Versuch, Ihre Erfahrung zu verändern, sie zu verbessern, bedeutet, dass Sie glauben, es gäbe eine Zukunft und Sie lebten für diese Zukunft. Sie sagen Nein zum Jetzt in der Hoffnung auf eine bessere Zukunft. Aber für das Licht kommt diese bessere Zukunft nie. Immer, wenn wir uns auf eine bessere Zukunft zubewegen wollen, trennen wir uns ab, wir schneiden uns ab vom Pfad des Lichts. Das Licht erlebt nur das Jetzt, den jetzigen Moment. Es erkennt, dass das, was jetzt ist, das ist, was es ist, dass das, was Realität ist, die Jetztheit dieses Moments ist.

Selbst wenn Sie das logisch betrachten, was gibt es anderes als das Jetzt? Der Rest sind wirklich nur Geschichten in unserem Geist. Wenn Sie den Geschichten in Ihrem Geist glauben, glauben Sie an die Vergangenheit und Zukunft als Möglichkeiten.

Im Jetzt leben

An diesem Punkt können wir erkennen, wie unsere Orientierung, unsere Haltung in Bezug auf die Zeit ein Hindernis, eine Trübung der Sicht dafür werden kann, unsere Wahre Natur zu sein. Wenn wir uns immer an der Zukunft orientieren, verpassen wir den Moment. Wir sind von der Präsenz des Moments abgetrennt und können nicht im Moment sein.

In Wirklichkeit ist unsere Wahre Natur dem Wesen des Lichts ähnlich, das zeitlos ist und das wir *im* Moment als die Jetztheit *des* Moments erfahren können. Aber wenn wir zur Zukunft hin orientiert sind, erlauben wir uns nicht, dort zu sein, wo wir sind, also im Jetzt, und wir verlassen den Moment auch, wir trennen uns von ihm ab. Unser Wesen ist Licht, reines Sosein, und das bedeutet, wenn man von der Perspektive einer Zukunft aus operiert, die nur besser oder schlechter sein kann, trennen wir uns von unserer Wahren Natur ab. Wie kann ich ich selbst sein, wenn ich das tue? Wie werde ich da sein, wo ich bin?

Mit anderen Worten, die Orientierung der Hoffnung – das Hoffen auf etwas in der Zukunft – trennt Sie von dem ab, der Sie wirklich sind. Die Erwartungshaltung oder die Haltung, ein Ziel zu haben, das erreicht werden soll, bewirkt genau dasselbe. So glauben Sie zum Beispiel, dass Sie eines Tages erleuchtet sein werden; deshalb arbeiten Sie jetzt daran. Das Licht würde nie so denken, es setzt keinen Endzustand, an dem alles wunderbar sein wird, und es sagt auch nicht, dass wir jetzt praktizieren müssen, um dieses Ziel zu erreichen. Das Jetzt ist einfach wunderbar so, wie es ist, und das Jetzt ist alles, was wir haben.

Wenn es eine Zukunft in unserem Leben gibt, ist es natürlich richtig, dass wir sie für praktische Angelegenheiten beachten müssen. Wenn Sie Ihr Budget aufstellen oder Versicherungspolicen aussuchen oder Reisevorbereitungen treffen, werden Sie die Zukunft in Ihre Pläne mit einbeziehen müssen. Aber was hat das mit Ihrer eigenen Erfahrung im Moment zu tun? Ihre Erfahrung in diesem Moment ist Ihr eigenes Bewusstsein, das ein flüssiger Körper aus Licht ist. Warum können Sie das nicht erfahren, selbst während Sie planen?

Die Art, wie wir uns auf die Konfrontation mit dem Tod vorbereiten, ist ein gutes Beispiel für das, worüber ich spreche. Wenn wir beim Eintritt des Todes vollkommen im Moment sind, wird er nicht schrecklich sein. Es ist wahr, dass es ein Schock für das System sein wird, aber die Angst, die die meisten Menschen in unserem Kulturkreis damit verbinden, geht weit darüber hinaus. Es ist unsere Angst davor, vollkommen im Moment zu sein, in jedem beliebigen Moment – ohne Vergangenheit oder Zukunft –, die uns fürchten lässt, diesem speziellen Moment ins Auge zu sehen, den wir Tod nennen. Der Tod ist ein Moment ohne Zukunft. Und es ist ebenso die Furcht vor dem physischen Tod, die uns Angst macht, komplett in jedem Moment hier zu sein. Warum? Weil das totale Loslassen der Vergangenheit und der Zukunft ein Tod des vertrauten Selbst ist. Mit anderen Worten, vollständig im Moment zu sein, lässt uns den Tod fürchten, weil wir glauben, dass keine Zeit Tod bedeutet. Wir assoziieren das Verstreichen der Zeit mit dem Leben und dem Lebendigsein.

Die Jetztheit erfahren

Aber denken Sie immer daran, dass Sie die Präsenz sind, die Jetztheit, die hier ist, und dass diese Jetztheit *Ihre* Jetztheit ist. Sie müssen die Jetztheit nicht verlassen, um in der Lage zu sein, dorthin zu gelangen, wohin Sie gehen – in der nächsten Minute oder morgen Nachmittag, oder wo immer Sie nach Ihrem physischen Tod auch sein werden.

Deshalb weisen wir hier auf die Erkenntnis der Zeitlosigkeit oder der Jetztheit unserer Wahren Natur hin. Präsenz bedeutet, dass etwas in der Gegenwart ist, aber nicht nur in dem Sinne, dass es im Jetzt da ist. Sehen Sie sich um. Alles, was Sie sehen, ist in der Gegenwart: Ihr Stuhl ist in der Gegenwart, Ihr Körper ist in der Gegenwart, die Wände sind in der Gegenwart. Aber die Gegenwart der Präsenz bezieht sich nicht nur auf die Tatsache, dass diese Dinge hier sind, sondern auf die totale Jetztheit der Präsenz in der Gegenwart; sie ist die totale Erfahrung der Jetztheit.

Wie erfahren Sie das Jetzt? Wie bekommen Sie einen Geschmack, einen Duft davon? Dieser Duft, diese Konsistenz des Jetzt, ist die Unmittelbarkeit der Erfahrung des Gewahrseins, des Bewusstseins, der Präsenz. Es ist, als ob man herausfinden wollte, woraus flüssiges Licht besteht. Es ist aus dem Jetzt gemacht, aus der Jetztheit. Es ist ein unveränderliches, verdichtetes Jetzt, ein vollständiges, unzerstörbares Jetzt. Es ist ein Jetzt, das zu allen Zeiten existiert, denn es ist das Jetzt, das die Anwesenheit aller Zeiten bedeutet – Vergangenheit, Gegenwart und Zukunft. Es wird auch nicht von einem Augenblick in der Vergangenheit zu einem Augenblick in der Zukunft. Es ist dasselbe Jetzt – immer frisch. Die Zeit hat keinen Einfluss auf das Jetzt.

Daher ist es nützlich zu erkennen, dass unsere Orientierung an der Zeit uns von unserer Wahren Natur abtrennen wird, weil es der Jetztheit, der Zeitlosigkeit unserer Wahren Natur widerspricht. Natürlich ist es paradox, über Dinge auf diese Weise nachzudenken, weil wir immer in zeitlichen Begriffen denken. Die Zeitachse ist für den Geist sehr wichtig. Der Geist denkt immer an Dinge aus der Vergangenheit und daran, was er in der Zukunft tun wird. Er siedelt sich nur selten im Moment an. Wenn er das tun würde, würde er ruhig werden.

Wenn Sie im Moment heimisch werden, erkennen Sie, dass da nicht viel passiert – nur ein paar Dinge hier und dort. Das primäre Gewahrsein ist das der Unmittelbarkeit des Moments. Der Grund dafür ist, dass Präsenz – im Jetzt zu sein – durch den Seinszustand, durch das einfache Hiersein charakterisiert ist. Im Gegensatz dazu basiert unser normales Selbst auf dem Tun, dem Gehen, dem Dinge-geschehen-Machen. Wir vertrauen nicht darauf, dass Handlung erscheinen und sich aus der inneren Stille heraus entwickeln kann; wir erkennen nicht, dass das Sein die Grundlage von allem ist. Im Jetzt zu sein, verbindet Sie mit diesem stillen Seinszustand, der allen Veränderungen, aller Aktivität zugrunde liegt, – dem einfachen Hiersein, in dem das, was am grundlegendsten ist, nicht Aktivität, sondern Präsenz ist.

Wenn wir also nicht im Moment angekommen sind, tauchen alle Bilder, alle Vergegenständlichungen, alle Projektionen aus der Vergangenheit auf und beeinflussen die Gegenwart. Wir sehen die Präsenz nicht als die Präsenz und wir erfahren nicht die Gegenwart der Präsenz.

Die Jetztheit in der Präsenz verpassen

Dieser gleiche Einfluss der Vergangenheit erschafft auch unsere Orientierung an der Zukunft. Etwas will aus der Vergangenheit auftauchen, das uns nicht gefällt, und aus unserem Wunsch heraus, dass in der Zukunft alles besser wird, spalten wir uns vom Moment ab. Wir verpassen das Jetzt. Wenn wir das Jetzt verpassen, verschwenden wir nicht nur Zeit, sondern wir verpassen auch die Jetztheit von dem, was wir sind, das Wirklichsein, das Hiersein – die Tatsache an sich, dass wir sind.

Wenn Menschen darüber sprechen, im Hier und Jetzt zu sein, ist das ein tieferes Erlebnis, als sich einfach nur des Inhalts der Erfahrung im Moment bewusst zu sein. Es fängt mit diesem Gewahrsein an, weil der Inhalt des Moments das ist, was jetzt erscheint. Daher sind wir uns auch des Inhalts des Moments bewusst – seiner physischen Attribute, der Gefühle und Gedanken, die in diesem Moment erscheinen. Aber je mehr wir auf das, was im Moment erscheint, eingestimmt sind, desto mehr verlangsamt sich die Zeit, während wir immer präsenter für den Moment werden. Wenn wir präsenter für den Moment werden, fangen wir an, die Jetztheit selbst zu erkennen, die sich als die Gegenwart erweist, die im Moment präsent ist.

Meine Präsenz ist also die Jetztheit des Moments; sie sind nicht voneinander verschieden. Es ist nicht so, dass meine Präsenz im Jetzt des Moments präsent wäre; die Präsenz *ist* das Jetzt des Moments. Auf diese Weise wissen wir tatsächlich, was Präsenz ist. In der Praxis des Seins, wo wir sind, wird klar, dass wir, um wir selbst sein, um real sein zu können, im gegenwärtigen Moment sein müssen. Wir müssen uns dem Moment widmen, wir müssen ihn willkommen heißen und uns seiner komplett gewahr, unmittelbar mit ihm in Kontakt sein. Dieses unmittelbare Im-Kontakt-Sein mit dem Moment ist das Im-Kontakt-Sein mit der Jetztheit des Moments, was dasselbe ist wie das Sein unserer Präsenz.

Im Fluss der Zeit gefangen sein

In gewissem Sinne sind alle Hindernisse auf dem Weg, wir selbst zu sein, die wir bisher beobachtet und erforscht haben, grundsätzlich in der Zeit; sie sind eine Funktion des Verstreichens der Zeit, die auf lineare Weise wahrgenommen wird. Sie kommen aus der Vergangenheit und gehen in die Zukunft. Wenn unser Bewusstseinszentrum innerhalb eines linearen Rahmens operiert – im Übergang von der

Vergangenheit in die Zukunft –, wird es mit diesen Hindernissen beschäftigt sein. Unsere Urteile, Ablehnungen, Hoffnungen, Wünsche und Erwartungen finden alle in der Zeit statt. Selbst unsere innere Praxis wird zu einer Praxis in der Zeit. Wir schreiten von einem Punkt in der Zeit zu einem anderen um eines Prozesses willen, der einen Anfang und ein Ende hat. Es gibt eine Ursache und eine Wirkung: Etwas, was wir jetzt tun, wird zu einer Veränderung in der Zukunft führen. Diese Art von zeitlicher Orientierung wird uns an einen anderen Ort transportieren, wird uns aus der Präsenz dessen, was wir sind, heraus- und in die vergängliche, geistige Welt der Zeit hineinführen, wo die meisten Menschen sich aufhalten.

Menschen leben im Bardo – im Übergang, im Vorübergehenden. Das ist der Bardo in Wirklichkeit: ein kontinuierlicher Übergang von einer Sache zur anderen. Das ist das Produkt der Erfahrung eines zeitgebundenen Geistes. Wenn wir daher davon sprechen, präsent und uns dessen gewahr zu sein, wo wir sind, meinen wir einfach nur, sich dem Moment zu widmen, im Moment zu sein, hier zu sein, jetzt zu sein, sich dessen gewahr zu sein, was genau in diesem Moment passiert.

Selbst wenn ich etwas erinnere und erneut erlebe, was mir in meiner Kindheit zugestoßen ist, kann ich das im Moment tun. Je mehr ich tatsächlich im Moment bin, umso realer, umso lebendiger ist dieses Wiedererleben. Wenn ich ein Ereignis in meinem Geist wieder erlebe, ist es mehr wie ein Gedanke, eine Erinnerung, aber wenn ich wirklich in meinem Körper bin, in meinen Empfindungen, in meiner Präsenz, in der Unmittelbarkeit, dann erlebe ich auf eine bestimmte Art und Weise die Jetztheit dieser Vergangenheit, weil ich in der Jetztheit jetzt bin. Aber es ist dieselbe Jetztheit.

Denken Sie daran, dass sich das Licht eines weit entfernten Sterns nicht in der Zeit bewegt; das bedeutet, dass kein zeitlicher Übergang an seiner Reise beteiligt ist. Wenn wir es erblicken, ist es dasselbe Licht, das vor Billionen von Jahren bereits da war. Es ist nicht eine Minute gealtert, nicht einmal eine Sekunde. Es ist immer jetzt, und in dieser Jetztheit können wir die Erfahrung der Vergangenheit so oft machen, wie wir wollen – vollständig, komplett –, und sie wirklich durchleben. Denn das ist wahres Wiedererleben; es ist nicht nur ein Erinnern. Aber wir müssen im Moment sein, wir müssen mit unserer Gegenwart in Kontakt sein.

Das ist ein Grund, warum die Praxis der Gegenwart oft als *Selbst-Erinnerung* oder einfach nur als Erinnern bezeichnet wird. Wir meinen damit nicht das Erinnern auf gewöhnliche, intellektuelle Art, so wie das Gedächtnis normalerweise funktioniert. Wir meinen die Erinnerung unserer Präsenz, das Erinnern im Sinne eines Wiedererlebens der Gegenwart, – was bedeutet, das Jetzt wieder zu erleben, das das Jetzt des gegenwärtigen Moments ist. Mit anderen Worten, Selbst-Erinnerung funktioniert als eine Praxis der Präsenz, wenn wir sie in dieser Fülle des Jetztseins praktizieren können, in der vollständigen Erfahrung des wahren Wiedererlebens.

Vergangenheit, Zukunft und Gegenwart

Bis jetzt haben sich unsere Überlegungen darauf konzentriert, wie unser vergangenes Wissen – das ich angelernte Unwissenheit genannt habe – gegen unsere Erfahrung verstößt, indem es geistig die Gegenwart mit der Vergangenheit überlagert. Das beeinflusst sowohl die zentrale Komponente unserer gegenwärtigen Erfahrung – was wir die primäre Manifestation genannt haben – und die Reaktionen, Assoziationen und Beurteilungen dieser zentralen Komponente, die wir die sekundären Manifestationen genannt haben. Wenn wir uns die angelernte Unwissenheit im Licht dieser beiden Manifestationen anschauen, erkennen wir, dass die primäre Komponente vor allem durch die Vergangenheit gebunden ist. Obwohl sie von der Vergangenheit kontrolliert werden, sind die sekundären Komponenten für gewöhnlich darauf ausgerichtet, etwas zu vollbringen oder in der Zukunft irgendwo hinzugelangen: „Nein, das gefällt mir nicht; ich will es anders haben", oder: „Das gefällt mir, und ich werd's mir holen", oder: „Ich fürchte, es wird mir nicht gefallen, wie sich das entwickelt", oder: „Lass uns daran arbeiten, damit es sich ändert." Die ganze Abwehr und der Vergleich, den wir anstellen, tragen eine zukünftige Orientierung in sich, eine Hoffnung auf etwas anderes oder die Angst vor einem schlechten Ergebnis. Das bedeutet, obwohl sowohl die primären als auch die sekundären Manifestationen mit der Vergangenheit und der Zukunft zu tun haben, tendieren die primären dazu, größtenteils von der Vergangenheit dominiert zu werden, während die sekundären von der Zukunft dominiert werden.

In den meisten Fällen ist das, womit wir uns identifizieren, unsere Orientierung an der Zukunft. Deshalb bleiben wir auch mit unserer Aufmerksamkeit bei den sekundären Manifestationen unserer Erfahrung. Die primäre Komponente hat oft gar keine Chance, uns zu beeinflussen, und noch weniger die tatsächliche Realität der Präsenz in ihrem Herzen.

Denken Sie einmal darüber nach. Sie glauben immer noch, dass Sie wissen, dass es ein Morgen gibt, und diese Erwartung wird ein kontrollierender Aspekt Ihrer Erfahrung. Vielleicht haben Sie morgen eine Verabredung, deshalb müssen Sie in diesem Sinne auch die Zukunft berücksichtigen. Aber das ist nicht dasselbe wie Ihr Bewusstsein, das aus dem Jetzt heraus und in die Zukunft springt.

Das müssen wir nicht tun, um erfolgreich zu sein. Wir können trotzdem in der Gegenwart bleiben und den Moment genießen, denn in Wirklichkeit ist das alles, was wir haben. Die Zukunft kommt vielleicht nie, – wer weiß das schon? Daher müssen wir – genau wie bei allem anderen, das in unserer Erfahrung auftaucht – unserer Orientierung an der Zukunft nicht Folge leisten. Wenn wir merken, dass sie auftaucht, müssen wir ihr nicht glauben, wir müssen sie nicht ernst nehmen, wir müssen uns nicht mit ihr identifizieren.

Aber sich nicht zu identifizieren, bedeutet nicht, sie zu verdrängen. Stattdessen können wir erkennen: „In Wirklichkeit bin ich ein Wesen aus Licht." Wenn wir das wissen, verheddern wir uns nicht in all den Hindernissen, denen wir begegnen. Nicht weil wir sie vermeiden, sie leugnen oder sie verdrängen, sondern weil diese Hindernisse tatsächlich für Wesen aus Licht gar nicht existieren. Für ein Wesen aus Licht ist das, was Sie in diesem Moment sind, alles, was Sie haben. In der Gegenwärtigkeit dieses Moments, und nur in der Gegenwärtigkeit dieses Moments, können wir dort sein, wo wir sind, können wir wir selbst sein, können wir real sein. So einfach ist das.

Übung

Der Einfluss zukünftigen Denkens auf Ihre Erfahrung

Bis jetzt haben wir viel mit dem Einfluss der Vergangenheit gearbeitet, deshalb liegt der Fokus hier mehr auf Ihrer zukünftigen Orientierung. Diese Untersuchung gilt der speziellen Art, in der Ihr Geist Sie von der Präsenz dieses Moments abspaltet, indem Sie auf die Zukunft schauen.

Seien Sie sich bewusst, dass zukünftige Orientierung immer dann geschieht, wenn Sie einer der folgenden Aktivitäten nachgehen: auf etwas hoffen, ein Resultat erwarten, Angst haben, dass etwas geschieht, für die Zukunft planen, ein Ziel haben, eine Erfüllung vorwegnehmen oder Vergnügen suchen.

Verbringen Sie 15 Minuten damit, Ihre momentane Erfahrung zu beobachten und ihr zu folgen. Achten Sie darauf, was mit Ihrer Erfahrung des jetzigen Moments geschieht. Taucht eine zukünftige Orientierung auf? Wenn ja, wie beeinflusst das Ihre jetzige Präsenz und wie beeinflusst es Ihre Erfahrung? Welche Relevanz hat die Zukunft für Sie als Wesen aus Licht?

14.
Ein lebendiges Gefühl des Selbst

Nach all den Nachforschungen, die Sie bis jetzt in Bezug auf die Hindernisse angestellt haben, die Ihnen auf dem Weg, derjenige und dort zu sein, der und wo Sie sind, entgegenstehen, fühlen Sie sich inzwischen vielleicht entspannter und glücklicher damit, einfach nur Sie selbst zu sein. Vielleicht haben Sie Ihre Praxis auch schon eine Weile ausgeübt und sind nun in der Lage, sich heimischer im Jetzt zu fühlen und dort präsenter zu sein. Nachdem Sie ein wenig von der Anstrengung und Mühe losgelassen haben, etwas zu sein oder ein Ziel zu erreichen, erleben Sie jetzt möglicherweise sogar eine Art Urlaub!

Aber dieser Zustand hält selten lang an. Bevor Sie sich versehen, entgleitet er Ihnen. Immer, wenn das passiert, ist man tendenziell alarmiert: „Oh Mist, ich hab's verloren! Ich muss wiederfinden, wo ich bin ... und es wird sicher eine ganze Weile dauern, bis ich mich selbst gefunden habe." Wir sind sofort wieder zurück in der Zeit, und wir können uns leicht darin verfangen, wenn wir versuchen, den

Ort zu bewahren, an dem wir sind, wenn wir versuchen, alles an seinem Platz zu halten, wenn wir versuchen, dass alles bleibt wie gehabt. Obwohl wir bereits viel darüber gelernt haben, dass wir nicht probieren sollten, uns zu verändern, obwohl wir inzwischen auch besser verstanden haben, wie wichtig es ist, nicht zu probieren, unsere Erfahrung zu modifizieren, kann es sein, dass wir am Ende gegen die Veränderung ankämpfen. Warum? Weil wir daran festhalten wollen, wenn es uns irgendwo gefällt. Was müssen wir also in Bezug auf das Wesen der Realität und in Bezug auf uns verstehen, das uns bei diesem Dilemma helfen wird?

Sie können durch Ihre eigene Erfahrung beobachten, dass sich die Details innerhalb der Manifestation ständig bewegen, ständig verändern, ständig fließen. Sie sind in der Tat ganz schön glitschig. Das Wetter verändert sich, die Menschen, mit denen wir in Kontakt kommen, verändern sich, die Bedingungen in der Welt ändern sich permanent und so weiter. Aber nicht nur unsere Umwelt ändert sich andauernd, auch wir selbst sind ständiger Veränderung unterworfen. Beispielsweise verändert sich unsere Wahrnehmung, nur weil wir uns bewegen. Und wie wir aus Erfahrung wissen, verändern sich unsere Gefühle die ganze Zeit. Daher sind unsere inneren und äußeren Realitäten im permanenten Zustand des Fließens. Wenn Sie das in Betracht ziehen, kommt ganz naturgemäß die Frage auf: Wenn sich alles verändert, was bedeutet es dann, dort zu sein, wo wir sind?

In diesem Kapitel wollen wir uns auf eine Eigenschaft der Erfahrung konzentrieren, die immer da ist: die Tatsache der Veränderung. Diese permanente Veränderung ist ein natürliches, universelles Gesetz. Alle Erfahrung und Wahrnehmung impliziert Veränderung. Wenn es keine Veränderung gibt, gibt es einfach keine Erfahrung. Das Phänomen des konstanten Wandels ist Teil unseres Gewahrseins, Teil des Bewusstseins, Teil des Lebens.

Was sagt uns das darüber, was es bedeutet, wir selbst zu sein? Weil alles sich dauernd verändert und Veränderung eine Konstante ist, werden wir entdecken, dass dort zu sein, wo wir sind, immer bedeutet, den Ort zu verlassen, an dem wir waren. Das heißt nicht verlassen im Sinne von Trennung oder von uns selbst abgespalten zu werden, sondern den Ort zu verlassen, an dem wir waren, um mit der sich permanent verändernden Realität unserer Erfahrung im Moment zu verweilen.

Unser Widerstand gegen die Veränderung

Diese Tatsache der permanenten Veränderung enthüllt etwas Wichtiges darüber, was es bedeutet, dort zu sein, wo wir sind, und es enthüllt uns auch ein spezielles Hindernis im Zusammenhang damit. Denken Sie über das folgende Beispiel nach: Sie machen eine bestimmte Erfahrung und erkennen: „Ich fühle mich deswegen frustriert", oder: „Oh, ich habe wirklich Angst davor." Dann sagen Sie: „Gut, jetzt weiß ich, wo ich stehe, also werde ich hierbleiben und es erforschen." Dann tun Sie das und machen eine Erfahrung, sich selbst zu verstehen. Aber erinnern Sie sich an die Tendenz zur Verdinglichung und Identifikation. Wir verdinglichen fast immer das, was wir über uns selbst herausfinden; wir machen es zu etwas und identifizieren uns dann damit. Was impliziert Identifikation? Einen Versuch, die Dinge so zu lassen, wie sie sind.

Wir haben viele Gründe dafür, wenn wir versuchen, unsere Erfahrung nicht zu verändern. Wir wollen einfach nicht das verlieren, was wir an unserer Erfahrung mögen, was wir haben, was wir über uns selbst wissen oder was wir für die Realität halten. Wenn wir mit der inneren Arbeit beginnen, haben wir einen bestimmten Blick auf die Realität und darauf, wer wir zu sein glauben. Nachdem wir viel untersucht, erforscht und praktiziert haben, nehmen wir einen anderen Standpunkt ein und können lernen, damit zu verweilen, aber es gibt trotzdem keine Garantie, dass die Dinge so bleiben werden. Unsere Realität verändert sich auf so viele unerwartete Arten und Richtungen, dass schon der nächste Moment anders sein kann und es sehr oft auch ist.

Veränderung ist schwierig für das Ego. Das Ego will Stabilität, Gleichheit. Wir glauben, dass unser Selbstgefühl keine Verankerung finden oder halten kann, wenn die Dinge sich dauernd verändern. Aber Tatsache ist, dass die Realität immer ein unsicherer Boden ist. Und unser Bewusstsein, unser Gewahrsein ist mehr wie Quecksilber – sehr rutschig, sehr flüssig, flexibel und fließend.

Wenn wir also darüber sprechen, dort zu bleiben, wo wir sind, bedeutet das nicht, dass wir statisch bleiben; es impliziert, dass wir uns mit der fortdauernden Transformation dessen, wo wir sind, wohlfühlen. Wir tendieren dazu, dieselben bleiben zu wollen, und wünschen uns, dass unsere Erfahrung auch dieselbe bleibt, besonders wenn sie uns zusagt. Das wird zu etwas Rigidem in unserem Bewusstsein, zu einer Unbeweglichkeit, die nicht natürlich ist. Wie können wir diese Situation angehen und verstehen, was hier abläuft?

Der Versuch, zu bewahren

Wir haben uns viele verschiedene Arten angeschaut, wie wir versuchen, unsere Erfahrung zu verändern oder zu vervollkommnen, zu verbessern oder sie auf ein gewisses Ziel auszurichten. Unser Versuch, die Dinge auf eine bestimmte Weise zu verändern, ist ein primäres Hindernis dafür, einfach nur dort zu sein, wo wir sind. Aber das Gegenteil stimmt auch. Der Versuch zu bewahren ist genau so ein Hindernis dafür, dort zu sein, wo wir sind, wie der Versuch zu verändern.

Jedes Mal, wenn wir versuchen, etwas in unserer Erfahrung zu verändern, versuchen wir auch, etwas anderes zu bewahren. Wenn wir zum Beispiel versuchen, unsere Erfahrung zu verbessern, bewahren wir dadurch ein bestimmtes Ideal oder Ziel. Indem wir unsere Erfahrung auf eine bestimmte Art gestalten, anstatt sie sich so entfalten zu lassen, wie sie will, versuchen wir in Wirklichkeit, ein bestimmtes Bild von uns selbst aufrechtzuerhalten, eine Identität, die wir nicht verändern wollen.

Stellen Sie sich vor, dass ein Geschäftspartner, dem Sie vertraut haben, Sie um eine Menge Geld betrogen hat. Wenn Ihr Ideal ist, ein Mensch zu sein, der verzeiht, werden Sie sich wahrscheinlich vornehmen, Ihrem Partner zu vergeben. Aber was machen Sie, wenn Ihre unmittelbare Reaktion Wut und Verletzung ist, wenn Sie nicht bereit sind, diesem Menschen zu verzeihen und es auch nicht wollen? Wenn Sie sich selbst dazu zwingen, ohne dabei mit den Erfahrungen zu verweilen, die in Ihnen aufsteigen, sind Sie nicht dort, wo Sie sind, oder nicht der, der Sie sind. Sie versuchen, an einem Selbstbild festzuhalten, das Sie in diesem Moment nicht sind. Es stimmt zwar, dass Sie einen Punkt erreichen könnten, wo diese Vergebung authentisch ist, aber Sie brauchen keine Ziele oder Ideale, damit das geschehen kann. Tatsächlich führt das Beharren auf dem Selbstbild, ein Mensch zu sein, der vergibt, ziemlich wahrscheinlich dazu, die natürliche Auflösung Ihrer Gefühle aufzuschieben oder vielleicht sogar zu blockieren. Wenn Ihre Wahre Natur Vergebung einschließt, wird diese am Ende auch von selbst erscheinen, wenn Sie den Themen und Gefühlen rund um dieses Ereignis bewusst ins Auge sehen.

Wir können also die Bremse ziehen und der Veränderung widerstehen oder wir können versuchen, sie zu lenken. Wahrscheinlich machen wir beides zu verschiedenen Zeiten. Aber wir müssen sie nicht bekämpfen oder versuchen, sie zu verändern. Wir können einfach unsere Anhaftung erkennen und sehen, wie wir an Dingen festhalten, damit sie sich nicht verändern. Das ist alles, was wir wissen müssen, denn die Erfahrung verändert sich ganz von selbst. Daher besteht die Praxis wieder einmal darin, zu sehen, wo wir sind, und dort zu sein. Und dann ist alles, was wir tun – selbst unsere Versuche, uns zu ändern oder dieselben zu bleiben – darin eingeschlossen. Alles ist willkommen.

Unsere Identität bewahren

Wir können die Neigung der Menschen, an der Gegenwart festzuhalten, um dieselben zu bleiben, in zwei Kategorien einteilen. Die erste Kategorie ist die Ego-Manifestation, die versucht, eine Haltung und eine Identität zu bewahren. Die zweite Kategorie betrifft die Identifikation mit und die Anhaftung an bestimmte Erfahrungen. Wir werden beide detailliert betrachten.

Bei der ersten Kategorie befinden wir uns vielleicht in einer Situation, wo wir uns besser fühlen wollen, oder wir wünschen uns, dass unsere Erfahrung freier und positiver ist, aber das bedeutet nicht, dass wir denjenigen, der wir sind, ändern wollen. Wir wollen unsere Identität, wie wir sie kennen, immer noch bewahren. Selbst wenn wir glauben, dass wir für unsere Identität und die Veränderung unserer Charakterstruktur offen sind, gibt es Kräfte in uns, die versuchen werden, sie gleich zu belassen.

Unsere Ego-Erfahrung schließt damit automatisch Rigidität mit ein, weil wir mit inneren Strukturen identifiziert sind, die bereits definiert und kategorisiert sind. Die Tatsache, dass wir uns mit einem Selbstbild, mit einem Eindruck von uns selbst oder mit einem Muster aus der Vergangenheit identifizieren, bedeutet, dass wir dieselbe Sache wiederholen. Wir gewähren keinen Raum, wir sind nicht offen dafür, dass irgendetwas anderes erscheint. Indem wir an diesem speziellen Bild, Muster oder einer spezifischen Art von Beziehung festhalten, behindern wir unsere eigene Bewegung und Entfaltung.

Wir erkennen, dass wir eine bestimmte Art Mensch sind oder dass wir uns in einer bestimmten Lage befinden. Uns fällt auf, dass, selbst wenn wir uns verändern wollen, selbst wenn wir wachsen oder lernen wollen, das nicht einfach ist. Wir entdecken eine Inflexibilität hinsichtlich unserer Erfahrung, eine feste Grenze in Bezug auf das, was sich verändern und nicht verändern kann. Manchmal können wir erkennen, dass unsere Erfahrung sich ständig verändert, und wir wissen, dass unser Körper sich ständig verändert und wächst. Aber wenn wir ehrlich sind, müssen wir zugeben, dass wir inmitten dieser Veränderung immer versuchen, uns an etwas Gleichbleibendem festzuhalten. Wir denken mehr oder minder auf die gleiche Art und Weise, auch wenn unsere speziellen Gedanken sich von Minute zu Minute ändern. Unser Repertoire ist beschränkt, und worüber wir nachdenken, wiederholt sich immer und immer wieder.

Jeder andere wäre inzwischen völlig gelangweilt, wenn er sich denselben Film tausendmal ansehen müsste. Aber wir langweilen uns deswegen nicht! Diese Szenen sind zu unserer Realität geworden; sie sind, was wir sind, und wenn sich der Film zu verändern beginnt, wird sofort Alarm ausgelöst. Wir wollen nichts anderes. Wir wollen nicht einmal eine Fortsetzung! Tatsächlich verleiht es uns ein Gefühl der Sicherheit, wenn wir die Geschichte und die Charaktere so oft auf dieselbe Art und Weise sehen. „Oh, diese Szene spielt sich wieder ab ... ja, das bin ich ... ich erkenne mich wieder." Sie befinden sich auf vertrautem Terrain. Dieselben Themen erscheinen – Sie fühlen sich verletzt oder abgewiesen oder klein. Sie mögen es nicht, sie beklagen sich darüber und gehen zum Therapeuten, um daran zu arbeiten. Aber wenn Sie eines Tages ohne diese Themen aufwachen würden, würden Sie ausflippen. Denn wer wären Sie dann?

Es sieht so aus, als könnten wir nicht ohne diese gleichbleibenden Teile unserer Erfahrung oder dem Gefühl für unser Selbst existieren. Und die innere Aktivität, die innere Haltung, an diesem

Gefühl für denjenigen, der wir sind, festzuhalten, wird zu einer Inflexibilität, einer Rigidität. Andere Menschen können diese Art der Rigidität in Ihnen erkennen, besonders wenn sie sich als Charakterzug oder als eine Gewohnheit zeigt, die sie nicht mögen. Wenn Sie zum Beispiel immer zu spät kommen, kann es sein, dass Ihre Freunde mit Ihnen darüber sprechen und wollen, dass Sie sich verändern. Aber in vielen Fällen verändert sich nichts, und Sie kommen weiterhin zu spät. Wenn Sie anfangen würden, pünktlich zu kommen, wäre es tatsächlich so, als wären Sie plötzlich jemand anderes.

Wenn das Ego alles definiert, was wir sind, können wir nicht die Finger von den Situationen in unserem Leben lassen; es ist mehr so, als würden unsere Hände danach greifen und sie festhalten, damit sie sich nicht verändern können.

Viele von uns können es sich nicht vorstellen, dass unsere Identität sich tatsächlich verändern kann. Es erscheint uns unmöglich, dass unsere Erfahrung so anders sein kann, dass die Person, für die wir uns selbst gehalten haben, wie ein Fremder wird. Können Sie sich vorstellen, dass Sie gar keine Beziehung mehr zu dieser Person haben und es schwierig finden, sich daran zu erinnern, wer Sie waren oder wie Sie sich gefühlt haben?

Das ist möglich.

Auf der inneren Reise kommen wir an einen Punkt, an dem unsere Transformation so tiefgreifend ist, dass wir uns selbst nicht mehr wiedererkennen. Es ist nicht so, dass wir nicht wahrnehmen, was geschieht, vielmehr es ist so, dass wir erkennen, dass das, was geschieht, uns nicht vertraut ist. Das kann verstörend sein, aber es ist auch befreiend. Wir sind nicht länger eine Erweiterung dessen, wie wir gefühlt, was wir getan, wie wir uns verhalten haben. Manchmal ist die Veränderung so gravierend, dass wir uns nicht nur wie eine fremde Person fühlen, – wir erinnern uns gar nicht mehr an uns als Person! Wir erfahren uns nur als eine Masse von Licht, die für eine

Weile die Form eines Menschen angenommen hat. Es liegt eine unbeschreibliche Freiheit darin, sagen zu können: „Ich erkenne mein ursprüngliches Wesen ... dieses zeitlose Licht."

Aber die meisten von uns können nicht über ihre Ego-Rigidität hinausgehen, die eine Identifikation mit und eine Anhaftung an die gewohnten Formen ist – an den Ausdruck unseres Charakters, an unsere Arten von Erfahrung und an die speziellen Erlebnisse und Fähigkeiten, die wir haben. Diese Identifikation erschafft einen Mangel an Offenheit für den Moment, denn der Moment kann alles sein, und er kann auch alles bewirken. Jeder Moment ist. In dem Moment, in dem er passiert ist, ist er auch schon vorbei, und ein anderer Moment erscheint, der vielleicht ähnlich ist, aber vielleicht ist er auch völlig anders.

Was ist dann Freiheit? Freiheit bedeutet: „Ich weiß, dass das, was in jedem Moment passieren mag, in Ordnung ist und es auch immer sein wird." Wir fühlen uns wohl mit allem, was es auch sein mag, denn wir haben kein rigides Gefühl mehr in Bezug darauf, was wir sind, wer wir sind, was für eine Erfahrung wir möglicherweise machen müssen, oder darauf, was möglich ist.

Was können wir dann bezüglich unseres vom Ego kreierten Gefühls für uns selbst erkennen, das unsere Freiheit, wir selbst zu sein, beschränkt, und wie können wir wahrlich im Moment leben? Die folgenden Punkte bilden eine Liste von Dingen, die wir über unsere Identität wissen, an der wir so anhaften, um sie zu bewahren:

- Das Ego etabliert Strukturen, die unbedingt weiterbestehen müssen, wie sie sind, damit wir unsere Identität bewahren können.
- Wir waren immer von unserem Ego abhängig, um ein allgemeines Gefühl von Identität und ein Selbstbild zu haben, um uns selbst zu erkennen, um uns zu orientieren, um mit uns vertraut zu sein und um zu wissen, wie wir in der Welt funktionieren müssen.

- Unsere vom Ego kreierte Identität ist eine unausgesprochene feste Größe, an die wir uns gewöhnt haben.
- Wir glauben, dass wir diese Identität brauchen, um zu wissen, wer wir sind, damit wir uns auf vertrautem Grund befinden und uns sicher fühlen können.
- Diese Identität definiert die Arten, wie wir normalerweise fühlen und denken, und schließt vorübergehende Zustände mit ein, mit denen wir uns auf eine spezielle Weise identifizieren, wie zum Beispiel gelegentliche Wutausbrüche, für die wir uns später schuldig fühlen.
- Obwohl wir wachsen und uns auf vielerlei Arten transformieren, tendieren die grundsätzlichen Bestandteile, die unsere Ego-Identität ausmachen – wie wir über Dinge denken, unsere Palette von Stimmungen, unsere Art zu handeln, unsere Vorlieben, die Formen von Beziehungen und Projektionen, die wir haben, und so weiter –, dazu, sich nicht grundsätzlich zu verändern.
- Selbst wenn wir wichtige Erkenntnisse und Einsichten gewinnen, neigen wir dazu, zum Heimatstandort desjenigen zurückzukehren, der wir zu sein glauben. Unsere Identität verschmilzt wieder mit dem, was wir bereits kennen. Und unsere Erfahrungen von Selbsterkenntnis sind nur kleine Ausflüge, die wir unternommen haben, sie lösen keinen fundamentalen Wandel in unserer Identität aus.

Anhaftung

Die zweite Kategorie des Widerstands gegen Veränderung ist unsere Anhaftung an unsere Erfahrungen. Wir können uns mit jeder Art von Erfahrung identifizieren, aber wir neigen dazu, am meisten an neuen Erfahrungen anzuhaften, die wir als angenehm oder befreiend empfinden. Wir mögen es so, wie es ist, und werden enttäuscht sein, wenn es sich in etwas anderes verwandelt; das würden wir als einen Verlust ansehen. Deshalb beschäftigen wir uns mit dem subtilen – oder auch nicht so subtilen – Festhalten. Wir kleben mit der Erfahrung zusammen, versuchen, sie festzunageln, versuchen, die Entfaltung des Moments aufzuhalten, damit die Dinge so bleiben, wie sie sind. Selbst wenn wir offener sind, selbst wenn wir unsere Wahre Natur erfahren, sind wir noch nicht befreit, wir sind nicht sicher in der dynamischen Freiheit, die darin liegt, das zu sein, was wir in Wirklichkeit sind.

Zu Beginn unserer Reise verändert sich unsere Erfahrung dauernd, selbst wenn wir nicht im Kontakt mit der Gegenwart oder uns des Seins bewusst sind. Sie verändert sich von einem Gefühl zum anderen, von einem emotionalen Zustand zum anderen, von einem Gedanken zum anderen, von einem Selbstbild zum anderen, von einer Reaktion zur anderen. Wenn wir unsere Erfahrung erforschen, sie untersuchen, um präsenter zu werden, bedeutet das nicht, dass sie stillstehen kann oder wird. Wir verlangsamen sie vielleicht, um uns ihrer bewusster zu werden, aber sie wird sich verändern.

Wenn unsere Praxis fortgeschrittener ist und wir Erfahrung mit sowie Kontakt zu der essenziellen Präsenz haben, entdecken wir die natürliche Dynamik des Seins als diese Präsenz, die sich ebenfalls dauernd verändert. Einen Moment lang mag es eine Weiträumigkeit und im nächsten Moment ein bedeutungsvolles Licht sein ... dann ein fließender Strom ... dann ein solides Gefühl der Präsenz ... dann eine galaktische Situation. Und die ganze Zeit über gibt es vielleicht Ego-Reaktionen um die Präsenz herum, die sich ebenfalls verändern, wie Angst, Hoffnung, Widerstand oder Habgier.

Wenn wir zu dem Punkt gelangen, an dem wir schließlich unseren essenziellen Wert spüren und seine Stabilität und Standhaftigkeit fühlen können, haften wir vielleicht daran an, weil wir es mögen – es ist neu, und wir sind davon begeistert. Vielleicht erwarten wir auch, dass es immer weitergeht, oder wir hoffen oder wünschen, dass es so ist. Wenn es jedoch auf dieselbe Weise weitergeht, wird unser Lernen aufhören, wird unser Reifeprozess zum Erliegen kommen. Die Wahre Natur bleibt nicht an einem solchen Ort; sie löst sich permanent auf und stellt ihre Möglichkeiten zur Schau. Sie enthüllt sich in immer anderen Formen, tieferen Formen, subtileren Formen, umfassenderen Formen.

Selbst wenn wir diesen nichtdualen Zustand erreichen, wo alles Präsenz ist, ist nichts an ihm statisch. Ja, es gibt immer die Präsenz, aber alles fließt und entfaltet sich, und diese Präsenz kann aus vielen verschiedenen Farben und Düften bestehen. Manchmal ist die Präsenz gar nicht wie die Präsenz, sondern mehr wie ein Nichts oder eine Abwesenheit. Unsere Seele sollte ganz schlüpfrige Hände haben, damit sie davon abgehalten wird, irgendetwas festzuhalten. Zu haften wie ein Klettverschluss, hat mit Selbstverwirklichung nichts zu tun!

Unser Konzept der Zeit bewahren

Es ist nützlich zu beobachten, wie unsere Versuche, das zu bewahren, was wir mögen, und das zu verändern, was wir nicht mögen, im Allgemeinen in unser Konzept von der Zeit verpackt sind. All unsere Konzepte neigen dazu, in die Zeit eingebunden zu sein. Warum? Weil die Zeit Wandel anzeigt; sie ist im Grunde ein Gradmesser für Wandel. Wenn wir daher darauf fokussiert sind, Veränderung einzuleiten oder der Veränderung zu widerstehen, werden wir innerhalb der Zeit operieren. Wir werden erfahren, dass wir uns in der Zeit vorwärtsbewegen: Wir werden irgendwohin gehen oder versuchen, nicht dorthin zu gehen. Aber tatsächlich gehen wir nirgendwohin. Das Gefühl, dass wir irgendwohin gehen, ist immer eine Illusion. Es ist nur eine Art, die Dinge zu erfahren. Alles, was tatsächlich passiert, ist, dass die Erfahrung sich verändert.

Wie können wir das verstehen? Wie wir im letzten Kapitel herausgefunden haben, wird die Zeit langsamer, je präsenter wir sind. Wenn wir völlig präsent in der Gegenwart sind, gibt es keine Zeit – keine Zeit verstreicht. Was bedeutet das nun für unsere Erfahrung? Wenn man diese Erfahrung ausdrückt als „Ich befinde mich in der Zeitlosigkeit, im Jetzt; für mich verstreicht keine Zeit", impliziert das einen unbewegten Rahmen, in dem ich mich nicht bewege. Bedeutet das, dass unsere Erfahrung sich nicht verändert? Heißt das, dass wir in Wirklichkeit gar keine Erfahrungen machen und uns einfach nur in einer gleichbleibenden Leere befinden?

Das sind häufige Fragen, die aufkommen, wenn wir anfangen, die Implikationen der zeitlosen Präsenz zu erforschen. Wir denken so, weil wir uns nicht vorstellen können, wie Veränderung stattfinden kann, ohne dass Zeit verstreicht. Es ist so, als wäre die Zeit ein größeres Konzept, eine größere Realität, innerhalb derer Dinge passieren. Bei diesem Schema bedeutet Bewegung im Raum immer auch Bewegung in der Zeit. Wenn Sie von einem Ende des Raums zum anderen gehen, wird währenddessen Zeit verstreichen. So erfahren wir und stellen wir uns Bewegung und Veränderung vor: als etwas, das Zeit braucht, um geschehen zu können. Wie kann man dann Veränderung ohne das Verstreichen der Zeit wahrnehmen? Um das zu verstehen, müssen wir mehr über unsere Wahre Natur als Präsenz des ewig frischen Lichts verstehen.

Wenn ich meine Wahre Natur als Wesen aus Licht bin, bin ich wie ein Feld, wie eine Präsenz, wie ein Glanz. Das bedeutet nicht, dass ich wie das gleichmäßige helle Licht bin, das wir von der Sonne kennen. Unsere Wahre Natur ist nicht nur ein Medium aus Licht, eine transparente, leuchtende Präsenz. Sie ist ein magisches Licht – Licht, das weiterhin Licht ist, sich aber dauernd verändert. Es verändert seine Farbe, seine Form, seine Dichte, seine Struktur. Es kann tatsächlich die Gestalt von Emotionen, Gedanken, Bildern und Empfindungen annehmen. Dieses Licht, das ich bin, verwandelt sich ständig in das eine oder andere Ding. Und diese Verwandlung in das eine oder andere Ding erkenne ich als die verschiedenen Erfahrungen, die ich mache.

Wenn das Licht manchmal weiß und manchmal grün erscheint, glauben wir vielleicht, dass dies bedeutet, dass es zuerst weiß war und dann grün wurde und daher ein Indiz dafür ist, dass Zeit verstrichen sein muss. Aber wenn wir im Licht sind, wenn wir das Licht *sind*, ist der Wechsel von Weiß zu Grün nicht wie der Wechsel von der Vergangenheit in die Zukunft. Transformation geschieht nicht als Fortschreiten der Zeit von der Vergangenheit über die Gegenwart zur Zukunft, so wie wir es normalerweise denken und erfahren.

Stattdessen ist die Veränderung mehr wie ein Ausströmen: Die Formen erscheinen einfach, sie tauchen aus dem Nichts auf. Die Quelle unserer Erfahrung ist nicht die Vergangenheit, so wie unser Geist es versteht, sondern eine geheimnisvolle Unmittelbarkeit des Moments. Deshalb geht auch die Bewegung von keiner Form zur Gegenwart der Form hin, von nichts zu etwas, und sie findet immer im Moment statt. Unsere Augen erblicken die Konstanz der Form, aber unsere tatsächliche Erfahrung ist ein ewig frisches Erscheinen dieser Formen in einem sich entfaltenden Jetzt. Und die Veränderungen, die wir wahrnehmen, sind einfach nur Muster im Ausströmen der Formen.

Wenn wir die Dinge auf diese Weise wie ein Ausströmen wahrnehmen – als Bewusstsein, das kontinuierlich ausfließt und verschiedene Formen der Erfahrung erzeugt, – ist das Gefühl für Zeit verschwunden. Es gibt kein Gewahrsein des Verstreichens der Zeit. Wir spüren, dass wir im Jetzt sind, aber das Jetzt manifestiert sich dauernd auf unterschiedliche Art und Weise. Es transformiert sich permanent, obwohl es immer dasselbe bleibt. Es ist immer das Jetzt, und es ist eindeutig die Präsenz des Jetzt, das sich konstant erneuernde Licht der Wahren Natur. Es ist der zeitlose Moment, der ständig seine Form transformiert.

Wenn wir das Licht nicht als das Medium erkennen, sehen wir nur die Objekte, die auftauchen. Wenn wir Formen sehen und bemerken, dass sie sich verändern, bringen wir sofort etwas ins Spiel, was wir Zeit nennen, um die Veränderung zu erklären. Wir sagen, dass etwas geschehen ist und dass danach etwas anderes geschehen ist, und wir sehen dies als eine Reihe von Ereignissen, die in der Zeit stattfinden. Trotzdem ist das nur ein Ersatz für die Erkenntnis, wie die Dinge tatsächlich geschehen, wie die Dinge permanent zur Schau gestellt werden, wie das Licht sich dauernd in unterschiedlichen Formen verändert. Durch diesen Ersatz entgeht uns die Tatsache, dass dieses Licht, dieses Gewahrsein, dieses Bewusstsein unmittelbar alle Formen durchdringt und sich ihrer bewusst ist.

Es ist das Wesen der Wahren Natur, nicht nur eine Präsenz zu sein, sondern eine dynamische Präsenz, eine Dynamik, die permanent ihr Potenzial zur Schau stellt und dabei alle Formen enthüllt, die sie nur sein kann. Die Wahre Natur ist keine gigantische Präsenz, die immer dieselbe bleibt; sie transformiert sich dauernd, antwortet ständig auf das, was passiert. Und sie fährt dabei immer fort, die Wahre Natur zu sein.

Manchmal erleben wir uns in einer Dimension der Wahren Natur, die sich nicht verändert. Aber obwohl die Grundlage der Wahren Natur sich nicht verändert, ist sie doch nicht verschieden von allem, was sich darin manifestiert, und all diese Manifestationen verändern sich dauernd. Die Wahre Natur ist reich an Möglichkeiten, ihr Potenzial ist immens und sie hört niemals auf, ihre Schätze zu enthüllen. Sie enthüllt laufend ihr Potenzial und präsentiert dabei alle möglichen Formen.

Hier lernen wir etwas über die Beziehung der Wahren Natur zu den verschiedenen Manifestationen. Ein Teil unserer Unwissenheit besteht darin, dass wir nicht klar verstehen, welche Beziehung die Wahre Natur zu allem anderen hat. Alles andere ist nur eine Form, die die Wahre Natur annimmt. Oder man könnte auch sagen, dass die Wahre Natur sich in ihren verschiedenen Formen manifestiert. Dennoch bleibt sie die Wahre Natur. Obwohl sie sich also ständig in ihren Manifestationen verändert, sind *wir* nichts anderes. Wir sind wir selbst. Das Ego schafft ein Gefühl für das Wir-selbst-Sein als einem festen, unveränderlichen Selbst. Die Wahre Natur hat diese Form von Stabilität nicht nötig.

Das bedeutet, selbst wenn wir versuchen, an einer bestimmten Form oder einer bestimmten Art der Erfahrung festzuhalten, ist das letztendlich nicht möglich. Wenn wir das tun, versuchen wir, die Dynamik zu stoppen. Wir versuchen, diese flüssige, schlüpfrige Präsenz in eine bestimmte Schublade zu sperren und sie dadurch davon abzuhalten, dynamisch zu sein und ihre Essenz auszudrücken. Wenn wir das tun, spalten wir uns von uns selbst ab.

Das heißt, um dort zu sein, wo wir sind, müssen wir die veränderliche, schlüpfrige, transformatorische, verwandlerische Qualität unseres Seins und der Realität erkennen. Das bedeutet, wir müssen unsere Anhaftungen, unsere Identifikationen, die Arten, wie wir festzuhalten versuchen, erkennen und das wertschätzen, was wir als beständige Charakteristika der Realität angesehen haben. Haben Sie jemals darüber nachgedacht, welche Dinge Sie für beständig halten? Glauben Sie zum Beispiel nicht auch, dass Sie immer Sie selbst sein werden? Fast jeder denkt: „Ich kann mich zwar verändern, aber es wird immer ich sein, der diese Veränderungen erlebt." Wir können uns nicht vorstellen, dass wir eines Morgens aufwachen und entdecken, dass jemand anderes diese Veränderungen erlebt!

Aber wenn wir statt unseres gewöhnlichen Selbst reines Gewahrsein als das wahrnehmen, was Dinge erfährt, fühlt es sich an, als wären wir das nicht. Der Grund dafür ist, dass wir daran gewöhnt sind, alles durch unsere gewöhnliche Ich-Identität zu erfahren. Aber jetzt ist es einfach Erfahrung, die ohne dieses gewöhnliche Selbst geschieht; es ist nur das Licht, und weil dieses Licht strahlt, ist es sich dessen gewahr, was geschieht.

Indem wir das erkennen, entledigen wir uns schließlich dessen, was uns immer besessen hat, – wir werfen es ab. Die Dämonen sind ausgetrieben. Wir sind von etwas befreit, das man uns aufgestülpt hat, das von uns Besitz ergriffen und uns überwältigt hat, das wir internalisiert haben, mit dem wir uns identifiziert und gedacht haben, wir wären es. Jetzt identifizieren wir uns nicht mehr mit irgendetwas. Wir sind wir selbst.

Wir selbst zu sein, bedeutet nicht, dass wir an uns selbst festhalten. Weil das Sein sich nicht an sich selbst festhalten muss. Es *ist* es selbst. Da es es selbst ist und weiß, dass es es selbst ist – ohne darüber nachzudenken oder irgendetwas zu tun, um es so zu belassen –, beschäftigt es sich nicht mit dem Festhalten, dem Greifen nach, dem Anhaften, dem Hoffen oder dem Erwarten, dass es – oder irgendeine andere beliebige Erfahrung – kommen, gehen oder bleiben wird.

Wenn wir unsere Wahre Natur sind, ist die Tatsache, dass wir nicht wissen, ob der nächste Moment derselbe sein wird oder nicht, nicht länger etwas, worüber wir streiten werden. Es ist uns vollkommen egal, ob es derselbe sein wird oder nicht. Wir brauchen nicht mehr an der Vergangenheit festzuhalten oder am Frischen und Neuen anzuhaften. Wir erkennen, dass das, was auch immer in jedem Moment im Spiel des Lichts mit all seinen strahlenden Formen auftaucht, uns nichts angeht. Wir werden zu einer dynamischen, frei fließenden Präsenz. Das ist die wahre Freiheit.

Übung

Überzeugungen bezüglich des Nichtveränderns erforschen

Bei dieser Übung haben Sie die Gelegenheit, Ihre Erfahrungen und Überzeugungen in Bezug auf das zu erforschen, was sich bei Ihnen nicht verändert. Das Ziel ist dabei nicht so sehr, die Korrektheit Ihrer Wahrnehmungen einzuschätzen, sondern dem gesamten Spektrum Ihrer Überzeugungen, Haltungen und Positionen zu erlauben, sich zu offenbaren.

Fangen Sie damit an, eine Liste der Dinge zu erstellen, die sich bei Ihnen nicht verändern. Verstricken Sie sich dabei nicht in die Unterscheidung Ihres Geistes, ob bestimmte Dinge sich ändern können oder nicht. Der wichtigste Punkt ist, den Teil Ihrer Erfahrungen zu sehen, der – aus welchem Grund auch immer – konstant und unveränderlich bleibt. Wenn Sie damit fertig sind, nehmen Sie sich einen Moment und sehen sich Ihre Liste an.

Als Nächstes erforschen Sie Ihre Überzeugungen und Annahmen in Bezug auf das, was in Ihrer Erfahrung unveränderlich ist. Denken Sie über folgende Fragen nach: Welchen Vorteil ziehen Sie aus den Dingen, die sich nicht verändern?
Was glauben Sie, würde passieren, wenn alles flüssig wäre und nichts in Ihrer Erfahrung fest, stabil oder unveränderlich bleiben würde? Was, glauben Sie, hält die unveränderlichen Teile an ihrem Platz? Gehen Sie nicht davon aus, dass es Ihre Gene sind oder Gott oder das Schicksal. Vielleicht ist es eins davon, vielleicht auch etwas anderes, – dies ist eine Chance für Sie, um es selbst herauszufinden.

15.
Der persönliche Bedeutungsfaden

Wenn Sie das Wesen Ihrer Erfahrung im Licht von allem, was wir bis jetzt diskutiert haben, betrachten, werden Ihnen bestimmte Dinge auffallen: dass Ihre Erfahrungen sich ständig verändern, dass Ihre Wahrnehmungen sich ständig verändern, dass der Ort, wo Sie sind, sich ständig verändert. An einem bestimmten Punkt in unserer Praxis wird klar, dass unser Bewusstsein sich als ständige Veränderung und Transformation manifestiert. Es bewegt sich von einer Art des Gefühls oder des Gedankens oder der Reaktion zur nächsten, von einem Zustand in den anderen.

Aber ist Ihnen schon einmal aufgefallen, dass es nie eine unterbrochene Abfolge ist? Solange wir wach sind, ist unsere Erfahrung durchgängig. Sie ist immer ein Fluss der Erfahrung. Es ist nicht so, dass wir eine bestimmte Erfahrung machen und dann kommt eine Lücke, die wiederum von einer anderen Erfahrung und danach von einer anderen Lücke gefolgt wird.

In Wirklichkeit gibt es keine Lücken. Unsere Erfahrung ist ein nahtloser Fluss. Selbst wenn wir durch einen Übergang von einer Dimension der Erfahrung zu einer anderen gehen, ist es immer noch ein Fluss. Denn es handelt sich in Wirklichkeit um dasselbe Bewusstsein, das sich permanent entfaltet, permanent transformiert. Deshalb wird unsere Erfahrung auch oft mit einem Strom oder einem Fluss verglichen.

Also bedeutet, „dort zu sein, wo wir sind", nicht, herauszufinden, wo wir sind, dort zu bleiben, und das war's dann. Dort zu sein, wo wir sind, ist in dem Sinn eine kontinuierliche Praxis, dass, wenn wir weiterhin dort sind, wo wir sind, und die sind, die wir sind, sich der Ort verändert und transformiert, wo wir sind. Daher wird das Wir-selbst- Sein, diejenigen zu sein, die wir sind, und dort zu sein, wo wir sind, zu einer Kontinuität des Seins – zum Fluss des Seins.

Der Fluss der Erfahrung

Normalerweise sind wir uns der Kontinuität unserer Erfahrung nicht bewusst. Wir wissen, dass es eine Kontinuität gibt, weil unsere fortlaufende Erfahrung keine Lücken aufweist. Aber wir sind uns meist nicht der Kontinuität der Formen bewusst, die die Erfahrung annimmt: wie eine Form sich in eine andere transformiert oder wie sie auf eine sinnvolle Art Raum für eine andere schafft. Mit anderen Worten, wir sind nicht in jedem Moment präsent, um diese Kontinuität direkt zu erfahren.

Wirklich dort zu sein, wo wir sind, kombiniert das Gewahrsein dessen, wo wir sind, die Präsenz gegenüber dem gegenüber zu sein, wo wir sind, und die Wahrheit dessen zu verstehen, wo wir sind. Wenn wir diese drei Elemente zusammenbringen, wird zu sein, wo wir sind, zu einer Praxis, die notwendig ist, um sich des Flusses des Seins bewusst zu sein. Wir sind nämlich immer irgendwo – auf die eine oder andere Art und Weise sind wir dort, wo wir sind –, aber wir sind uns normalerweise nicht bewusst, was das für ein Ort ist. Wir verstehen es nicht; wir sehen es nicht. Unsere Aufmerksamkeit, unser Bewusstsein, ist zerstreut und abgelenkt und mit allen möglichen nebensächlichen, sekundären Manifestationen beschäftigt.

Wenn wir uns trotzdem auf unsere primären Manifestationen konzentrieren und sie erkennen können, dann verorten wir uns. Und wenn wir aufmerksam sind, finden wir heraus, dass die primäre Manifestation dessen, wo wir sind, sich permanent verändert, – sie ist eine Kontinuität, ein Fluss. Sie bleibt nicht statisch.

Kontinuität durch alle Stadien hindurch

Wenn man sich die drei Entwicklungsstadien anschaut, wie wir sie in diesem Buch beschrieben haben, kann uns das dabei helfen, die Kontinuität des Seins, wo wir sind, besser zu verstehen. Wenn wir sehen, was die Kontinuität, wir selbst zu sein, in jedem Stadium bedeutet, entdecken wir, dass es dabei auch um die Kontinuität von Sinn geht, nicht nur von Erfahrung.

Im ersten Stadium bedeutet, dort zu sein, wo wir sind, zu erkennen, wo wir sind, und zu verstehen, wo wir sind. Wir haben nicht nur das Bewusstsein und das Gefühl von dem, was passiert, sondern wir wissen auch, worum es geht und warum es passiert. Wir wissen es auf eine Art, die sinnvoll ist – mit anderen Worten, auf eine Art, die unserer Erfahrung einen Sinn verleiht. Wenn wir wirklich praktizieren, wenn wir das Untersuchen fortsetzen, wenn wir aufmerksam sind, in der Gegenwart sind, dann wird unsere Erfahrung zu einer Kontinuität von Sinn, nicht nur zu einer Serie von Ereignissen und Zuständen, die irgendwie aneinandergehängt werden. Wenn unsere Erfahrung fließt und sich transformiert, ist sie ein sinnvoller Fluss, eine sinnvolle Transformation.

So werden Sie sich möglicherweise eines bestimmten Gefühls bewusst und Sie erkennen: „Oh, ich spüre diese Trauer aufgrund dieses Ereignisses ... und jetzt passiert das ... und jetzt erkenne ich, wie das mit dem, was vorher geschehen ist, zusammenhängt, warum ich das damals gefühlt habe und jetzt dieses andere Gefühl habe." Das Kontinuum der Erfahrung ergibt für Sie einen Sinn. Es ist sinnvoll.

Wenn wir nicht praktizieren, wenn wir uns nicht dessen bewusst sind, wo wir sind, hat unsere Erfahrung nicht diese Art von Sinn. Sie scheint irgendwie abgetrennt zu sein: „Ich habe dies getan und dann das, und dann ist jenes passiert, und ich habe das und das gefühlt." Wir wissen nicht, wie all diese Ereignisse miteinander verbunden sind, weil wir nicht wirklich da sind. Wir sind nicht dort, wo wir sind, deshalb ist die Kontinuität der Bedeutung auch nicht präsent.

Wenn wir die zweite Stufe betreten – die Reise mit Präsenz – wird der Sinn klar als das Sein der Präsenz selbst. Auf dieser Stufe verstehen wir unsere Erfahrung, indem wir die Präsenz sind, die wir sind, und entdecken, wie sie die verschiedenen Manifestationen in unserem Leben auffädelt – Gefühle, Vorstellungen, Reaktionen, Verhaltensweisen. Daher vertieft die Fähigkeit, die zentrale Lage des Seins mit ihren verschiedenen Qualitäten zu erfahren, die erste Stufe des Verständnisses und bringt uns weiter auf die zweite.

Wenn wir auf der dritten Stufe ankommen, ist der Sinn unserer Erfahrung weiterhin die Präsenz, aber jetzt ist alles andere untrennbar von ihr, das heißt, alle Manifestationen sind erfüllt vom Sinn der Präsenz. Diese Bedeutung ist die Erkenntnis, das Verstehen, das direkte Wissen dessen, was Realität ist, – wie sie erscheint, wie sie funktioniert und wie sie sich in diesem Moment, in dieser Situation manifestiert. Der primäre Sinn ist die allgegenwärtige Präsenz selbst und der sekundäre Sinn ist das Verständnis der Manifestationen, die diese Präsenz anzeigt.

Der persönliche Faden

Wie Sie daher sehen, gibt es für jeden von uns immer eine Kontinuität von Sinn, wenn wir wirklich praktizieren, dort zu sein, wo wir sind. Diese Kontinuität von Sinn nenne ich den persönlichen Faden. Im Universum passiert eine ganze Menge. Das Universum selbst fließt, bewegt und verändert sich, und jeder und alles, was es ausmacht, bewegt und verändert sich ebenfalls. Innerhalb dieser geteilten Realität hat jeder von uns seine eigene persönliche Erfahrung in Bezug auf jenen Punkt, an dem wir sind – seinen persönlichen Faden. Unsere persönliche Erfahrung zu erkennen, mit ihr zu verweilen, sie mit Unmittelbarkeit, Bewusstsein und Verständnis zu fühlen, erschafft nicht nur Sinn, sondern auch einen Sinnfaden, eine Kontinuität von Sinn. Dieser Sinnfaden ist unsere individuelle, sich entfaltende Reise der Wahrheit.

Die Bedeutung eines individuellen Lebens geht von diesem Sinnfaden aus. Unsere Praxis, dort zu sein, wo wir sind, unterstützt unser Leben dabei, sich auf unseren persönlichen Faden zu konzentrieren. Er wird der Kern und das Zentrum unseres Lebens, weil er der Kern und das Zentrum unseres Bewusstseins, unserer Erfahrung, unseres Hierseins ist. Wenn wir untersuchen, wenn wir praktizieren, ist das, was wir tun, unseren persönlichen Faden zu finden, zu erkennen, wo er verläuft, und ihm zu folgen.

In Einsteins Relativitätsgeometrie erzeugt die Darstellung einer Sequenz von Punkten das, was eine Lebenslinie genannt wird – das mathematische Äquivalent von dem, was wir hier unseren persönlichen Faden genannt haben. Im physischen Universum gibt es vier Dimensionen: drei im Raum und eine in der Zeit. Innerhalb dieses Universums von Raum und Zeit hat jedes Partikel eine Lebenslinie. Es hat eine Kurve oder eine Linie, die aufzeichnet, wo ein Partikel ist und wo es in jedem Moment war. In jedem Augenblick ist dieses

Partikel an einem bestimmten Ort, und Sie könnten sein Fortschreiten in der Zeit und im Raum aufzeichnen, indem Sie die Linie oder Kurve zeichnen, die all diese speziellen Momente miteinander verbindet.

Natürlich hat unser empirisches Universum viel mehr Dimensionen als nur vier: die Raumdimension, die Zeitdimension, die Gefühlsdimension, die Wissensdimension, die Gedankendimension, die Farbdimension, die Klangdimension, die Geschmacksdimension, die Berührungsdimension, die Strukturdimension, die Zähflüssigkeitsdimension, die Dichtedimension, die Präsenzdimension und so weiter. All dies sind Dimensionen von Erfahrung, und wir können uns jeden Moment in jeder dieser Dimensionen aufhalten. Deshalb kann auch die Stelle, an der wir uns befinden, an jedem Punkt, in jedem Moment als spezieller Knotenpunkt all dieser Dimensionen beschrieben werden. Das ist dann der Ort, an dem wir im empirischen Universum sind.

Die Lebenslinie

Das bedeutet, dass unser Leben innerhalb des empirischen Universums eine Kurve beschreibt. Wenn Sie alle Punkte der individuellen Erfahrung aufzeichnen, sehen Sie, dass jeder Mensch seine Kurve oder Lebenslinie hat. Diese Lebenslinie oder der persönliche Faden ist die Kontinuität unserer sich ständig verändernden Erfahrung, die Kontinuität dessen, wo wir sind.

Dort zu sein, wo wir sind, bedeutet, unserer Lebenslinie zu folgen. Wenn wir praktizieren, wenn wir dort sind, wo wir sind, wenn wir uns nicht in unsere Erfahrung einmischen und ihr einfach nur erlauben zu geschehen, bewegt sich unser „Platz" im empirischen Universum nicht nur von einem Punkt zum anderen, sondern er entfaltet sich auch und manifestiert neue Möglichkeiten.

Manchmal manifestiert unsere Lebenslinie neue Dimensionen – Dimensionen der Präsenz, Dimensionen des Bewusstseins, Dimensionen der Leere, Dimensionen der Liebe –, die uns vorher nicht präsent waren. Selbst die Dimensionen der Gefühle und Gedanken können Möglichkeiten entfalten, die wir noch nicht erlebt haben. So fühlt sich eine tiefe Traurigkeit manchmal an, als wäre sie Tausende von Kilometern tief, als würde sich unser Herz zum Zentrum des Universums bewegen. Natürlich spielt sich das nicht gleich in dieser Tiefe ab, aber wenn wir dort bleiben, wo wir sind, und uns dem Gefühl nicht widersetzen, nicht versuchen, es zu beschränken, es nicht davon abhalten, sich zu verändern, wird die Dynamik unseres eigenen Seins zur Enthüllung, zu einer Offenbarung jener Art der Tiefe in der Dimension des Gefühls.

Deshalb können Sie Ihr gesamtes Leben als einen sich entfaltenden Faden im empirischen Universum sehen, ein Faden, der sich innerhalb vieler Dimensionen gleichzeitig bewegt. Wir alle sind miteinander verbundene Fäden innerhalb des Universums der Erfahrung, manchmal berühren wir uns, manchmal überschneiden wir uns. Aber nichts davon ergibt einen Sinn, wenn wir uns unserer Erfahrung nicht bewusst sind, wenn wir ihr gegenüber nicht präsent sind, wenn wir kein Verständnis von dem haben, was sie ist, und ihren Sinn nicht begreifen. Erinnern Sie sich daran, dass es sich um einen sich entfaltenden Faden sowohl des Sinns als auch der Erfahrung handelt.

Selbst das Wort „Sinn" verändert seine Bedeutung, wie wir gesehen haben. Es gewinnt an Tragweite. Zu Beginn unserer Reise meint Sinn vielleicht intellektuelle Bedeutung, dann wird er mehr zu einer gefühlten, emotionalen Bedeutung und danach zu einer essenziellen Bedeutung, zu einem essenziellen Sinn. Das geht so weiter, bis er zu einer reinen Präsenz wird, zu einem reinen Gewahrsein, das sinnvoll ist.

Der Sinn des Lebens

Als Menschen fragen wir uns: „Was ist der Sinn des Lebens?“ Aus der Perspektive der spirituellen Reise kann die Antwort nur von dort kommen, wo wir sind. Daher offenbart sich der Sinn des Lebens im sich entspinnenden Faden jedes Menschen. Deshalb verändert sich der Sinn auch, während jeder von uns durch sein Leben geht. Wenn Sie sich fragen: „Was war der Sinn meines Lebens vor zehn Jahren?“, können Sie klar erkennen, dass sich damals und heute unterscheiden. Hat der Sinn einen Quantensprung gemacht? Vielleicht fühlt es sich so an, aber tatsächlich ist er beständig. Selbst wenn es Quantensprünge in unserer Erfahrung gibt, gehorchen sie immer noch dem Einstein'schen Gesetz, das auf Kontinuität basiert.

Einstein glaubte, dass die Vorstellung von Quantensprüngen nur die Annäherung an das ist, was passiert. Wir gehen von Quantensprüngen aus, weil wir nicht aufmerksam genug und weil unsere Theorien nicht präzise genug sind, um die Kontinuität der Veränderung erkennen zu können. In Wirklichkeit ist die Realität ein nahtloses, selbstexistierendes Feld. Wir sagen, es ist Licht, aber dieses Licht ist nicht aus Partikeln zusammengesetzt. Es ist eine Flüssigkeit, die nicht spezifiziert ist; sie fließt und entfaltet sich andauernd. So ist die Realität die ganze Zeit über.

Warum erkennen wir unsere Erfahrung nicht auf diese Weise? Weil wir nicht real sind, wir sind nicht wir selbst. Wir sind nicht dort, wo wir sind. Wir sind nicht präsent in Bezug darauf, wo wir sind. Je mehr wir dort präsent sind, wo wir sind, desto größer ist das Gefühl des Fließens, das Gefühl, dass unsere Erfahrung bedeutungsvoll ist, dass ein Kontinuum, ein Entfalten geschieht. Aus diesem Grund wird unser Leben auch sinnvoll, denn wir sind nicht nur in Kontakt mit dem Sinn des Lebens, wir *sind* der Sinn unseres Lebens. Wir sind an einem Ort, wo dieser Sinn sich entfaltet.

Manchmal gibt es vielleicht Lücken im Verständnis Ihrer Erfahrung, die Ihnen nicht einmal aufgefallen sind. Wenn Sie eine davon bemerken, beginnt damit bereits der Prozess des Verstehens. Wenn wir nicht erkennen würden, dass es eine Lücke gibt, würden wir an eine Kontinuität glauben, die nicht real ist. Selbst eine Lücke zu identifizieren, bevor Sie verstehen, worum es dabei geht, ist bereits unglaublich hilfreich.

Durch persönliche Untersuchung wird die Lücke vielleicht gefüllt werden, vielleicht aber auch nicht. Deshalb schließt der Sinn möglicherweise Zeiten des Nichtwissens ein, Zeiten der Leere oder der Abwesenheit. Wenn wir diese Leere oder Abwesenheit untersuchen, wird sie an einem bestimmten Punkt sinnvoll und hilft uns, das gesamte Bild zu verstehen. Wir entdecken, dass unser persönlicher Faden nicht durchgeschnitten wurde, er war einfach nur eine Weile unsichtbar.

Übung

Die eigene Lebenslinie betrachten

Eins der stärksten Mittel der Praxis der Untersuchung ist die Offenbarung unseres persönlichen Fadens. Denken Sie über Ihre Erfahrung in den letzten Wochen nach. Können Sie identifizieren, was Ihr sich entspinnender Faden gewesen ist?

Um das zu tun, müssen Sie noch einmal den Ort aufsuchen, an dem Sie gewesen sind, – was Sie darüber wissen, wo Sie im Verlauf der Woche an verschiedenen Punkten gewesen sind. Beziehen Sie dabei möglichst das ein, was Sie körperlich, geistig und emotional erlebt haben. Identifizieren Sie die sekundären und primären Manifestationen, derer Sie sich in sich selbst bewusst geworden sind. Denken Sie über das nach, was Sie über das tiefere Wesen von dem, was geschehen ist, erkennen können.

Während Sie über diese verschiedenen Momente in der Zeit nachdenken, können Sie einen Fluss oder ein Fortschreiten zwischen ihnen feststellen? Was sagt Ihnen Ihr Verständnis darüber, in welcher Form diese verschiedenen Erfahrungen miteinander verbunden sind? Finden Sie einen Bedeutungsfaden? Können Sie auch die Lücken erkennen, wo Sie kein Gefühl dafür haben, was eine Erfahrung mit der anderen verbindet?

Fahren Sie mit Ihrer Erforschung die ganze Strecke bis zum jetzigen Moment fort. Der Faden ist da, aber Sie können ihn vielleicht noch nicht erkennen. Es ist nicht etwas, was Sie in Ihrem Geist ergründen können. Seien Sie nicht entmutigt, wenn diese Kontinuität der subtilen Entfaltung Ihrer Seele noch nicht klar zu erkennen ist. Wenn Sie sich einfach nur der Möglichkeit öffnen, wird das mehr Raum dafür schaffen, dass sie sich Ihnen offenbaren kann.

16.
Sein ohne Geist

Während wir immer eingestimmter werden auf das, was in unserer Erfahrung geschieht, entwickelt sich unsere Fähigkeit, uns selbst auf immer subtileren Ebenen zu verstehen, kontinuierlich weiter. Je mehr wir damit fortfahren, die primären und sekundären Elemente unserer Erfahrung, über die wir bisher gesprochen haben, zu erkennen und damit zu arbeiten, desto mehr fühlen wir, wie es ist, dort zu sein, wo wir sind, wie es ist, wir selbst zu sein.

Trotzdem beruht diese Fähigkeit, denjenigen zu kennen und derjenige zu sein, der wir sind, nicht darauf, was wir konzeptuell über Manifestationen wissen und wie sie alle zusammenpassen. Wir selbst zu sein, ist nicht das Ergebnis von einem geistigen Arrangement, bei dem alle Puzzlestücke schließlich das komplette Bild ergeben. Das erscheint – oder man könnte auch sagen, es wird hervorgerufen – dadurch, dass wir die Überzeugungen durchschauen, die wir über denjenigen haben, der wir sind, und alle Arten loslassen, mit denen wir uns selbst davon abhalten, der zu sein, der wir sind. Wenn dieses Wesen, das wir sind, offenbart wird, erkennen wir es gleichzeitig ganz direkt, ohne uns auf unseren Geist zu verlassen. In diesem Kapitel werden wir eine neue Dimension des Seins erforschen, die der Grund für dieses nichtbegriffliche Selbsterkennen ist.

Wir haben bisher schon mit der Praxis des Nichttuns gearbeitet, indem wir gelernt haben, wie wir wir selbst sein können, ohne irgendetwas dafür zu tun, um dort zu sein, wo wir sind.

Wir haben gesehen, wie wir, wenn wir einfach nur bewusst sind, an einem bestimmten Punkt in der Lage sind, zu erkennen, was in unserer Erfahrung geschieht, es verstehen und seinen Sinn erfassen zu können. Wir haben gesehen, dass dieser Sinn sich im Laufe der Zeit zu einem Sinnfaden entspinnt, zu unserem persönlichen Faden, der sich zu essenziellem Sinn transformiert, welcher die Präsenz der Wahren Natur selbst ist.

Wir haben gesehen, wie unser Geist unsere Erfahrung erkennt, sie verdinglicht und sich dann mit diesen Verdinglichungen identifiziert. Wir haben erforscht, wie der Prozess der Verdinglichung aus den Elementen unserer Erfahrung Objekte macht und wie er durch Identifikation den Fluss dieser Erfahrung beschränkt. Und wir haben festgestellt, wie unser Geist die natürliche Entfaltung unserer Erfahrung blockiert, indem er versucht, an einigen Teilen davon festzuhalten und andere entweder abzulehnen oder zu verändern, woraus ein festes Gefühl des Selbst wird.

Wenn wir nur mit dieser Situation allein gelassen würden, wären das trübe Aussichten. Wer würde schon in der Lage sein, den Tücken der Verdinglichung und Identifikation zu entgehen? Der Geist geht diesen Aktivitäten ganz natürlich nach, geradezu mühelos und fast unmittelbar nach jeder Erfahrung. Als Ergebnis davon sind sie uns so sehr zur zweiten Natur geworden, dass es schwierig ist, zu erkennen, dass sie überhaupt stattfinden.

Während wir uns diese subtilen Ego-Aktivitäten genauer anschauen, entdecken wir die Tendenz, die Verdinglichung selbst zu verdinglichen und sie zu einer Art Objekt zu machen, das wir ablehnen können. In unserer Vorstellung machen wir es zu etwas, was wir verdrängen und von dem wir uns abspalten können.

Derselbe Prozess kann geschehen, wenn wir das Tun verdinglichen und es zu etwas machen, was wir ablehnen oder verurteilen können. Und noch subtiler: Wir können auch das Nichttun verdinglichen, sodass das Nichttun ein Objekt wird, ein Ding, das wir schätzen oder kultivieren können. Die Wahrheit ist, dass Nichttun in Wirklichkeit nichts ist. Es gibt keine Sache, die Nichttun genannt wird. Nichttun ist die Nichtexistenz des Tuns, aber wir machen es zu etwas, nach dem wir streben sollten, was zu einem subtilen Hindernis werden kann. Etwas Ähnliches kann denen passieren, die ausschließlich mit einer nichtdualen Perspektive der Realität arbeiten: An einem bestimmten Punkt beginnen sie, die Nichtdualität zu verdinglichen, und dann wird sie für sie zu einem Objekt, nach dem man streben und greifen sollte.

Wie Sie also erkennen können, ist die Tendenz des Geistes, zu verdinglichen, um Stabilität, ein festes Zentrum oder eine spezielle Ausrichtung zu erschaffen, unbegrenzt. Daher ist der Geist auch ein zweifelhafter Segen, ein zweischneidiges Schwert. Das ist die Lage der Menschheit: Unsere Intelligenz, unser Geist, kann uns befreien, aber er kann uns auch versklaven. Unser Lernen, unser Reifeprozess und sogar unsere Selbstverwirklichung und Erleuchtung verlangen die Fähigkeit zur Unterscheidung, zur klaren Differenzierung dessen, was wahr ist und was nicht. Aber genau diese Fähigkeit der Unterscheidung wird auch die Basis für die Verdinglichung. Verdinglichung kann nicht ohne die Erkenntnis von etwas beginnen, ohne dass wir es als anders von allem anderen unterscheiden.

Wenn wir etwas erkennen, verkapseln wir es für gewöhnlich, wir machen es zu einem Gegenstand, verdinglichen es, erinnern uns daran und projizieren es dann auf die Gegenwart. Dies alles schließt die Unmittelbarkeit unserer Erfahrung aus. Als Ergebnis davon nehmen wir unsere Erfahrung durch die Verdinglichungen wahr. Wir erkennen die Realität nicht mehr als frisch. Wenn wir zuerst etwas erkennen – bevor die Verdinglichung beginnt –, ist die Erkenntnis unmittelbar. Sie ist ein gefühltes, vollständiges Erfahrungswissen von dem, was ist. Diese unmittelbare Unterscheidung ist lebendig und wird nicht durch vergangene Erfahrung gefärbt. Der Realität in dieser Weise zu begegnen, ist notwendig, um ein vollständiger Mensch zu werden; ohne dies werden unsere Möglichkeiten beschränkt. Wir werden fortfahren, unsere Erfahrungen als auf einer verdinglichten Realität basierend wahrzunehmen, die uns vom direkten Wissen über das Leben abschneidet.

Aber es ist tatsächlich möglich, nicht in der Verdinglichung und Identifikation und all den Dingen, die damit zusammenhängen, wie der Beurteilung, der Abwehr, dem Hass, der Trennung und dem Anhaften, gefangen zu sein. Die Wahre Natur selbst ermöglicht uns das. Weil die Wahre Natur das ist, was sie ist: Sie ist Realität, und sie ist unabhängig vom Geist. Ob wir sie nun verdinglichen oder nicht, die Wahre Natur ist sie selbst. Wir mögen sie objektivieren und uns dadurch von ihr distanzieren, aber nichts macht sie anders als das, was sie ist. Nichts geschieht jemals mit ihr.

Wahrnehmendes Gewahrsein versus erkennendes Gewahrsein

Die Wahre Natur geht also über den Geist hinaus. Sie ist die Facette jenseits des Geistes, eine Dimension, die wir nicht erforscht haben, die uns erlaubt, nicht in der konzeptuellen Falle angelernter Unwissenheit gefangen zu werden.

Als wir früher in diesem Buch über die unterschiedlichen Arten von Unwissenheit gesprochen haben, haben wir erkannt, dass zu

Beginn unserer Entwicklung als Mensch unser konzeptuelles Wissen – das wir auch unsere kognitive Fähigkeit oder Unterscheidungsfähigkeit nennen – noch sehr rudimentär ist, fast nicht existent. Es entwickelt sich nach und nach, bis wir fähig sind, konkrete Objekte zu erkennen, und dann in der Lage sind, abstraktere Aktivitäten anzugehen – wie das Denken und die Begriffsentwicklung. Aber selbst bevor wir diese kognitive Fähigkeit entwickeln, hat die Wahre Natur ein Gewahrsein. Tiere haben Gewahrsein, und es ist dieses Gewahrsein, das sie dazu bringt, zu reagieren. Die Tatsache, dass wir Menschen selbst als Kleinkinder Gewahrsein haben, zeigt uns, dass die Wahre Natur eine Fähigkeit des Gewahrseins hat, die fundamentaler ist als unsere Fähigkeit, zu wissen.

Diese Fähigkeit ist das, was ich wahrnehmendes oder reines Gewahrsein nenne, im Gegensatz zum wissenden oder kognitiven Gewahrsein. Vom Moment unserer Geburt an nehmen wir wahr. Vielleicht wissen wir nicht, dass wir wahrnehmen, doch wir besitzen auf jeden Fall Wahrnehmung. Wir haben nicht das kognitive Gewahrsein, das später entwickelt wird, aber wir besitzen wahrnehmendes Gewahrsein.

Wenn sich die kognitiven Komponenten unseres Bewusstseins entwickeln – manche von ihnen bereits sehr früh im Leben –, verlieren wir nach und nach den Kontakt zum reinen, wahrnehmenden Gewahrsein oder vergessen es. Wir gewöhnen uns daran, dass unser Gewahrsein immer ein wissendes, ein kognitives Gewahrsein ist. Sie sehen ein Objekt und entweder wissen Sie, was es ist, oder Sie wissen es nicht. Wenn Sie noch nie eine Glühbirne gesehen haben und dann plötzlich auf eine stoßen, erkennen Sie, dass da etwas ist, aber Sie wissen, dass Sie nicht wissen, was es ist. Sie haben keinen Namen dafür, denn Sie haben noch nie eine Glühbirne gesehen. Das unterscheidet sich von der Wahrnehmung eines Kleinkinds oder eines Vogels, der dieselbe Glühbirne sieht. Der Vogel oder das Kind sieht die Birne und weiß ebenfalls nicht, was es ist, aber er oder es *weiß* nicht, dass es nicht weiß, was es ist.

Als menschliche Wesen haben wir die Fähigkeit, etwas wahrzunehmen, ohne es zu kennen, und diese Fähigkeit geht nie verloren. Diese Fähigkeit ist die Grundlage des kognitiven Wissens, denn unser wissendes Bewusstsein hat sich als eine Facette unseres ursprünglichen Bewusstseins, unseres primären Bewusstseins entwickelt. Aber wenn die kognitive Fähigkeit ihre objektivierende Fähigkeit entwickelt, verlieren wir den Kontakt mit dem reinen, wahrnehmenden Gewahrsein – mit der Sensibilität selbst ohne das kognitive Wissen. Wir wissen nicht, dass es existiert, weil die Wahrnehmung und das Wissen gleichzeitig zu geschehen scheinen und wir sie nicht trennen können. Wir nehmen etwas wahr, und sofort registriert unsere kognitive Fähigkeit, dass wir entweder wissen oder nicht wissen, was es ist.

Tatsächlich sieht es für uns so aus, als würden Wahrnehmung und Erkennen gleichzeitig auftauchen, aber Tatsache ist, dass wir zuerst wahrnehmen und dass das Wissen in Bezug auf das, was wir wahrnehmen, danach folgt. Wenn wir sehen, dass jemand hereinkommt, registriert unser Gewahrsein es entweder als „Ich kenne diese Person“ oder als „Ich kenne diese Person nicht“. Es ist nicht so, dass Sie jemand sehen und sofort denken: „Was ist das?“ Aufgrund Ihrer kognitiven Fähigkeit wissen Sie zumindest, dass es sich um einen Menschen handelt. Wir haben nicht diesen kindlichen Geist, der etwas sehen und es mit totaler Frische und Unmittelbarkeit wahrnehmen kann. In Wirklichkeit haben wir diesen Geist zwar, aber er ist verborgen, er wurde vom wissenden Geist absorbiert.

Daher können wir ohne Wahrnehmung nicht wissen, und wir haben uns an die Überzeugung gewöhnt, dass Wissen immer ein Teil der Wahrnehmung ist. Aber wenn das der Fall wäre, was würde dann mit der Art von Wahrnehmung geschehen, die wir hatten, bevor wir erkennen konnten, was die Dinge sind? Wir haben uns so sehr an das Übergewicht unserer kognitiven Fähigkeit gewöhnt, dass wir möglicherweise nicht einmal realisieren, dass die Wahre Natur in sich ein wahrnehmendes Bewusstsein hat, das unabhängig vom kognitiven Wissen ist. Unser Wissen, unsere kognitive Kapazität, entwickelt sich und reift durch unsere Erfahrung als Mensch, und dennoch verlieren wir in Wahrheit nicht das ursprüngliche reine Gewahrsein. Es wird nur einfach unsichtbar für uns, denn wir nehmen alles fast immer durch das Fenster des Wissens wahr.

Jenseits der Unterscheidung

In welcher Beziehung steht dieses Verständnis zu unserer Praxis der Untersuchung? In der inneren Untersuchung, der wir nachgehen, während wir einfach nur sitzen – und weder mit dem Inhalt des Geistes beschäftigt sind noch seinen Reaktionen nachgehen –, beginnen wir an einem bestimmten Punkt, gewisse Tendenzen zu erkennen. Wir sehen unsere Tendenz, Dinge in unserer Erfahrung zu erkennen und wissen zu wollen, was sie sind. Wir sehen unsere Tendenz, alles etikettieren zu wollen: „Ist das ein Gefühl oder ein Gedanke? Ist dieses Gefühl Wut oder Angst? Ist es ein körperlicher Schmerz, eine Projektion, eine unterdrückte Erinnerung, eine Offenbarung der essenziellen Wahrheit?" Zu Beginn der Untersuchungsreise ist diese Art von Fragen nützlich, weil sie uns dabei helfen, uns der Dinge bewusst zu werden, von deren Existenz wir vielleicht nichts gewusst haben. Deshalb empfehlen manche Meditationsübungen auch, dass Sie den Inhalt Ihrer Erfahrung benennen sollten: Denn das Definieren kann klären, was da ist.

Aber dieses Etikettieren wird auch die Grundlage, auf der Verdinglichung aufgebaut werden kann. Unabhängig davon, wie intelligent und bewusst Sie sind, arbeitet Ihr Geist so schnell, dass er die

Dinge objektivieren wird, bevor Sie sich ihrer bewusst sind. Bevor Sie es merken, sind Sie bereits in der Objektivierung verkapselt. Es ist so, als hätte eine dieser Maschinen, die Objekte versiegeln, Sie eingeschweißt. Sie sitzen dort und sind in Zellophan eingehüllt, das ein Etikett mit Ihrem Namen trägt. Das Etikettieren ist nur bis zu einem bestimmten Punkt nützlich, um unsere Erfahrung zu klären, weil es so direkt mit Verdinglichung und Objektivierung verbunden ist.

Wenn wir zu erkennen beginnen, dass das Wissen und das Etikettieren uns sowohl helfen als auch verführen können, können wir die darunterliegende Grundlage des unmittelbareren und direkteren Wissens erfahren, die vor dem Etikettieren und Objektivieren erscheint. Unser Wissen kann vom diskursiven, objektivierten Wissen zu einem unmittelbareren Erkennen wechseln, in dem wir wahrnehmen, dass dieses Wissen ein Teil von dem ist, was wir sind. Wenn wir sicherer bezüglich dieses implizierten Wissens werden, brauchen wir den Dingen keinen Namen zu geben, denn inzwischen wohnt uns das Wissen inne; das kognitive Potenzial des Bewusstseins ist verwirklicht worden.

Mit anderen Worten können wir, wenn wir unserem Sinnfaden folgen, vom normalen Wissen, das vermittelt und stellvertretend ist, zum unmittelbaren Wissen der Gegenwart gelangen, wo Wissen und Sein dasselbe ist. Das wird traditionell Gnosis genannt: zu wissen, indem wir das sind, was wir wissen. Wenn wir uns auf dieser grundlegenderen Wissensstufe sicherer fühlen, sind wir entspannt in Bezug auf das Wissen. Wir fühlen, dass wir nicht am Wissen festhalten müssen, um wir selbst zu sein, denn das Wissen ist Teil unseres inhärenten Potenzials, eine Facette unseres Seins. Dann wird es möglich, dass wir uns bis zu dem Punkt entspannen, an dem die wissende Fähigkeit selbst sich auflöst.

Nicht nur das Etikettieren wird dann unnötig; vielleicht brauchen wir an einem Punkt auch die Erkenntnis nicht mehr – wenigstens nicht durchgehend. Wenn wir im Zustand der Stille, der Präsenz und Klarheit sind, nachdem wir eine Weile gesessen und meditiert haben, brauchen wir nicht mehr zu etikettieren und wir brauchen auch nichts Besonderes mehr zu wissen. Wir können an einem Ort sein, an dem wir nichts Besonderes erkennen, aber wir haben trotzdem Klarheit, wir haben helles, klares, transparentes Bewusstsein. Es ist sehr frisch, sehr scharf und rein, ohne dass wir uns auf irgendetwas Bestimmtes konzentrieren oder es definieren nach dem Motto: „Dies ist dies", oder: „Dies ist das." Wir kehren zurück zu unserer ursprünglichen, primären Befindlichkeit, bevor die kognitive Fähigkeit entwickelt wurde und alles übernommen hat.

Aber das ist kein Rückschritt in der Zeit, es ist ein ontologisches „Zurückgehen" im Moment, in dem Sinn, dass wir eine Schicht losgelassen haben und jetzt von der darunterliegenden Schicht des wahrnehmenden Gewahrseins aus erkennen. Und diese Schicht war immer da und wird immer da sein, denn ohne sie würden wir gar nicht wahrnehmen.

Reines Bewusstsein

Am Ende werden wir ruhig genug oder sicher genug in unserem Wissen sein, dass wir an ihm nicht mehr festhalten müssen. Oder vielleicht haben wir durch unsere Untersuchung auch erkannt, was das Wissen leisten kann und was nicht. Wir haben seine Fähigkeit komplett wahrgenommen, deshalb brauchen wir es auch nicht als etwas zu verdinglichen, an dem wir festhalten müssen. So oder so fällt etwas weg. Das Bedürfnis, am Wissen festzuhalten, fällt weg, und es gibt nur noch das Leuchten des Seins, das für sich steht. Unsere Wahre Natur ist weiterhin unsere Wahre Natur – weil sie zeitlos ist, ewig. Sie war da, bevor wir zu wissen anfingen, und sie ist auch weiterhin da.

Durch unsere Lebenserfahrung haben wir das Potenzial, zu wissen, das der Wahren Natur zu eigen ist, entwickelt, aber die Wahre Natur ist selbst jenseits davon; sie ist Vor-Wissen, noch ursprünglicher als das Wissen. Sie ist nur „einfach hier sein“ – das Bewusstsein, da zu sein, ohne dass das Bewusstsein, da zu sein, irgendetwas bedeutet. Die Erfahrung ist: „Ich bin mir bewusst, hier zu sein, aber es gibt nichts im Geist, das sagt, dass ich mir bewusst bin, hier zu sein. Es gibt keine Erkenntnis, hier zu sein; ich bin einfach nur da.“

Manchmal sieht man das bei Säuglingen, wenn sie einen auf eine ganz bestimmte Weise anschauen. Sie sind sehr präsent, aber man erkennt trotzdem, dass sie nicht über sich nachdenken; sie denken nicht darüber nach, dass sie da sind oder dass sie einen anschauen. Obwohl sie eine sehr präsente, konzentrierte Aufmerksamkeit haben, denken sie nicht über sich selbst nach, und sie erkennen auch nichts. Sie sind reines Bewusstsein. Wenn das passiert, gibt es keine Antwort, keine Reaktion von ihrer Seite; sie sind einfach nur da und nehmen wahr. Das geschieht normalerweise, wenn sie entspannt oder zufrieden sind. Dasselbe gilt für Tiere. Wenn sie zufrieden oder entspannt sind und sie sich nicht bedroht fühlen, existieren nur das reine Bewusstsein und die Sensibilität für das, was ist.

Diese Beobachtungen zeigen uns, dass die Fähigkeit der reinen Wahrnehmung ein Potenzial unserer Wahren Natur ist. Unsere Wahre Natur hat in sich diese Dimension reinen Bewusstseins, die in Wahrheit Präsenz ist. Aber normalerweise hat die Präsenz eine kognitive Qualität; sie weiß, dass sie ist. Worüber wir hier sprechen, ist eine Präsenz, die nicht weiß, dass sie ist, – genau so, wie sie bei einem Säugling funktioniert. In diesem Zustand erleben Sie die Tatsache des Nichtwissens nicht als ein Gefühl von Mangel. Stattdessen erkennen Sie: „Ich bin vollständig. Ich bin so sehr ich selbst, dass ich nicht zu wissen brauche. Wie dem auch sei, ich kenne die Wahre Natur bereits, warum muss ich dann darüber nachdenken? Ich kenne sie, und sie ist ich – die ganze Zeit über. Ich verstehe, dass der Geist seine Arbeit erledigt hat. Er hat mich zu dem Ort gebracht, an dem ich die Wahre Natur erkennen und sie als das sehen kann, was sie ist. Jetzt kann ich voller Zuversicht in ihr ankommen und wissen, dass sie nicht etwas ist, was ich verlieren – oder gewinnen – kann." Sie sind so entspannt, dass Sie nicht einmal darüber nachdenken. Diese Art von Präsenz ist natürlich – so natürlich, wie unser ureigenstes Wesen, unsere primäre Natur. Sie kommt mit einem Gefühl der Unschuld daher, dem frischen Bewusstsein, das alles offenbart, als ob Sie es das erste Mal sehen würden. Wann immer wir wissen, was etwas ist, können wir es mit einem anderen Mal verbinden, als wir dasselbe gesehen haben. Aber wenn wir es mit reinem Bewusstsein betrachten, ist es so, als hätten wir es noch nie gesehen. Alles ist rein, transparent, hell, scharf – es ist so, wie es ist –, weil der Geist nichts damit macht. Der Geist macht nichts damit, weil er einfach nicht da ist. Er kommt mit dem Wissen ins Spiel, aber das hier ist vor dem Wissen, wenn es nur die reine Wahrnehmung gibt.

Über den unterscheidenden Geist hinaus

An einem bestimmten Punkt in der Entwicklung unserer Unterscheidungsfähigkeit kann die kognitive Fähigkeit sich selbst an ihre eigene Grenze bringen. Genau darum geht es bei der inneren Arbeit: die unterscheidende Fähigkeit an ihre letzte Grenze zu führen, wo die Realität selbst über das Wissen hinausgeht. Unsere kognitive Fähigkeit weiß und weiß und weiß, bis sie sich einer Realität nähert, die sie nicht kennen kann. Der Grund, warum sie diese nicht kennen kann, ist nicht der, dass unsere kognitive Fähigkeit nicht entwickelt ist, dass etwas mit ihr nicht stimmt oder dass sie vielleicht sogar verborgen ist, sondern dass die Realität, die sie jetzt erfährt, nichts mit

Wissen zu tun hat – sie ist jenseits des Wissens. Wenn der Geist das erkennt, verbeugt er sich im Grunde und verabschiedet sich.

Auf eine gewisse Weise wollte der Geist das schon lange tun, denn er hat den schwierigen Job der Untersuchung schon so lange gemacht und braucht Erholung. Er will schlafen. Er will, dass die Welt sich ohne ihn dreht, weil er die ganze Zeit über das Gefühl hatte, dass er für alles verantwortlich sein musste.

Wir erkennen also, dass eine der Dimensionen unserer Wahren Natur darin besteht, dass sie nichtkonzeptuell ist. Wir entdecken, dass wir ohne Unterscheidung, Differenzierung und intellektuelles Wissen sein können, weil Präsenz und Bewusstsein ultimativ, primär, nichtkonzeptuell sind. Die Wirklichkeit existiert ohne Konzepte, unabhängig von Wissen oder Nichtwissen.

Wie kommen wir zu dieser Entdeckung? Wenn wir mehr und mehr lernen, dort zu sein, wo wir sind, und unserem persönlichen Faden folgen, wird an einem bestimmten Punkt die Bedeutung dessen, was in jedem Moment geschieht, nichtkonzeptuell. Wir sind innerhalb der Präsenz – wir sind Präsenz – ohne das Konzept der Präsenz, wir sind hier, ohne zu denken: „Ich bin hier." Nun sollte man das nicht mit dem Abgelenktsein verwechseln. Sie können „nicht hier" im Sinne von, abgetrennt sein, und wenn jemand Sie darauf hinweist, werden Sie erkennen, dass Sie irgendwo weit weg waren. Ich spreche hier darüber, dass Sie sich zwar recht bewusst sind, was geschieht, aber Sie denken an dieser Stelle nicht über sich nach, Sie unterscheiden nicht. Der Grund ist nicht, dass Sie keine Unterscheidungsfähigkeit besitzen, manchmal ist sie einfach nur nicht nötig. In der Präsenz dieser Grundlage des nichtkonzeptuellen Seins tritt Verdinglichung einfach nicht auf; sie kann in der Tat auch gar nicht geschehen, weil Verdinglichung eine Art Wissen verlangt. Jedes Wissen – selbst das unmittelbare Wissen, wenn wir zum Beispiel die

Qualität der Stärke der Präsenz kennen, weil wir sie selbst sind – hat noch eine konzeptuelle Komponente. Aber die Essenz der Stärke kann auch ohne die kognitive Fähigkeit erscheinen, die ihr einen Stempel aufdrückt. Die Stärke, die Kapazität und die innere Hitze sind da, aber Ihr Geist nennt sie nicht „Stärke", „Kapazität" oder „Hitze". Ihr Geist sagt gar nichts. Sie *sind* einfach Stärke. Und diese Stärke ist nicht leblos oder blass, sie lebt und sie funkelt.

Es ist wichtig zu erkennen, dass das, was wir hier als „nichtkonzeptuell" bezeichnen, nicht das ist, was die meisten Menschen, einschließlich der Philosophen, damit meinen. Normalerweise beschreibt nichtkonzeptuell etwas, das nicht geistig ist, sondern eine recht unmittelbare Erfahrung, wie ein Gefühl oder eine Empfindung. Daher wird der Duft einer Blume als nichtkonzeptuell angesehen, die stoffliche Beschaffenheit der Orange ist nichtkonzeptuell. Ich beziehe mich auf diese Erfahrungsebene als grundlegendes Wissen, nicht als nichtkonzeptuelle Wahrnehmung. So, wie ich hier über die Dinge spreche, sind diese Erfahrungen und Wahrnehmungen immer noch konzeptuell, weil in ihnen Wissen liegt und weil Wissen immer Konzepte mit einschließt, selbst wenn es Konzepte der Gnosis sind – also dem spirituellen, unmittelbaren Wissen.

Was ich hier nichtkonzeptuell nenne, geht über das unmittelbare, nichtrepräsentative Wissen hinaus. Es geht über das grundsätzliche Wissen oder die Gnosis hinaus. Es ist eigentlich überhaupt kein Wissen, und es gibt auch keine Erkenntnis bezüglich irgendetwas, es ist die totale Unschuld des Geistes, der zwar wahrnimmt, aber nicht erkennt, was wir wahrnehmen.

Daher sehen wir, dass wir die Möglichkeit haben, dort zu sein, wo wir sind, – in einer solchen Nacktheit und Reinheit zu sein, dass wir einfach nur sind und dass das alles ist. Wir sagen nicht einmal „wir" und „sind" – alles ist genau so, wie es ist. Die Terminologie, die von den Schülern östlicher Traditionen benutzt wird, zeigt das vorzüglich, denn es ist einfach nur ein Zeigen. Sie können fragen: „Was ist es?", und sie werden sagen: „Es ist *das*." Oder Sie fragen: „Was ist Realität?", und die Antwort wird lauten: „Einfach nur das."

Keine Erklärung ist nötig, denn es gibt nichts zu erklären, weil es nichts zu unterscheiden gibt – oder, anders ausgedrückt, weil die unterscheidende Fähigkeit auf dieser Ebene nicht funktioniert. Das Gewahrsein ist tiefer gegangen, als die Unterscheidung gehen kann. Es hat die vollkommen nichtkonzeptuelle Tiefe der Wahren Natur erreicht, die nichtkognitive Tiefe der Realität. Daher erkennen wir, dass Wahre Natur – das Wesen von allem – fundamental nichtkonzeptuell ist, jenseits des Geistes. Und die Tatsache, dass sich das Bewusstsein jenseits des Geistes befindet, bedeutet, dass wir frei vom Geist sein können.

Freiheit vom Geist

Wir können nicht frei vom Geist sein, wenn es nur Geist gibt. Wenn wir nur den konzeptuellen Geist haben, gibt es keine Freiheit. Aber die Tatsache, dass das Bewusstsein jenseits des konzeptuellen Geistes ist und dass wir dieses Bewusstsein sind, bedeutet, dass wir grundsätzlich frei sind. Es ist nur so, dass wir fast immer mit dem Geist identifiziert sind, daher bleiben wir auch in ihm gefangen.

Wenn wir auch nur ein Weilchen ohne den Geist sein können, kann man viele der subtilen Hindernisse und Identifikationen, genau wie die Konzeptualisierungen, die unseren Verdinglichungen zugrunde liegen, aufdecken. Wir können die Unterscheidung und das Etikettieren erkennen und sehen, dass all diese Aktivitäten natürliche Funktionen des Geistes sind – notwendig, um unser praktisches Leben zu steuern, aber nicht notwendig, um wir selbst zu sein. Um diejenigen zu sein, die wir sind, brauchen wir diese Dinge nicht. Um zu sein, was wir sind – einfach nur zu sein, lebendig zu sein –, brauchen wir sie nicht.

Aber viele Menschen glauben, dass es keine Erfahrung geben wird, wenn der Geist verschwunden ist. Allerdings ist das Gegenteil wahr: Das Bewusstsein setzt sich mit mehr Intensität, mehr Klarheit, mehr Transparenz fort; die Farben sind lebhafter und die Formen sind ausgeprägter. Der Grund dafür ist, dass alles mehr es selbst wird, weil alle Schleier, alle Projektionen, alle Konzepte fort sind. Wir nehmen wahr, ohne dass sich irgendetwas einmischt, deshalb ist alles ganz nackt es selbst. Um zu glauben, dass wir nichts mehr sehen werden, wenn der Geist verschwunden ist, müssen wir glauben, dass alles nur in unserem beschränkten diskursiven Geist existiert.

Daher objektivieren wir das Nichttun auch nicht von dem Ort aus, der jenseits des Geistes ist, weil wir es nicht konzeptualisieren. Das Bewusstsein, das jenseits des Geistes ist, kann keine Unterscheidung zwischen Tun und Nichttun treffen, denn die Unterscheidung zwischen Tun und Nichttun ist konzeptuell; sie schließt das Wissen ein.

Hier sehen wir die Schicht, für die Konzeptualisierung das Hindernis wird, die Barriere. Die Vergegenständlichung der Konzepte von Tun und Nichttun in dieser Dimension der Erfahrung ist nicht das Hindernis, – die Konzeptualisierung selbst, das Wissen selbst, ist das Hindernis. In Wahrheit ist es sogar noch subtiler. Das Wissen selbst ist nicht von sich aus ein Hindernis, doch weil es leicht zur Grundlage der Vergegenständlichung werden kann, wird es zu einem Baustein, den der Geist benutzt, um zu objektivieren.

Aber der Geist muss deshalb nicht komplett über Bord geworfen werden. Unsere Fähigkeit, im Nichtkonzeptuellen zu verweilen, ermöglicht es uns, unseren Geist zu benutzen und trotzdem frei von seiner Tendenz zur Verdinglichung zu sein. Normalerweise glauben wir, dass nur der wissende Geist existiert. Aber beide Schichten von

Bewusstsein – das Konzeptuelle und das Nichtkonzeptuelle, das Kognitive und das Wahrnehmende – gehen immer Hand in Hand. Wenn wir in der Lage sind, zu unterscheiden und im Nichtkonzeptuellen zu verweilen, kann der konzeptuelle, diskursive Geist sich eine Weile verabschieden. Wenn er wieder zurückkehrt, operiert er dann manchmal anders als vorher; er kann zum Assistenten des wahrnehmenden Bewusstseins werden. Wenn er dem wahrnehmenden Bewusstsein assistiert, anstatt es zu ersetzen, kann das unterscheidende, urteilende Bewusstsein mittels Wissen operieren, ohne zu objektivieren.

Sich jenseits des Wissens bewegen

Alles, worüber wir bisher gesprochen haben – die Abwehr, das vergleichende Urteil, die Angriffe, die Identifikationen, die Anhaftungen –, basiert letztendlich auf der Verdinglichung von Konzepten. Wenn wir den Körper verdinglichen, verdinglichen wir nicht den Körper selbst, sondern unser Konzept von ihm; wenn wir das Tun verdinglichen, verdinglichen wir das Konzept des Tuns. Es ist immer ein geistiges Bild, das verdinglicht wird; wir können nichts an sich verdinglichen. Wir können der Realität nichts antun; wir können nur etwas mit unserem Konzept von ihr anstellen.

Weil daher alles auf verdinglichten Konzepten basiert, sind wir jetzt auf der untersten Ebene unseres Problems angekommen – der Konzeptualisierung an sich, dem Wissen an sich. Einige spirituelle Traditionen sagen, dass wir das Wissen loswerden sollten, weil es der Beginn aller Probleme ist; wir müssen das Wissen über Bord werfen. Das Problem ist nur, dass das vielleicht eine Weile funktionieren würde, aber wir können es nicht für immer wegwerfen, weil es ein Teil von uns ist.

Wie lösen wir also dieses Dilemma? Wir müssen herausfinden, wie wir das Wissen auf eine Weise benutzen können, die uns nicht gefangen nimmt, sondern befreit. Tatsache ist, wir brauchen das Wissen, um Erleuchtung zu erlangen. Ohne das Wissen wären wir einfach nur dumme Heilige. Eine Kuh ist auch eine Art Heilige – sie grast friedlich, legt sich hin, wenn sie genug gegessen hat, hat keinen Hass auf irgendetwas, will niemanden töten, ist total harmlos. Aber ein Mensch in diesem Zustand würde als dummer Heiliger bezeichnet werden, weil das Wissen, das ja auch Kreativität und Lernen mit sich bringt, fehlen würde. Unsere menschliche Intelligenz, unser Wissen, unsere Unterscheidungsfähigkeit ist das, was viele unserer Möglichkeiten eröffnet. Aber es ist ein zweischneidiges Schwert; es kann sich gegen sich selbst wenden und uns in Stücke schneiden, uns von dem primären Ort der Einheit und Unschuld trennen.

Je mehr wir lernen, an diesem Ort zu sein und ihn nicht zu bekämpfen, desto freier können wir von den Gefahren der Identifikation, Objektivierung und der Reaktionen sein, die im Geist ablaufen. Wie machen wir das? Falls Sie sich erinnern, hören wir mit dem Kämpfen erst dann auf, wenn wir erkennen, wie wir kämpfen. Wenn wir erkennen, wer wir sind, ohne zu versuchen, uns zu verändern, beginnen wir, Einsicht in unsere Identifikation und Objektivierung zu erlangen. Dieser Prozess enthüllt an einem bestimmten Punkt, was der Objektivierung zugrunde liegt: das inhärente Wissen. Und das inhärente Wissen enthüllt am Ende das reine, transparente, klare, leere Licht, das nichts anderes als das Licht des Bewusstseins und der Wahrnehmung ist, das die Grundlage jeder Erfahrung ist.

Deshalb gibt es im nichtkonzeptuellen, reinen Licht des Bewusstseins kein Bewusstsein, es gibt kein Wissen, aber es gibt auch keinen Mangel. Ich werde nicht wie eine Kuh, und ich bin auch kein dummer Heiliger. Es ist nicht so, dass ich nicht weiß, weil irgendetwas mit meinem Gehirn nicht stimmt oder weil ich dumm bin oder weil mir Informationen fehlen oder weil ich nicht genug untersucht habe. Der

Grund dafür, dass ich nicht weiß, ist der, dass ich die Dinge von einem Ort aus wahrnehme, der vor dem Wissen liegt, der noch grundlegender ist als das Wissen. Wenn das Wissen versucht, an diesen Ort zu gelangen, löst es sich einfach auf und wird zu reinem, durchsichtigem Licht.

Nichtwissen und kein Wissen

Dieser Ort des Nichtwissens ist anders als das Nichtwissen, dem wir bei der Untersuchung begegnen, wenn wir eine neue Erfahrung machen oder eine, die wir zwar bereits hatten, aber noch nicht untersucht haben. Das Letztere ist eine Art des Nichtwissens, das wir benötigen, um unsere innere Reise viele Male machen zu können. Mit Hilfe unserer Untersuchung müssen wir zuerst erkennen, dass wir etwas nicht wissen, bevor wir beginnen können, es zu wissen. So können wir zum Beispiel unsere essenzielle Präsenz nicht erkennen, bevor wir realisieren, dass wir nicht wissen, was essenzielle Präsenz ist. Denn wenn wir weiterhin glauben, dass wir sie kennen, werden wir nie herausfinden, was sie wirklich ist. Daher verlangt die Untersuchung immer, dass wir uns zu erfahren gestatten: „Ich weiß wirklich nicht, was das ist ... Ich weiß nicht, was gerade geschieht ... Ich weiß nicht, wer ich bin."

Wir können an diesem Platz sein und trotzdem bewusst sein, weil das nichtkonzeptuelle Bewusstsein da ist. Aber das bedeutet nicht, dass wir uns der nichtkonzeptuellen Dimension direkt bewusst sind. Das Nichtkonzeptuelle unterstützt diesen Prozess, aber unser konzeptueller, kognitiver Geist ist immer noch präsent – er hat einfach noch nichts verstanden. Er weiß nicht, aber er weiß, dass er nicht weiß. Im Gegensatz dazu wissen Sie im Nichtkonzeptuellen nicht, und Sie wissen auch nicht, dass Sie nicht wissen. Es gibt *kein* Wissen, ehe es nicht ein *Nicht*wissen gab.

Wir könnten also sagen, dass es drei unterschiedliche Arten von Wissen gibt:

1. „Ich weiß nicht, und ich weiß nicht, dass ich nicht weiß." Das ist pure Unwissenheit und Dunkelheit, denn ich glaube, dass ich vieles weiß. Der wissende Geist ist präsent.
2. „Ich weiß nicht, und ich weiß, dass ich nicht weiß." Hier werde ich mir meiner Situation bewusst.
3. „Ich weiß nicht, und ich weiß nicht, dass ich nicht weiß." Das ist reine Selbstverwirklichung, Licht, keine Dunkelheit, aber der wissende Geist ist abwesend.

Zen-Meister haben es so ausgedrückt: Zuerst ist da ein Berg, dann ist da kein Berg, dann ist da ein Berg.

Auf der Reise müssen wir zuerst herausfinden, dass wir nicht wissen. Dann fangen wir an, zu wissen. Wir wissen immer mehr, bis wir durch das ganze Wissen hindurch- und darüber hinausgegangen sind. Wenn wir bei unserer Untersuchung bleiben, bis alles – alle Details – enthüllt worden sind, kommen wir an die Quelle, aus der das ganze Wissen stammt: an das reine Bewusstsein, an das reine Licht unseres Seins, wo sich der Geist im Wunder auflöst.

Übung

Wissen und Nichtwissen

Diese Übung ist eine Erforschung Ihrer grundsätzlichen Ausrichtung in Bezug auf das Wissen und das Nichtwissen. Geben Sie sich für diese Untersuchung mindestens 15 Minuten und länger, wenn Sie brauchen.

Die erste Überlegung besteht darin, wie das Wissen Ihnen dabei hilft, Sie selbst zu sein. Auf welche Art und Weise bringen Sie Verständnis und Unterscheidung in Ihrer Erfahrung in engeren Kontakt mit dem, der Sie sind?

Dann denken Sie über das Gegenteil nach. Wie beeinträchtigt Sie das Wissen auf dem Weg, Sie selbst zu sein? Das schließt möglicherweise den Versuch zu wissen, den Glauben daran, dass Sie wissen sollten, das Festhalten an vergangenem Wissen, das Beschreiben Ihrer Erfahrung und das Benutzen von Wörtern ein – jede Art, auf die Wissen für Sie als Hindernis erscheint.

Schließlich nehmen Sie sich Zeit, um über das Nichtwissen nachzudenken. Was sind einige der Arten, wie Sie das Nichtwissen erfahren haben? Auf welche Weise berührt Sie das Nichtwissen?

17. Sein und Nicht-Sein

Wenn wir all die geistigen Vorgänge betrachten, die wir erforscht haben und die uns helfen, unsere Erfahrung besser zu verstehen, sind wir in der Lage, eine spezielle Tendenz festzustellen. Während wir beobachten, wie das Bewusstsein arbeitet, können wir sehen, dass es bei jeder geistigen Aktivität – ob es sich nun um das Konzeptualisieren, Benennen, Etikettieren, Objektivieren, Identifizieren, Reagieren, Abwehren, Beurteilen, Greifen oder Anhaften handelt – so aussieht, als würde unser Geist von etwas wegstreben wollen.

Wir haben gesehen, wie wir etwas objektivieren, wenn wir es verdinglichen und uns mit ihm identifizieren. Wir lassen es als Objekt existieren, wir machen es konkret. Diese geistige Gewohnheit enthüllt unsere Tendenz zur Objektivierung und Stabilisierung unserer Erfahrung. Es wäre normal für den Geist, zu versuchen, die Realität zu verstehen, aber er geht noch weiter; er will sie stets festnageln, sie etablieren, die Realität als eine konkrete, stabile Sache erkennen. Wir sehen also, dass all unseren geistigen Vorgängen dieselbe Tendenz innewohnt: zu versuchen, die Realität zu festigen, sie zu objektivieren, sie so konkret wie ein physisches Objekt zu machen.

Im Allgemeinen ist die materielle Welt das Realste für Menschen. Ein Fels ist für uns etwas, das tatsächlich existiert, es ist etwas, wogegen wir angehen können. Wenn alles andere zusammenbricht, suchen wir nach einem großen, massiven Felsen oder was auch immer wir für die „Basis der Realität" halten. Warum? Warum ist unsere natürliche Tendenz nicht, alles zu verflüssigen? Warum wollen wir nicht alles gasförmig machen, mehr wie Luft? Warum ziehen wir den stabilen Zustand vor?

Wenn Sie darüber nachdenken, erkennen Sie, dass vieles im Universum und in unserer eigenen Erfahrung gar nicht so stabil ist. So sind zum Beispiel unsere Gefühle ziemlich flüssig und schwer zu finden. Noch mehr unsere Gedanken; im Grunde genommen existieren sie gar nicht. Sie sind mehr wie Hologramme, die sich nicht greifen lassen. Aber diese Gedanken, diese nicht greifbaren Hologramme wollen immer alles festnageln, alles auf eine konkrete Art und Weise abspeichern – real, fundiert und bekannt.

Wir können sehen, wie diese Gewohnheit zur Tendenz des Ego-Selbst wird – oder dem, was wir das Selbst nennen –, um sich selbst zu erhalten. Das Selbst sucht immer nach etwas Konkretem, Solidem, Stabilen, Greifbarem, um sich selbst damit zu helfen, um davon abhängig zu sein. Der Grund dafür ist, dass das Selbst glaubt, dass es untergehen wir, wenn es keine Basis hat; wenn der Grund der Realität nicht fest ist, wird das Selbst überschwemmt und ertrinkt. Daher glauben wir, dass wir irgendeine Insel oder einen stabilen Felsen finden müssen, auf dem wir stehen können, damit wir nicht untergehen.

Auf der Suche nach etwas Solidem

In welcher Beziehung steht das zu unserer Praxis des Nichttuns? Von dieser Perspektive aus gesehen, wird die Praxis des Nichttuns im Grunde zu einer Annullierung dieses Prozesses der Verfestigung. Wir durchschauen die verschiedenen geistigen Vorgänge einfach, die konzeptualisieren und nach Dingen greifen in dem Versuch, sie fest und konkret zu machen. Diesen Prozess machen wir transparent. Wir beginnen damit, dass wir die grobe, oberflächliche Ebene beobachten und dann zu den tieferen, subtileren, unterbewussten Prozessen übergehen.

Stellen Sie sich vor, ich habe eine Orange. Ich werfe sie Ihnen zu, und Sie fangen sie. Sobald Sie es in Begriffe kleiden – „Es ist eine Orange, die mir jetzt zugeworfen wird" – ziehen Sie eine Grenze darum herum. Etwas zu verdinglichen, bedeutet, dass wir seine Grenzen stabilisieren: Es ist dieses Ding; es ist ein Objekt, das Orange genannt wird. Sie denken: „Wenn ich eine Orange fangen kann, wenn sie mir zugeworfen wird, muss sie wirklich existieren."

Stellen Sie sich vor, jemand würde Ihnen eine Orange zuwerfen, die Sie fangen sollen, die aber stattdessen durch Sie hindurchgeht. Was würden Sie denken? „Bin ich tot?" Ich muss ein Geist sein. Die ganze Zeit über habe ich gedacht, ich wäre am Leben, aber diese Orange ist gerade durch mich hindurchgegangen, also war ich wohl die ganze Zeit über ein Geist!" Ihr Gefühl für Ihr Selbst hängt von Stabilität und Grenzen ab, um seine Existenz fühlen zu können.

Warum haben wir ein solches Bedürfnis zu konkretisieren? Aus folgendem Grund: Damit wir uns orientieren können, damit wir ein Gespür für die Realität bekommen und funktionieren können, spüren wir, dass wir eine Grundlage brauchen, ein festes Zentrum, eine Operationsbasis. Wir glauben, dass wir einen Ort brauchen, von dem aus wir agieren können. Und wir wollen, dass unser Operationszentrum so stabil, so fest und so real wie möglich ist.

Diese Tendenz existiert in jedem subtilen geistigen Vorgang. Wenn ich etwas von mir hasse und ablehne, ist das ein Weg, mich selbst davon zu trennen. Ich sage mir: „Ich bin das nicht – ich bin dieses andere." Oder ich verdingliche: Ich erkenne dieses Charakteristikum und fange an, darüber nachzudenken und mich darauf zu beziehen, als wäre es in Wirklichkeit ein Objekt.

Das machen wir sogar mit unserer Wahren Natur. Nach einer Weile denken wir: „Ich habe eine Wahre Natur ... ich habe eine essenzielle Natur ... ich habe Präsenz ... und ich erinnere mich an ihre Qualitäten." Aber in unserer Erinnerung betrachten wir die Qualitäten der Wahren Natur, als wären sie fassbare Dinge. Die Präsenz wird fast wie eine Orange, die wir werfen und fangen können. Das heißt, selbst wenn wir unsere essenzielle Natur entdecken – wenn wir das Licht oder die Präsenz entdecken, die viel von unserer illusionären Realität bloßlegt –, können wir am Ende auch das verdinglichen und in etwas Festes verwandeln. Das tun wir, um uns selbst ein Gefühl für Realität zu geben.

Es ist interessant zu beobachten, wie unser Bewusstsein nach etwas Festem tastet. An einem bestimmten Punkt findet es die Präsenz und sagt: „Na ja, wenigstens bin ich nicht nichts. Es stimmt, dass ich mir vorgestellt habe, etwas wäre real, das in Wirklichkeit nur ein Bild aus der Vergangenheit ist. Aber jetzt habe ich es losgelassen, und diese Klarheit ist erschienen. Ich erkenne mich selbst als das, was ich wirklich bin. Ich bin wirklich vollständig und präsent. Was für eine Erleichterung!" Wir sind erleichtert, weil wir eine Weile lang Angst hatten, dass wir uns in Luft auflösen würden, wenn wir das Bild loslassen würden.

Deshalb haben einige Lehren auch damit gezögert, zu sagen, es gäbe so etwas wie die Wahre Natur. Denn in dem Moment, in dem ich an die Wahre Natur denke, gibt es mich, es gibt die Wahre Natur, und ich kann darauf sitzen. Ich kann mich in ihr aufhalten, ich kann darauf stehen, denn es ist ein fester Boden der Realität. Diese Vorstellung gibt uns ein Gefühl der Sicherheit, das nicht verschwinden wird. Es schenkt uns die Erkenntnis, dass wir nicht nur ein Geist, nicht nur ein Hologramm sind.

Wir erkennen hier also die subtile Tendenz in unserem Bewusstsein, einen Ort zu finden, der irgendwie blickdicht ist, irgendwie solide, irgendwie stabil, damit wir darauf stehen können, damit unser Geist seine Existenz und Präsenz spüren kann. Aber an einem bestimmten Punkt kann dieser Ort zu einem Ast für das Ego werden. Natürlich kann die Präsenz als etwas Räumliches, Flüssiges, Strahlendes oder Solides erfahren werden. Sie kann all diese Dinge sein, und sie ist nie nur ein Ding, denn sie verändert und bewegt sich ständig. Aber wir müssen verstehen, was wir für gewöhnlich am Ende mit der Vorstellung mit der Wahren Natur, der Präsenz, machen. Wir sagen, dass unsere Praxis darin besteht, dort zu sein, wo wir sind, aber auch das können wir verdinglichen: „Dort sein, wo ich bin? Ah, jetzt hab ich's! Ich weiß, was ich tun muss: einfach nur herausfinden, wo ich bin und dann dort bleiben."

Die Unterweisung darin, dort zu sein, wo wir sind, sieht stillschweigend darüber hinweg, ja, sie ermutigt uns sogar dazu. Schließlich fühlen wir uns gut, weil wir in der Lage sind, dort zu sein, wo wir sind, und wir sind froh, dass wir darin unterstützt werden, damit weiterzumachen. Aber wenn wir nicht verstehen, wie unser Geist funktioniert, können wir auch nicht sehen, dass das in Wahrheit ein Weg ist, um mit dem Sein weiterzumachen. Der Teil des „zu sein, wo wir sind", der dem Ego gefällt, ist „zu sein", weil sich das für uns übersetzt so anhört wie: „Ich werde weiterhin sein." Sie könnten vielleicht zu sich sagen: „Früher habe ich das, wo ich bin, immer mit anderen verglichen oder mit dem, wo ich meiner Meinung nach sein sollte, und jetzt bin ich einfach nur da, wo ich bin." Aber unterhalb dieser Erfahrung des Seins, wo Sie sind, ist immer noch dieses Gefühl von „Solange ich weiter existiere, bin ich okay". Und was ist mit dem Nichtkonzeptuellen? „Super! Ich liebe das Nichtkonzeptuelle, weil ich nicht mal darüber nachdenken muss; ich bleibe einfach nur weiter hier." Weil unser Geist so intelligent und einfallsreich ist, denken wir so. Dann ist das Sein, wo wir sind, zu einer subtilen Strategie für unsere Selbstidentität geworden, um Stabilität und Festigkeit zu gewinnen.

Aber wenn wir bewusst oder aufmerksam genug sind, wenn wir neugierig genug sind, werden wir merken, was wir tun. Schließlich werden wir diese Tendenz, zu versuchen, alles zu stabilisieren, erkennen und uns fragen: „Warum mache ich das eigentlich dauernd?" Sobald diese Frage auftaucht, werden wir anfangen, alle Methoden und die Gründe dafür zu sehen, warum wir versuchen, die Dinge zu verfestigen. Vielleicht suchen wir Bestätigung oder wir wollen Sicherheit. Wir glauben, es ist wichtig, Land, Besitz, Familie und Kinder zu haben, irgendetwas, das wir besitzen können und das wir zu etwas Festem machen, worauf wir uns verlassen können, um weiterzuleben.

Unsere Anhaftung an Positionen

An einem bestimmten Punkt unserer Untersuchung erkennen wir, dass wir eine bestimmte Haltung vertreten, eine, von der wir glauben, dass sie uns mit etwas versorgt, das wir zu einer Operationsbasis machen können. Egal, was wir tun, wenn es nicht vollkommen spontan, natürlich und ohne Selbstreflexion vonstattengeht, wird unser Ego darin involviert sein. Daher kann eine Haltung zum Beispiel auch eine Position sein, die Sie in Bezug auf ein besonderes Thema einnehmen – eine politische Frage, eine philosophische Frage oder irgendeine andere Situation.

Wir alle nehmen Positionen ein, und wir sind sehr mit ihnen verhaftet. Egal, was passiert, wir haben eine Haltung dazu – dafür oder dagegen. Oder wir sagen: „Ich habe meine eigene Position, die unabhängig von allen anderen ist", oder wir argumentieren sogar: „Na ja, da ich nicht alle Fakten kenne, kann ich auch nicht Partei ergreifen, deshalb weigere ich mich, hineingezogen zu werden." Auch das ist eine Position.

Welchen Vorteil verschafft Ihnen eine Position? Warum nehmen wir Positionen ein? Zuerst konzentrieren wir uns vielleicht auf die Entscheidung, was an bestimmten Themen korrekt oder nützlich ist: „Ich bin für die Todesstrafe ... Ich bin dagegen, dass sie dieses Doppelhaus in meiner Nachbarschaft bauen ... Ich finde, Abtreibung sollte unter diesen Bedingungen legal, aber unter jenen nicht legal sein." Doch nach einer Weile finden wir heraus, dass jede spezielle Position, die wir einnehmen, genauso viel mit dem zu tun hat, wie wir uns sehen, wie mit der Haltung, die wir zu einem bestimmten Thema einnehmen. Wir greifen uns nicht nur spezielle Themen heraus, sondern wir kämpfen auch um Positionen, wie „Ich bin Republikaner" oder „Ich bin Demokrat" oder „Ich bin Sozialdemokrat". Unsere Ideologie ist uns wichtig geworden, nicht nur, weil wir dadurch einen festen Standpunkt haben, um ein Thema zu vertreten, sondern auch weil sie uns eine Identität verleiht, ein Gefühl für unser Selbst, von dem aus wir operieren können.

Eine Position muss nicht unbedingt ideologisch oder politisch sein. Wenn wir zum Beispiel sagen, dass es so etwas wie einen physischen Körper gibt, gehen wir davon aus, dass das eine Tatsache ist, aber tatsächlich ist es eine Position. Wenn es eine Annahme ist, von der aus wir operieren, ist es eine Position. Wie sieht es mit der Aussage

„Ich bin ein Wesen aus Licht“ aus? Das ist eine Position. Jetzt haben wir den Blickpunkt verändert, unter dem wir uns sehen: „Ich bin kein physischer Körper, ich bin ein flüssiges Wesen aus Licht.“ Aber wenn Sie wirklich ein flüssiges Wesen aus Licht sind, brauchen Sie diese Realität nicht zu verteidigen, Sie brauchen sie nicht zu beschützen. Wenn jemand nicht erkennt, was Sie sind, ist Ihnen das egal. Das heißt, deswegen brauchen Sie keine Position einzunehmen.

Doch in dem Moment, wo wir wegen einer Sache beunruhigt sind, in dem Moment, wo wir glauben, dass wir unsere Wahrnehmung oder unsere Erfahrung davon verteidigen müssen, haben wir eine Position eingenommen. Wir haben uns mit etwas identifiziert, das uns vereinnahmt.

Unsere Tendenz, nach etwas Stabilem zu suchen, um uns darauf niederzulassen und uns zwischen all unseren Positionen zu den Dingen zu verankern, kann ein subtiler, kontinuierlicher Teil unserer normalen alltäglichen Erfahrung werden. Aber wenn die Unterstützung für unsere Position wegfällt, wenn wir durch jemand anderes Position herausgefordert werden, oder wenn unsere Position herausgefordert oder in Frage gestellt wird, kann es passieren, dass wir nervös oder davon besessen werden.

Warum ist das so? Weil wir unbedingt eine Grundlage brauchen, ein Zentrum, von dem aus wir operieren können, was letztlich bedeutet, ein Selbst zu haben. Wir werden es vielleicht nie in Worte fassen, aber wir fühlen: „Ich brauche etwas, das ich bin, einen Platz, von dem aus ich funktionieren kann. Ich brauche ein Zentrum, aus dem meine Gedanken herausfließen und die Welt berühren können, damit sie auf mich reagieren und mir etwas widerspiegeln kann.“ Wir wollen, dass die Welt unser Spiegel wird, damit wir in ihn schauen und etwas Realität in unserem Spiegelbild finden können: „Ja, das bin ich! Ich bin wirklich hier!“ Das machen wir sogar mit der Präsenz. Die Präsenz ist einfach nur, aber unser Bewusstsein kann sie auf eine solche Weise widerspiegeln, dass wir das benutzen können, um zu sagen: „Das bin ich. Ich existiere."

Die Angst vor dem schwarzen Loch

Warum tendieren wir dazu, permanent nach der Bestätigung unserer Selbstexistenz zu suchen? Was verbirgt sich hinter all diesen Anstrengungen, alles zusammenzustellen, von dem wir glauben, wir können uns darauf verlassen, bestätigt zu bekommen, dass wir *sind*? Wenn wir unsere Untersuchung hier fortsetzen, bekommen wir an einem bestimmten Punkt vielleicht Angst, vielleicht sogar tödliche Angst, und diese Angst zeigt uns, dass wir vor etwas wegrennen. Wir spüren, dass etwas, was wir nicht kennen, uns verfolgt, und wir sind zu Tode erschrocken. Es ist so, als würden wir immer wieder versuchen, aus einem tiefen, dunklen Loch herauszuklettern. Wir versuchen, etwas zu finden, irgendetwas, an das wir uns klammern können oder auf dem wir stehen können, damit wir nicht den ganzen Weg hinunter auf den Grund rutschen. Wenn wir diese Gefühle erforschen, entdecken wir, dass das, aus dem wir herausklettern wollen, ein schwarzes Loch ist. Wir haben große Angst, dass dieses Loch uns verschlucken wird.

Irgendwie spüren wir, dass niemand jemals dem schwarzen Loch entgeht! Deshalb hoffen wir, dass wir in der Lage sein werden, außerhalb des Ereignishorizonts zu bleiben, jenseits des Einflusses des schwarzen Lochs. Denken Sie daran, der Ereignishorizont ist der Punkt in unserem Inneren, aus dem weder Objekte und Erfahrungen noch Licht entkommen können, weil sie durch die überwältigende Schwerkraft des schwarzen Lochs aufgesaugt werden.

Aber wir werden unsere Sicherheit niemals dadurch finden, dass wir herauszuklettern versuchen. Es ist nicht einmal möglich, herauszuklettern, weil dieses schwarze Loch nicht im Raum verortet ist. Es ist überall. Und es stellt sich heraus, dass unser Versuch, wegzulaufen oder herauszuklettern oder zu entkommen, ein Versuch ist, weiter so zu sein, wie wir es verstehen. Wenn wir die allgegenwärtige Natur der Präsenz untersuchen, verstehen wir, dass das bedeutet, dass wir zwar nichts tun, aber dass unser Geist dieses Nichttun immer noch als „Aktivität" definieren kann, hier zu sein – als Ausdruck davon, irgendeine konkrete Existenz zu haben.

Doch das ist nicht die wirkliche Bedeutung der Wahren Natur, der Präsenz. Wenn wir erforschen, wie sich die Präsenz anfühlt, wenn wir ihre Strahlkraft erfahren, erkennen wir, dass sie keine Substanz hat, obwohl sie sich substanziell anfühlt; sie ist überhaupt nicht fest. Obwohl wir wissen, dass die Präsenz das ist, was wirklich existiert, wenn wir sie zum ersten Mal erfahren, stellt sich unser Geist fälschlicherweise ihre Existenz auf dieselbe Art und Weise vor, in der wir glauben, dass ein Felsen existiert. Doch indem wir das tun, verdinglichen wir sie, wir konkretisieren sie und verfehlen dabei ihr wahres Wesen. Daher halten wir Präsenz für Existenz, aber die Existenz der Präsenz ist nicht wie die Existenz des Körpers, weil sie kein Objekt ist. Obwohl wir sagen, dass Präsenz unser Sein ist, dass sie der authentische, ontologische Grund unseres Bewusstseins ist, sind weder das Sein noch die Existenz das, worauf wir uns beziehen, wenn wir von der Existenz eines Felsens oder eines Stuhls sprechen. Wir müssen in unserem Verständnis von dem, was „Präsenz ist Sein" bedeutet, sehr subtil sein. Wir müssen die Falle in der Tendenz zur Objektivierung entdecken.

Diese Tendenz zum Objektivieren ist stets ein Versuch, vor dieser Wahrheit, vor dieser Realität, die ich als das schwarze Loch bezeichne, wegzulaufen. Wir versuchen ständig, davor wegzulaufen, weil sie immer hier ist; wir können ihr nicht entgehen. Irgendwie ist uns diese Unausweichlichkeit bewusst, wir wissen instinktiv darüber Bescheid. Wir versuchen andauernd, Festigkeit zu erzeugen, denn wenn wir uns total entspannen, werden wir herausfinden, dass das Wesen der Präsenz selbst komplett, absolut nichts ist – es ist noch mehr nichts als das Nichts des leeren Raums. Es ist das Nichtsein selbst. Das bedeutet, selbst wenn die Präsenz sich wie Sein anfühlt, wenn Sie sie erkennen, ist sie nichtkonzeptuell. Daher ist sie nicht das Gegenteil von Nichtsein, und sie kann es auch nicht sein. Die Vorstellung eines Gegenteils existiert im Nichtkonzeptuellen nicht, genauso wenig wie Sein und Nichtsein, denn beide sind konzeptuell.

Das heißt, wir erkennen zuerst, dass das Sein grundsätzlich ein Nichtsein ist, ein Nichts, eine Abwesenheit. Die Präsenz erweist sich als die andere Seite von dem, was sich nur als räumliche Abwesenheit definieren lässt. Der Grund des Grundes, der Grund der Präsenz selbst, der Strahlkraft selbst, ist Nichtexistenz. Sie spüren es ... sie existiert. Aber was hat es mit diesem Gefühl der Existenz auf sich? Was bringt es zum Existieren? Was ist die Grundlage für diese Existenz der Präsenz? Die Erkenntnis der Tatsache, dass sie nicht existiert, dass sie absolut nichts ist. Vollkommene Transparenz, keine Undurchsichtigkeit, keine Dichte, keine Objekte, keine Festigkeit, keine Substanz, keine Masse, keine Atome, keine Zeit, kein Raum ... nichts.

Aber gemäß unserer Vorstellung in Bezug auf das, was wir für unsere Existenz halten, gewöhnen wir uns an, daran zu glauben und so zu leben, in dem Glauben an eine objektive Existenz so wie die eines Felsen. Daher verlangt die Erkenntnis des tatsächlichen, darunterliegenden Wesens unserer Existenz – ihr Nichtsein – ein so subtiles Verständnis, dass wir das im Allgemeinen nicht sehen können.

Es gibt keinen Grund

Die Wahrheit unserer Existenz enthüllt sich nur, wenn wir uns zu fragen beginnen, warum wir uns immer in Richtung Stabilität bewegen.

Wenn wir das untersuchen, können wir dem Faden folgen bis zu dem Grund dafür, warum wir das tun, als ob uns etwas in Richtung Verdinglichung, Objektivierung und Konkretisierung der Dinge treiben würde. Warum entspannen wir uns nicht einfach und lassen die Dinge das sein, was sie sind? Weil wir dann, wenn wir das wirklich tun würden, entdecken würden, dass das gesamte Universum nichts anderes als ein Ereignishorizont ist. Wir würden das unendliche Nichts „innerhalb" der Gesamtheit der Realität spüren. Unsere gesamte Erfahrung, alles, was sich manifestiert, existiert nur am Rand einer riesigen schwarzen Leere der Abwesenheit. Alles ist die glitzernde Oberfläche eines unendlichen schwarzen Loches, was bedeutet, dass die gesamte Existenz ein Hologramm ist, ein nichtsubstanzielles Hologramm.

Was würde geschehen, wenn Sie nicht versuchen würden, sich in etwas Stabiles hineinzuzwängen, und sich stattdessen entspannen würden? Allein durch das Entspannen würden Sie erkennen, dass die Dinge anfangen würden, sich leichter anzufühlen. Wenn Sie damit fortfahren, wird alles so leicht, so frei, so transparent, dass es sich so anfühlt, als könnten Sie die Hand durchstecken. Sie können durch alles hindurchsehen – und hinter allem ist nichts, absolut nichts. Das ist auch der Grund, warum Sie nichts sehen können, – weil da nichts ist. Sie schauen und es ist stockdunkel, wie das Universum vor dem großen Knall – keine Sterne, kein Licht, da ist nichts. Doch dieses Nichts ist in Wirklichkeit die Rückseite von allem, was wir sehen; alles, was wir sehen, ist nur die Vorderseite. In Wirklichkeit hat es gar keine Rückseite.

Das bedeutet, all unsere Versuche, zu konzeptualisieren, zu verdinglichen, zu identifizieren, abzuwehren, sind Wege, zu versuchen, das Hologramm zu stabilisieren, weil wir glauben, dass die Realität so ist, und weil wir denken, dass wir so existieren können. Wir fühlen uns noch nicht ganz wohl dabei, eine Leere zu sein. Unsere Seele, unser Bewusstsein, weiß immer noch nicht, wie sie in sich ruhen soll, ohne auf etwas zu sitzen. Sie weiß nicht, wie man auf nichts sitzt oder wie man einfach fließt. Wir müssen immer irgendwo sitzen. Wir haben nicht erkannt, dass wir nirgendwo zu sitzen brauchen, wenn wir unser Wesen ganz fühlen, und dass wir auch keinen Grund brauchen.

So ist es ja auch – es gibt keinen Grund. Es ist nicht so, als ob uns jemand die Realität wegnehmen würde; niemand nimmt uns irgendetwas weg. Alles, was passieren wird, ist, dass wir unsere Überzeugungen, unsere Position, dass es Sein und Nichtsein gibt, durchschauen werden. Wir werden die Illusion durchschauen, dass es Existenz und Nichtexistenz gibt. Wir werden unsere Anhaftung an die Vorstellung durchschauen, dass wir jetzt zwar existieren, dass aber die Nichtexistenz bedeutet, dass wir verschwinden werden, dass unsere Existenz ein Ende nehmen wird.

Aber all dies sind Konzepte, Konzeptualisierungen, und die Realität ist nichts von alledem. Die Realität sieht so aus: Wir sind absolut zur gleichen Zeit hier und nicht hier. Wir existieren nicht, und wir fahren damit fort, zu existieren. Das macht aufgrund unserer konzeptionellen Positionen für unseren Geist keinen Sinn. Wir tragen die tiefe Überzeugung in uns, dass wir nicht essen können, wir nicht reden können, wir gar nichts tun können, wenn wir nicht existieren. Glauben Sie nicht auch, dass alles für Sie vorbei ist, dass Sie nicht leben können, wenn Sie nicht existieren? Aber so ist die Realität nicht. Die Realität sieht so aus: Sie existieren nicht und Sie leben weiter. Sie sterben und werden wiedergeboren, obwohl Sie nicht existieren.

Wie sollen wir uns damit wohlfühlen? Zunächst mal kann unser Geist das nicht verstehen, das sollten wir als Erstes erkennen. Wenn wir versuchen, unseren Geist darin einzuwickeln, wird das eine Verdinglichung. Es muss etwas sein, was Sie sticht, wie eine Biene.

Wenn das passiert, wissen Sie nicht, was Sie gestochen hat, Sie springen einfach nur auf. Dann haben Sie die Erkenntnis, den Gedanken: „Oh, das ist ein Stich ... das ist eine Biene." Die Realität ist ein Bienenstich vor dem Konzept eines Bienenstichs.

Wenn wir das also erkennen, praktizieren wir einfach nur, dort zu sein, wo wir sind. Aber jetzt erinnern wir uns daran, dass dort zu sein, wo wir sind, nicht das bedeutet, was wir dachten. Es bedeutet nicht, dass „ich" es bin, der dort sein wird; das ist nur eine Art zu reden, sich auf etwas zu beziehen.

Daher führe ich uns hier noch einen Schritt weiter auf das Verständnis dessen zu, was passiert: indem wir unsere Sprache anschauen, indem wir unsere Praxis anschauen und indem wir über den Praktizierenden nachdenken. Erinnern Sie sich daran, dass wir auch untersuchen müssen, was „wir" und was „sind" bedeutet, wenn wir darüber sprechen, dort zu sein, wo wir sind. Das heißt, wenn wir meditieren, stellen wir uns nicht vor, dass jemand meditieren wird. Wir meditieren einfach nur. Weil da zu sein, bedeutet, nichts mit der Realität anzustellen. Wir lassen alles in Ruhe.

Wenn wir also nichts mit der Realität anstellen und wir das Nichttun nicht verdinglichen, was finden wir dann? Absolut nichts. Und wenn wir absolut nichts finden, werden wir vollständig glücklich sein. Wir werden entdecken, dass wir nicht nichts besitzen können und dass das für alle gilt.

Ich sage nicht, dass Sie mir das glauben sollten. Ich glaube nicht, dass Sie das können. Das ist etwas, was Sie für sich selbst entdecken müssen. Ich gebe Ihnen hier nur einen Hinweis. Den Rest müssen Sie selbst herausfinden.

Übung

Flüssigkeit und Stabilität in Ihrer Erfahrung erforschen

Dies ist eine Möglichkeit, das Potenzial für Flüssigkeit in Ihrer Erfahrung zu erforschen. Beginnen Sie damit, mehrere Minuten gegenüber Ihrer unmittelbaren Erfahrung präsent zu sein und diese zu beobachten. Dabei lassen Sie alles zu, was in Ihrem Bewusstsein von Moment zu Moment auftaucht.

Als Nächstes nehmen Sie sich Zeit, über die folgenden Fragen nachzudenken: Haben Sie irgendeine Tendenz zur Stabilisierung dessen bemerkt, wessen Sie sich bewusst wurden? Haben Sie beobachtet, dass Sie angefangen haben, zu etikettieren, etwas zu assoziieren, einen inneren Dialog zu beginnen, irgendwelchen Vorlieben nachzugehen oder etwas zu beurteilen? Welche anderen Formen hat die Stabilisierung in Ihnen angenommen? Ist es Ihnen möglich, Ihre Erfahrung nicht zu Objekten herunterzubrechen oder sich selbst zu einem Objekt zu machen? Kehren Sie ruhig wieder zu einem Bewusstsein Ihrer unmittelbaren Erfahrung zurück, während Sie diese Fragen erforschen.

Je mehr Sie darauf verzichten, zu stabilisieren oder zu objektivieren, desto offener wird Ihre Erfahrung werden. Sie wird weniger definiert, weniger durch Ihren Geist bestimmt sein, unbekannter. Was hält Sie davon ab, Ihrer Erfahrung zu erlauben, in jedem Moment komplett offen zu sein? Ist Angst bei dieser Begrenzung der Offenheit mit im Spiel? Achten Sie weiterhin darauf, wie Sie sich fühlen, während Sie dieser Untersuchung nachgehen.

18. Die Kostbarkeit jedes Moments

Die Wahre Natur ist die Lehrerin, die größte Lehrerin. Sie lehrt immer ihre Wahrheit. Alle Wesen sind Schüler, und sie lehrt jeden Moment, denn die Erfahrung jedes Moments sind ihre Lehren. Die Wahre Natur manifestiert ihre Wahrheit jeden Moment in der einen oder anderen Form. Sie kann gar nicht anders. Es ist ihr Wesen, ihre Essenz zu enthüllen, ihre Wahrheit. Wir müssen sie nur sehen, sie erkennen. Wir verstehen diese Manifestation der Wahren Natur als unsere Erfahrung, aber die Erfahrungen, die wir machen, sind nur die momentanen Formen der Art, wie die Wahre Natur ständig ihre Wahrheit präsentiert.

Das bedeutet, jeder Moment unseres Lebens ist diese Lehre. Und wir können sehen, worin die Lehre besteht, wenn wir uns selbst erlauben, dort zu sein, wo wir sind. Wenn wir fragen: „Was ist der Sinn meines Lebens?", können wir erkennen, was er ist, wenn wir uns selbst erlauben, dort zu sein, wo wir sind. Dann sehen wir, was die Wahre Natur jeden Moment manifestiert. Wenn wir wirklich vollkommen dort sein können, wo wir sind, realisieren wir, dass kein Moment besser als ein anderer ist. Jeder Moment ist – alle Momente sind – der Ausdruck der Wahren Natur. Es gibt niemanden sonst, nichts sonst, das irgendetwas manifestiert.

Daher ist jeder Moment unseres Lebens die Lehre. Und jeder Moment hat seinen eigenen Wert, weil jeder Moment in Wahrheit die Art ist, auf die die Wahre Natur sich manifestiert; die Art, wie sie erscheint, die Form, die sie annimmt. Wir haben gesehen, dass der Sinn erscheint und wir diesen Sinn erkennen können, wenn wir die Wahrheit unserer Erfahrung erkennen. Wenn wir die Wahrheit sehen und in ihr verharren, können wir ihren Wert erkennen. Daher suchen wir also nach Sinn in unserem Leben, was den Wert des Lebens ausmacht. Aber es ist eine Tatsache, dass das nichts ist, was darauf wartet, entdeckt zu werden; es ist immer hier. Wir müssen nur erkennen, dass es hier ist.

Wenn wir zu Beginn unserer Reise nicht in der Lage sind, wir selbst zu sein, erscheint Wert mehr bezogen auf das, was unser Geist für wertvoll hält. Aber wenn wir real sind, wenn wir authentisch sind, ehrlich, erkennen wir, dass wahrer Wert tatsächlich dasselbe ist, wie die Wahrheit des Moments zu erkennen. Dann erleben wir eine Art von Wert, die nicht geistig ist, die von Herzen gefühlt werden kann, die unser Herz zufrieden macht.

Wenn wir auf der Reise vorwärtskommen, erkennen wir, dass der Wert der Erfahrung dort ist, wo wir sind, die Präsenz des Ortes, an dem wir sind. Die Wahre Natur manifestiert ihren Wert direkt durch die Enthüllung ihrer Präsenz, nicht dadurch, dass sie ihn in der einen oder anderen Form verkleidet. Schließlich erreichen wir dann die fortgeschrittenen Stufen der Reise, wo offenbart wird, dass alles es selbst und sein Wesen ist – und daher in sich wertvoll, in sich schön, in sich kostbar. An diesem Punkt erkennen wir, dass alle Manifestationen, ob wir sie nun genau erkennen können oder nicht, dieser innewohnende Wert und die Kostbarkeit der Realität *sind*.

Auf der ersten Stufe sind unsere Erfahrungen von derselben Art, wie wir sie auf den fortgeschritteneren Stufen erfahren, aber wir erkennen sie einfach noch nicht als das, was sie sind. Wir können erst dann beginnen, Wert zu erkennen, wenn wir die Wahrheit erkennen, wenn wir den Sinn sehen. Wenn wir den Wert unserer Erfahrung sehen, erscheint eine Zufriedenheit des Herzens, ein Gefühl für die Wertschätzung dessen, was ist. Wenn wir in der Lage sind, sie zu verstehen und von ihr zu lernen, erkennen wir selbst in schwierigen oder schmerzhaften Erfahrungen einen Wert, den wir uns auf einer früheren Stufe nicht hätten vorstellen können. Dieser Wert ist nicht der Wert davon, mehr Geld zu verdienen oder mehr Anerkennung oder sogar mehr Liebe zu bekommen; er ist näher an unserem Herzen als das, tiefer empfunden.

Wir suchen immer nach diesem Gefühl von Wert, um unsere Erfahrung lohnend zu machen, damit wir fühlen können, dass wir ihrer würdig sind, aber wir leiden oft unter der Abwesenheit oder Begrenzung des Wertvollseins, des Gefühls von Wert, weil wir uns selbst nicht klar sehen. Wir erkennen nicht, wer und was wir sind, und wir wissen nicht, wie wir dort sein sollen, wo wir sind. Wir haben eine Distanz zu dem, wo wir sind, wir bekämpfen den Ort, an dem wir sind. Was auch immer der Wert sein mag, nach dem wir streben – ob es Ruhm ist oder Liebe oder Erfolg oder Erleuchtung oder eine spezielle Erfahrung –, wir glauben, dass es etwas ist, das wir erreichen müssen. Wir glauben, dass wir irgendwohin gehen müssen, um es zu bekommen, obwohl es doch genau hier ist, genau jetzt in diesem Moment, wenn wir uns einfach nur entspannen und darin verweilen würden.

Wenn wir uns in diesen Moment entspannen und total in ihm sind, beginnen wir zu erkennen, dass *dieser* Moment Realität ist, dass *jeder* Moment Realität ist und dass Realität das Wertvollste ist, das Kostbarste, weil es die Art ist, in der die Wahre Natur sich manifestiert.

Die Wahre Natur wartet nicht darauf, dass wir in unserer Praxis erfolgreich sind, damit sie hier sein kann. Sie ist bereits da. Erinnern Sie sich daran, sie ist jenseits von Zeit.

Wert ohne Ursache

Dieses Buch fing mit einer Diskussion über die Wertschätzung für das Wirklichsein an. Wir haben gesehen, wie natürlich es ist, dass das Herz, das Gefühlszentrum der menschlichen Seele, mit Liebe antwortet, mit Wertschätzung, mit Zuneigung und Freude, wenn es von Wirklichsein berührt wird, wenn es die Realität spürt. Jetzt können wir sehen, dass es auch durch das Erkennen antwortet, dass das Wirklichsein einen Wert hat, der über den Geist hinausgeht; es hat einen innewohnenden Wert, der nicht mit weltlichen Dingen gemessen werden kann.

Dieser Wert ist jenseits von Worten und beeinflusst uns an einem Punkt, der über unser weltliches Leben hinausgeht. Deshalb haben auch viele Menschen nach einem Leben voller Schmerz, Kampf und Schwierigkeiten schließlich einen flüchtigen Eindruck der Wahren Natur und erkennen, dass ein Moment der Erkenntnis alles vorherige Leiden wettmacht. Aus irgendeinem Grund erfüllt dieses Wissen unser Herz mit einer Fülle, einer Süße, einem Gefühl der Erkenntnis des innewohnenden Werts der Existenz.

Sie verstehen daher jetzt, dass der Wert der Existenz in jedem Moment nicht das Ergebnis von etwas anderem ist; es ist sein eigenes Wesen, seine eigene Realität. Er ist keine Frage von Ursache und Wirkung. Wir schätzen etwas nicht wegen etwas anderem. In den Anfangsstadien unserer Arbeit sind wir vielleicht unklar oder ein wenig verblendet und wir glauben, dass der Grund, warum wir die Realität schätzen, der ist, dass sie uns spannende Erfahrungen schenkt oder dass sie uns glücklich macht, dass sie uns neue Fähigkeiten eröffnet oder irgendeinen anderen Vorteil verschafft. Es ist wahr, dass sie all das tut. Aber je klarer wir erkennen, was sich im Moment manifestiert – was die Bedeutung des Moments ist, welche Lehre er durch irgendeine spezielle Form im Moment manifestiert –, desto mehr erkennen wir, dass die tatsächliche Existenz, die Faktizität, der reine, selbstexistierende Wert jedes Moments nicht mit einem Grund verbunden ist. Sein Wert besteht nicht darin, ob wir das eine oder das andere tun, sein Wert wohnt ihm inne.

Wenn wir diesen innewohnenden Wert der Realität erkennen, wenn wir ihn selbst erleben, kann unser Herz gar nicht anders, als mit einem Gefühl der Wertschätzung durchtränkt zu sein. Es geht nicht darum, dass wir ihn schätzen, weil wir ihn großartig finden. Der Wert ist nicht etwas, was ich vergebe oder der Realität aufstülpe; der Wert ist die Realität selbst – oder die Realität ist der Wert.

Sie ist nicht wertvoll, *weil* sie durchscheinend und strahlend, frei und hell ist; ihr eigenes innewohnendes Wesen macht die Erfahrung und das Leben unglaublich lohnenswert. Dadurch scheint jeder Moment reich an Schätzen zu sein, Schätze, die sich der Geist gar nicht vorstellen kann. Diese Schätze sind nicht irgendwo in der Zukunft, sondern im Moment. Das zu wissen, ist einfach eine Frage der Erkenntnis. Es geht darum, klarsehen zu können.

Die Quelle allen Werts

Wir haben gesagt, dass die Dinge, die in unserer Erfahrung auf den frühen Stufen der Reise erscheinen, dieselben sind wie auf den späteren Stufen, wenn die Realität sich direkt offenbart. In diesen Anfangsstadien sind uns Schleier im Weg, die uns davon abhalten, die Dinge direkt zu sehen, die uns daran hindern, sie vollständig und genau zu sehen. Stattdessen verstehen wir unsere Erfahrung durch all unsere Verdinglichungen. Aber jede Form, die uns auf irgendeiner

Stufe der Reise erscheint, ist die Wahre Natur, die etwas manifestiert, um sich uns zu offenbaren – selbst durch Schleier und Verdunkelungen, Barrieren und Hindernisse. Jede Erfahrung ist hier, um uns etwas zu lehren.

Daher lautet das Thema: Wie gut sind wir als Schüler der Erfahrung in jedem Moment? Und was bedeutet es, ein guter Schüler zu sein? Zu praktizieren bedeutet, die Lehre wahrzunehmen, die zu uns durch jeden Moment in unserem Leben kommt, nicht nur durch ein Meditationsretreat oder während wir dieses Buch lesen oder die Übungen machen oder mit unserer Untersuchung fortfahren, sondern in jedem Moment unseres Lebens. Es muss keinen Unterschied und keine Trennung zwischen diesen Aktivitäten und dem Rest unseres Lebens geben.

Ein guter Schüler erkennt, dass in jedem Moment alles, was passiert – ob wir glauben, dass es schlecht oder gut, schmerzhaft oder angenehm ist –, nichts anderes ist als die Wahre Natur, die uns lehrt und ihre Wahrheit manifestiert. Je mehr wir das erkennen, desto mehr wird unsere Seele mit den Säften, dem Nektar von Erfüllung und Befriedigung erfüllt. Je realer es wird, desto mehr wird unser Herz gefüllt und schwanger mit der natürliche Früchte tragenden Erkenntnis der Wahrheit. Wir beginnen zu sehen, dass wir alle Kinder des Moments sind, was bedeutet, wir alle sind Kinder der Wahren Natur.

Wenn wir also praktizieren, dort zu sein, wo wir sind, erkennen wir an einem Punkt, dass wir nicht in der Lage sind, dem, wo wir sind, Aufmerksamkeit zu schenken, wenn wir den Moment nicht schätzen. Wenn wir nicht erkennen, dass jeder Moment Nahrung ist, dass er Wahrheit bereithält, die uns zu wachsen hilft, werden wir nicht in der Lage sein, uns dort sein zu lassen, wo wir sind.

Zu Beginn unserer Praxis suchen wir noch nach den Einsichten, den Erkenntnissen, den wichtigen Details spezieller Erfahrungen, als ob das Dinge wären, die Wert erbringen würden. Während wir fortschreiten, erkennen wir, dass all diese Dinge aus der Präsenz der Wahren Natur kommen. Tatsächlich ist die Präsenz das, was Wert hat, was Wert ist. Wir entdecken, dass die Präsenz unserer Wahren Natur selbstexistierender Wert, selbstexistierender Nutzen ist. Sie ist ihr eigener Wert und die Quelle allen Werts.

Wenn wir dann langsam den eigentlichen Wert erkennen, können wir sehen, dass die Lehre durch alles erscheint – und dass wir den Moment nicht nur schätzen, sondern dass wir auch dafür sorgen werden, ihn niemals zu ignorieren oder zu vernachlässigen. Wir werden den Moment ergreifen und lernen, ihn nicht zu verschwenden, uns selbst nicht abzulenken. Damit meine ich nicht, dass wir 20 Stunden am Tag damit verbringen sollen, in Meditationshaltung zu sitzen oder in ein Kloster zu gehen. Ich meine, dass wir dort sein werden, wo wir sind, und es wertschätzen, real zu sein, indem wir erkennen, was wirklich passiert, und so viel Wahrheit wie möglich im Moment wahrnehmen.

Wenn wir nicht verstehen, wo wir sind, können wir zwar im Moment sein, aber wir sehen ihn nicht klar; wir laufen davor weg, wir sind abgelenkt, wir verlassen uns selbst. Wenn wir wirklich sind, lassen wir uns dort, wo wir sind. Und wenn wir erkennen, wo wir sind – weil dort, wo wir sind, der Moment ist, so wie er ganz klar erscheint –, erlauben wir uns selbst, von den Lehren durchdrungen zu werden. Je mehr wir den Wert des Moments erkennen, desto weiter wird sich unser Herz öffnen und seine Tiefe enthüllen, seine Fülle, seinen Reichtum.

Zuerst versucht unser Geist zu erklären, warum wir es lieben, die Wahrheit zu erkennen, warum wir die Realität und die Wahre Natur lieben, warum wir glauben, dass sie wunderbar, schön, unterstützend und etwas ist, das uns befreit. Aber all das sind nur konzeptuelle Geschichten, die wir uns selbst erzählen. Tatsache ist, dass der Wert der Wahren Natur innewohnend ist, er geht über den Geist hinaus und wir fühlen ihn nur. Dafür gibt es keinen Grund. Es ist so, und so ist es nun einmal.

Wie Sie also sehen können, hat die Lehre diesen Wert, weil sie aus der Wahren Natur stammt; sie ist die Botschaft der Wahren Natur. Unser Lernen beschränkt sich nicht auf das, was durch einen bestimmten Logos erscheint, – obwohl spezielle, genau definierte Kanäle der Lehren existieren und auch hilfreich sein können. Die echte Lehre der Wahren Natur ist jeder Moment.

Die Schwierigkeit, Wert zu erleben

Ich weiß, dass es für uns manchmal schwierig ist, diesen innewohnenden Wert im Moment zu erleben. Den Moment wertzuschätzen, bedeutet, dass es okay ist, uns selbst zu schätzen, uns selbst als seiner würdig zu erweisen, zu wissen, dass wir diesen Reichtum verdienen. Und wir haben Themen, Fragen und Überzeugungen, was unsere eigene Wertschätzung angeht. Viele von uns haben schmerzhafte oder problematische Geschichten. Manche Erfahrungen, Glaubenssätze und Projektionen geben uns das Gefühl, dass wir es nicht wert sind, dass wir nicht gut genug sind oder dass wir das eine oder das andere tun müssen, damit wir uns selbst irgendeinen Wert oder Selbstwert verleihen oder zumessen können. Das führt zu der Überzeugung, dass wir es versuchen müssen, wir müssen uns anstrengen, wir müssen viel leiden und einen langen Weg gehen, bevor wir bei dem ankommen können, was wertvoll ist, bei dem, was den wahren Wert und Sinn des Lebens ausmacht.

Aber all das sind nur Themen, Trübungen der Sicht, die nichts mit der Wahrheit zu tun haben. Wert ist die Wahre Natur, und die Wahre Natur ist das, was wir sind. Den Moment wertzuschätzen, bedeutet, uns selbst wertzuschätzen, unsere Natur wertzuschätzen, jeden und alles wertzuschätzen.

Den innewohnenden Wert zu erkennen, ihn direkt zu erfahren, ist dasselbe, wie in der Unmittelbarkeit des Moments zu verweilen. Das ist es, was unserer Wahren Natur erlaubt, sich auf eine Art und Weise zu manifestieren, die das Herz erfüllt, die das Leben erfüllt. Wir haben das Gefühl eines innewohnenden Werts. Wir verstehen, dass wir nichts in unserem Leben erreichen müssen, damit unser Leben wertvoll ist. Ob wir erfolgreich sind oder nicht, ob wir etwas erfinden, eine Tat vollbringen, ein großes Kunstwerk erschaffen, einen Bestseller schreiben oder berühmt werden, ist zweitrangig. Wir brauchen keins von diesen Dingen, um unseren Selbstwert zu erkennen, denn Wert ist nicht etwas, das man durch Leistung erhält; er ist bereits hier.

Diese Erfahrung oder die Erkenntnis eines Gefühls von Wert, einer süßen Fülle und tiefen Erfüllung, macht für den Geist keinen Sinn. Wir sind aufgewachsen und haben gelernt, dass unser Selbstwert, unser Gefühl für Wert, die Wirkung einer Ursache ist. Man hat uns gelehrt, dass wir „gut" sein müssen, dass wir die Dinge auf eine bestimmte Weise erledigen müssen oder dass wir etwas erreichen müssen, was jemand anderes für wertvoll hält, weil das Leben sonst keinen Wert hat.

Obwohl Wert in unserem Herzen eine inhärente Erfahrung der Erkenntnis unseres Wesens ist, gibt es Hindernisse, die uns davon abhalten, damit in Berührung zu sein. Manche von ihnen sind Verfehlungen aus der Kindheit, manche hängen mit Positionen zusammen, die wir eingenommen, oder mit Urteilen, die wir gefällt haben. Unabhängig von der Ursache verpassen wir am Ende damit den Wert, die Nahrung und die Schönheit, die dieser Moment für uns bereithalten mag. Das ist wirklich traurig – nicht schlecht, einfach nur traurig. Es ist traurig, dass wir den Wert im Moment nicht erkennen können und uns deshalb auch nicht die Freude gestatten, die die Realität uns jeden Moment ermöglicht.

Aber wenn wir uns wirklich erkennen und uns erlauben, im Moment zu sein, erreichen wir damit eine unglaubliche Freiheit, die eine natürliche Wertschätzung von allem mit sich bringt, was ist. Dann können wir alles Mögliche tun und leisten, aber nicht, um Wert zu erzielen, sondern nur, um ihn auszudrücken.

Es ist genau anders herum, als wir gedacht haben, verstehen Sie? Die Schätze befinden sich in uns, und jeder Moment ist ein Grund, sie zum Ausdruck zu bringen. Ihr Ausdruck bedeutet, an der Entfaltung der Wahren Natur teilzuhaben. Je mehr wir also akzeptieren, wo wir sind und uns selbst erlauben, dort zu sein, wo wir sind, und je weniger wir den Moment bekämpfen und ihn als das erkennen, was er ist, desto effektivere Kanäle sind wir für die Wahre Natur, um uns zu lehren und um direkt durch uns zu lehren.

Das bedeutet, dass die Unterweisung auf jedem Weg geschieht, auf dem die Erfahrung erscheint. Wie Sie vielleicht beim Untersuchen bemerkt haben, entdecken Sie an einem bestimmten Punkt den Sinn dessen, was Sie erfahren. Alles hat Sinn, und der Sinn ist immer da. Nichts geschieht zufällig. Alles hat eine ganz genaue Ordnung. Deshalb stimme ich auch mit Einstein überein, der sagt, dass die Realität keine Wahrscheinlichkeit enthält, dass Gott nicht würfelt. Alles hat eine präzise Ordnung, jedes kleinste Ding hat seinen Sinn in der Ordnung der Dinge – und alles enthüllt die Wahrheit der Realität.

Untersuchung als Enthüllung des impliziten Werts

Durch die Untersuchung können wir diesen Sinn erkennen. Wir sehen, dass alles miteinander in Verbindung steht – ein einziges Gebilde der Offenbarung. Mit diesem Verständnis sind wir in der Lage, das zu erkennen, was enthüllt wird. Wenn das geschieht, können wir gar nicht anders, als zufrieden zu sein. Dann sind wir fähig, unsere Erfahrung wertzuschätzen, unabhängig davon, wie schmerzlich oder schwierig sie auch gewesen sein mag.

Wir beginnen unsere Untersuchungsreise damit, zu fühlen, dass wir unsere Erfahrung wertschätzen, weil wir daraus gelernt haben; wir sagen, dass wir daran gewachsen sind. Das stimmt zwar, ist aber nur eine Erklärung. Unser Lernen bedeutet nur, dass wir näher an den selbstexistierenden Wert herankommen. Wenn wir diesen aus sich heraus existierenden Wert erkennen, der die Wahre Natur selbst ist, erkennen wir, dass die Tatsache, dass wir etwas gelernt haben, dass wir gewachsen sind, ein Nebeneffekt ist, eine Widerspiegelung des wahren Werts und der Bedeutung der Existenz. Ja, der Sinn erscheint zuerst als relativ, aber an einem bestimmten Punkt erkennen wir, dass *wir* der Sinn sind, mit allem, was wir sind und haben.

Deswegen ist es auch egal, was im Moment passiert. Kein Moment ist besser als ein anderer. Niemandes Erfahrung ist besser als die Erfahrung eines anderen. Ihre Erfahrung in diesem Moment ist die Art, in der die Wahre Natur lehrt. Es ist nicht korrekt, zu sagen: „Dieser Typ ist fortgeschrittener als ich, deshalb sollte ich so sein wie er." Nein, Ihre Erfahrung ist in diesem Moment die richtige Unterweisung für Sie und auch für den Rest der Wirklichkeit. Ihre Erfahrung ist genauso wertvoll, genauso wichtig wie die Erfahrung von jemandem, der angeblich weiter auf dem Weg ist oder noch grandiosere Erfahrungen hat.

Je mehr wir lernen, dass jeder Moment seinen eigenen innewohnenden Wert hat, desto leichter ist es für uns, uns selbst einfach in jedem Moment zu belassen, egal, wie er sich manifestiert. Dann erkennen wir, dass wir da, wo wir sind, auch sein sollen. Sind Sie traurig? Platzen Sie gerade vor Aufregung? Sind Sie sexuell erregt? Haben Sie einen Anfall von Eifersucht? Sind Sie müde und gereizt? Fühlen Sie sich hoffnungslos, minderwertig oder ängstlich? Oder fühlen Sie sich gerade pudelwohl?

Nun, dann ist es genau das, was die Realität manifestiert. Wer sind wir, dass wir beurteilen dürfen, wir sollten so nicht sein? Wer sind wir, dass wir behaupten dürfen, wir sollten wie jemand anderes sein?

Vielleicht finden wir es nützlich, zu erkennen, wo wir uns in Bezug auf das gesamte Bild befinden, aber das ändert nichts an der Tatsache, dass jeder Ort seinen eigenen Wert hat. In diesem Moment wird etwas enthüllt, das an keinem anderen Ort, zu keiner anderen Zeit und durch keine andere Person enthüllt wird, und es ist genauso wichtig wie das, was jemand anderes erfährt oder was Ihnen in einer Minute, in einem Monat oder in mehreren Jahren zustoßen wird.

Wert ist in Wahrheit nichts anderes als der intime Kontakt unseres Herzens mit der Unmittelbarkeit des Moments – mit jedem Moment, mit dem, wo wir genau jetzt sind. In diesem Kontakt, in diesem Verweilen mit der Realität und dem Wissen um ihre Eigenschaften, wird uns die unbestreitbare Richtigkeit und Kostbarkeit des Ortes bewusst, wo wir sind, und dessen, was wir sind.

Nichts berührt uns tiefer als der implizite Wert unseres eigenen Seins. Es ist Wert jenseits des Geistes, jenseits von Konzepten, jenseits von Idealen, Hoffnungen und Träumen. Diese Kostbarkeit des einfachen Hierseins im Jetzt mit Bewusstsein und Verständnis erfüllt unser Herz mit Zufriedenheit und Erfüllung. Wir erkennen, dass dort, wo wir sind – was das ist, was wir sind –, ebenfalls die realste und kostbarste Natur des Lebens selbst ist.

Übung

Entdecken, wie Sie Ihre momentane Erfahrung wertschätzen

Diese Übung ist eine Möglichkeit, zu erforschen, auf welche Weise Wert eine Rolle für Ihre Praxis spielt, dort zu sein, wo Sie sind.

Zuerst sollten Sie sich einmal anschauen, warum Sie den Moment nicht wertschätzen. Was hält Sie davon ab, die Kostbarkeit jedes Moments Ihrer Erfahrung zu fühlen, und bringt Sie stattdessen dazu, manche Momente, manche Erfahrungen und spezielle Situationen und Zeiten anderen vorzuziehen? Sich dessen mehr bewusst zu werden, wird Ihnen dabei helfen, zu erkennen, wie Sie Ihre Zeit, ihre Erfahrungen und sich selbst in Ihrem Leben wertschätzen.

Untersuchen Sie zweitens die verschiedenen Arten, in denen Sie den Wert dessen erfahren, wie es ist, Sie selbst zu sein. Auf welche Weise ist es wertvoll für Sie, sich selbst gegenüber präsent zu sein, nicht wegzugehen, zu fühlen, was hier ist, in diesem Moment zu verweilen? Vielleicht schätzen Sie es ja nicht die ganze Zeit, aber inzwischen sind Sie bestimmt mehr in Kontakt mit der Kostbarkeit des Hierseins, des Präsentseins, des Realseins. Jetzt ist die Zeit gekommen, um dieses Gefühl der Kostbarkeit zum Ausdruck zu bringen.

Nachwort

Wenn wir über unser Leben nachdenken, tun wir das gewöhnlich von dem Punkt aus, an dem wir uns jetzt gerade befinden: Wir schätzen ein, woher wir gekommen sind, was wir erreicht haben und wohin wir gehen werden. Welchen Fortschritt haben wir gemacht? Haben wir genug getan, um zufrieden sein zu können? Welche Ziele wollen wir noch verfolgen?

Wir bestimmen und bewerten unsere Lebenssituation in Bezug auf unsere physische Umgebung, die Umstände unserer Beziehungen, unseren finanziellen Status, das Erreichen unserer Ziele und – unter anderem – unsere körperliche Gesundheit. All diese Mittel zur Feststellung, wo wir in unserem Leben stehen, bestimmen unseren Standort in der physischen, äußeren Welt, indem sie uns in Verbindung mit den Elementen unseres Lebens setzen, von denen wir glauben, dass sie für unser Wohlergehen verantwortlich sind. Selbst wenn wir uns dadurch verorten, dass wir unsere emotionale Lage oder unsere mentalen Aktivitäten beobachten, werden diese Elemente normalerweise als Reaktionen auf das erlebt, was in unserem äußeren Leben passiert.

Mit anderen Worten, wir gehen davon aus, dass die wichtigsten Determinanten die äußeren Faktoren sind; sie werden zur Messlatte unserer Entwicklung, unseres Fortschritts und selbst unserer Zufriedenheit im Leben. Aber noch wichtiger ist die Tatsache, dass sie eine zentrale Stelle für unsere Selbstdefinition einnehmen.

Dieses Buch hat eine andere Ausrichtung bezüglich der Frage angeboten, wo Sie sich im Leben befinden – besonders in Bezug auf den Ort, wo Sie im Moment sind. Diese Herangehensweise ist eine spirituelle Erforschung, weil sie sich auf die Ortung Ihres Bewusstseins bezieht, anstatt Ihres Körpers, Ihrer Überzeugungen, Ihres

Notizbuchs oder anderer Faktoren, die Ihnen wichtig sind. Das Ziel dieser Unterweisungen war nicht, Ihnen dabei zu helfen, einzuschätzen, wie erfolgreich Sie sind oder wohin Sie als Nächstes gehen sollten. Es bestand darin, Sie dabei zu unterstützen, herauszufinden, wo Sie sind, damit Sie einfach *sein* können, wo Sie sind. Denn allein dadurch, dass Sie auf eine leichte, entspannte Art dort sind, wo Sie sind, können Sie wirklich entdecken, wer und was Sie sind.

Dieser Prozess, sich zu verorten, ist ein ungemein persönlicher, eine subtile, sensible Entfaltung inneren Gewahrseins, die keine offensichtlichen äußeren Richtungsschilder benutzt, um Ihnen zu sagen, wo Sie in irgendeinem Moment sind. Er verlangt Disziplin und Geduld, Sanftheit und Eingestimmtsein, weil der Einzige, der wissen kann, wo sich sein Bewusstsein befindet, Sie selbst sind. Um wirklich dort zu sein, wo Sie sind, brauchen Sie die Fähigkeit des Zuhörens, die Bereitwilligkeit, offen zu sein, und eine Neugier in Bezug auf Ihre eigene Erfahrung, die höchstwahrscheinlich nur wenige Menschen Ihnen gegenüber gezeigt haben.

Das verlangt die Entwicklung Ihrer Fähigkeit, sich selbst wahrhaftig zu erleben; ein klarer, ungetrübter Spiegel dafür zu sein, wo und wie Sie in diesem Moment erscheinen. Letztendlich bedeutet es, sich selbst ohne die Hilfe der Perspektive eines anderen zu sehen, ohne die Erfahrung, die Überzeugungen und Urteile von irgendjemand anderem. Es bedeutet, dass Sie sich selbst nicht von außen sehen oder sich bezüglich des Ortes, wo Sie sind, nicht nach äußeren Kriterien beurteilen. Allein dadurch, dass Sie sich von innen sehen, aus dem Zentrum Ihrer eigenen Erfahrung heraus, können Sie Ihre eigene Wahrheit entdecken, die unberührte Wahre Natur von dem, was Sie sind.

Dieses Verständnis ist das Herz von *In die Tiefe des Seins* und hat seine hauptsächliche Funktion geprägt: ein temporärer Spiegel zu sein. Tatsächlich ist die Fähigkeit unseres Bewusstseins, sich selbst zu erkennen, zu Beginn unserer inneren Reise noch begrenzt, deshalb brauchen wir eine Weile auch äußere Spiegel. Wir wissen weder, dass unsere Wahre Natur existiert, noch, wie wir sie erkennen können oder dass sie das ist, was wir wirklich sind. Unser Bewusstsein ist nicht weit genug entwickelt, um in der Lage zu sein, für sich zu stehen und sein Wesen zu erkennen. Deshalb muss es auch gespiegelt werden, um über seine eigene Begrenzung hinausschauen zu können. Das ist einer der Gründe, warum Menschen sich spirituellen Schulen anschließen oder zu Retreats gehen.

Der wahre Spiegel – der die Selbsterkenntnis ist, die Sie entwickeln, indem Sie lernen, sich selbst zu spiegeln – besteht darin, sich selbst zu sehen, ohne sich zu verurteilen, ohne sich zu vergleichen, ohne sich selbst zu hassen, ohne zu verdinglichen und ohne zu konzeptualisieren, sondern mit Mitgefühl, Mut, Güte, Liebe, Präsenz, Bewusstsein und Intelligenz. Die Unterweisungen in diesem Buch wurden als Unterstützung angeboten für den Prozess, auf diese verschiedenen Arten Ihr eigener Spiegel zu werden. Sie können Ihnen dabei helfen, die Zuversicht zu entwickeln, damit Sie lernen können, zu sitzen und zu meditieren, zu untersuchen, sich selbst zu erkennen und zu sehen, wo Sie sind, Ihren eigenen persönlichen Faden wahrzunehmen und in der Lage zu sein, bei ihm zu bleiben, damit er sich entspinnt und die Wahrheit dessen enthüllt, was Sie wirklich sind – Ihre Wahre Natur.

Dies ist eine Praxis, die eine ununterbrochene meditative, fokussierte Erforschung abseits der Aktivitäten des täglichen Lebens verlangt. Man braucht ruhige Zeiten der Aufmerksamkeit und des Nachdenkens, um die subtile Einstimmung unserer Seele in Bezug auf unseren inneren Aufenthaltsort zu entwickeln. Nur nach kontinuierlicher regelmäßiger Praxis mit konzentrierter Aufmerksamkeit auf unsere fortlaufende Erfahrung kann unser Kontakt mit der Präsenz den permanenten Ablenkungen unserer eigenen Geschäftigkeit widerstehen.

Wenn wir jedoch dem Faden folgen, bewusst und präsent zu sein, und das als unsere Praxis zu benutzen, um zu lernen, dort zu sein, wo wir sind, können wir möglicherweise die Zeit und den Raum, in denen wir auf eine offene Art wir selbst sind, über die ruhigen, zurückgezogenen Momente hinaus erweitern. Je mehr wir uns daran erinnern, das Gewahrsein unserer selbst zu praktizieren, und je stärker das Bewusstsein in unserer Präsenz ist, desto mehr sind wir in der Lage, offen dafür und eingestimmt auf das zu sein, was in unserem Bewusstsein erscheint, selbst während wir unser Leben leben.

Natürlich bedeutet das auch, dass wir über das Leben und die Art, wie wir es leben, nachdenken. Was führt uns weg vom einfachen Hiersein? Was schätzen wir, anstatt die Wahrheit des Moments zu schätzen? Wohin geht unsere Aufmerksamkeit? Wie viele unserer Ressourcen an Zeit und Energie brauchen wir tatsächlich, um uns um die täglichen Belange des Lebens zu kümmern? Was verlieren wir, wenn wir uns von dem Ort abwenden, an dem wir jetzt sind? Diese Fragen zu erforschen, wird zu einem Prozess der Integration von Präsenz in den Rest unseres Lebens.

Unsere Praxis ist also ein Prozess, sich immer tiefer auf den Moment einzulassen und mehr darüber zu lernen, was uns aus ihm herauskatapultiert. Der Spiegel unseres Bewusstseins wird dann nach und nach weniger getrübt und strahlender, während er uns die Kostbarkeit dessen offenbart, was wir wirklich sind.

Die Fähigkeit dieser Unterweisungen, Ihr Leben zu transformieren, kann sich auch auf Ihre Umgebung ausweiten und die Art und Weise verändern, mit der Sie sich auf andere Menschen und auf die Welt im Allgemeinen beziehen. Wenn Sie die Wahre Natur immer mehr wertschätzen und achten und sie als die geheimnisvolle, unbegrenzte Quelle des Lebens sehen, die sie ist, beeinflusst und transformiert sie Ihre eigene Manifestation als Person. Die Wahre Natur kann sich durch Sie direkter ausdrücken, andere berühren und den

Reichtum sowie die Möglichkeiten des Menschseins noch weiter erschließen. Das ist eine Art, auf die die Flamme weitergereicht und das Licht verbreitet wird. Meiner Erfahrung nach ist dies der effektivste Weg, um einen tieferen Wandel in Bezug auf die Lage des Bewusstseins in unserer Welt zu fördern.

Unser Ziel besteht darin, die Wirklichkeit zu sein, die wir lieben, so menschlich wie möglich zu sein, und das in unser Leben zu integrieren. Je mehr von uns tatsächlich etwas über die Realität und unsere eigene Wahre Natur lernen, desto mehr werden andere die Kostbarkeit und den Wert des einfachen Seins erkennen. Denn in Wahrheit sind wir nicht getrennt voneinander, und die Wahre Natur ist das Wesen von allen. Jedes Individuum kann lernen, die Wahre Natur nicht nur in sich selbst zu schätzen, sondern in jedem und in allem. Wenn diese Anerkennung willkommen geheißen und integriert wird, wird sie Wellen schlagen, die von jedem ausgehen und sich ausbreiten.

Und all das kann geschehen, indem Sie einfach nur lernen, auf eine leichte, entspannte Art Sie selbst zu sein – in jedem Moment, wo immer Sie sind.

Anhang

Für diejenigen, die mit dem Diamond Approach durch die Ridhwan-Schule oder durch andere Bücher von A. H. Almaas vertraut sind, ist es vielleicht von Interesse, die Unterweisungen in diesem Buch in den größeren Kontext dieses spirituellen Weges zu stellen.

In die Tiefe des Seins ist eine empirische Unterweisung, die auf der Wahrheit einer der Diamond-Dimensionen basiert, die auch als die Diamond-Fahrzeuge bezeichnet werden. Diese werden auf Seite 234 in dem Buch *The Inner Journey Home* beschrieben. Diese spezielle Diamond-Dimension ist die Point-Diamond-Dimension der Essenz. Sie vertritt eine Weisheit, die auf der Erkenntnis der Essenziellen Identität basiert, die auch als der Point bekannt ist. (Vergleiche auch *The Point of Existence*, wo im Detail über diese Manifestation des Seins und ihre Verwirklichung gesprochen wird.)

Jede Diamond-Dimension schließt alle diese essenziellen Aspekte – die unterscheidenden Qualitäten unserer Wahren Natur – in sich ein. Das bedeutet, dass jeder individuelle Aspekt seine spezielle Weisheit zum fundamentalen Verständnis beiträgt, die diese besondere Dimension oder dieses besondere Fahrzeug vertritt. Die Point-Diamond-Dimension unterstützt die Entwicklung der Seele durch das Wissen, dass, je mehr man sich erlaubt, genau dort zu sein, wo man ist, ohne Einmischung oder Manipulation, desto mehr offenbart sich die Wahre Natur der Seele. Jeder Aspekt der Essenz bietet also eine spezielle Weisheit in Bezug auf die Wahrheit zu sein, wo man ist, an und in Bezug auf die Art und Weise, auf der diese Wahrheit die Tiefe dessen enthüllt, wer und was man ist. Kapitel 10 in *Spacecruiser Inquiry: The Guidance for the Inner Journey* beschreibt die Point-Diamond-Dimension noch genauer.

Jetzt folgt eine Liste von den 18 Kapiteln dieses Buchs und den speziellen Aspekten, die die Lehren in diesem Kapitel vermitteln. Die meisten Aspekte haben sowohl einen konzeptuellen als auch einen empirischen Namen, der synonym verwendet werden kann. Kapitel 6 umfasst zwei Aspekte. Die Kapitel 11, 16 und 17 sind Unterweisungen aus den grenzenlosen Dimensionen anstelle der essenziellen Aspekte.

Die Effektivität der Lehren beruht in keiner Weise darauf, dass man diese Informationen kennen muss, aber das Wissen kann ein größeres Verständnis der Intelligenz des Seins unterstützen und der Art und Weise, wie es im Diamond Approach erfahren wird.

Kapitel	Aspekte
1	Persönliche Liebe/*Pink*
2	Objektivität/*Klar*
3	Wille/*Silber*
4	Raum
5	Verwundbarkei/*Wasser*
6	Mitgefühl/*Grün* und Stärke/*Rot*
7	Wahrheit/*Gold*
8	Akzeptanz/*Aquamarin*
9	Macht/*Schwarz*
10	Wissen/*Blau*
11	Das Höchste
12	Nichtduale Präsenz/*Rigpa*
13	Intelligenz/*Brillanz*
14	Veränderung /*Quecksilber*
15	Essenzielle Identität /Point
16	Nichtkonzeptionel
17	Das Absolute
18	Wert/Bernstein

Die Diamond-Body-Serie

Diese Buchreihe umfasst den Versuch, die Methodik des Diamond Approach zu skizzieren, einer zeitgenössischen spirituellen Lehre mit dem ihr eigenen direkten Verständnis und der ihr eigenen Sicht auf die Realität. Die Diamond-Body-Serie bezieht sich auf die Praxis und die Verkörperung des Diamond Approach als Ergänzung zur Diamond-Heart-Serie, die die direkte Erfahrung der Wahren Natur auf diesem Weg behandelt, und der Diamond-Mind-Serie, die sich auf das objektive Wissen und das konzeptuelle Verständnis dieser Lehre bezieht.

Der Umfang der Serie reicht von der direkten Diskussion der Methodik über die Illustration verschiedener Anwendungen innerhalb unterschiedlicher Kontexte bis hin zur Integration einiger klassischer Methoden spiritueller Arbeit in die Lehre. Einige Bücher in dieser Reihe erläutern die Methodik durch aktive Arbeit mit den Elementen der Weisheitslehre, wie sie einzigartig für den Diamond Approach ist, – so zum Beispiel die Aspekte der spirituellen Essenz, die Dimensionen der Wirklichkeit und die Facetten des Geistes.

Um den Platz und die Funktion dieser Methodik in jeder Herangehensweise von spiritueller Arbeit wertschätzen zu können, müssen wir verstehen, wie sie sich auf die Sicht der Realität bezieht, auf der sie basiert, und auf die Lehre, die aus dieser Sicht entsteht. Dieses Verständnis wird dabei helfen, die Rolle dieser Buchreihe in der Enthüllung des Diamond Approach zu klären.

Von Beginn der Geschichte an haben Menschen immer das Bedürfnis nach zielgerichteter, konzentrierter Arbeit und Führung verspürt, um über die durchschnittliche menschliche Entwicklung hinausgehen zu können, die wir in den meisten Gesellschaften vertreten sehen. Ein Großteil unseres menschlichen Potenzials liegt in Bereichen, die für das normale menschliche Bewusstsein nicht erreichbar und manchmal nicht einmal sichtbar sind. Das betrifft vor allem das spirituelle Potenzial, das die Grundlage des menschlichen Bewusstseins ist und die Quelle für wahre, andauernde Erfüllung, Frieden und Befreiung.

Diese Situation hat im Laufe der Jahrhunderte zum Aufkommen und der Entwicklung vieler geistiger Schulen geführt, Schulen für die innere Arbeit, die sich auf die Entwicklung des gesamten menschlichen Seins spezialisiert haben – insbesondere auf die Verwirklichung des menschlichen Potenzials in seiner Tiefe. Eine solche spirituelle Schule beruht normalerweise auf einer Lehre, die einem speziellen Logos entstammt – einem direkten Verständnis der Realität und der Lage des Menschen innerhalb dieser Realität. Durch die Lehre enthüllt der Logos einen Weg zur Verwirklichung des menschlichen Potenzials. Die Methodik des Wegs reflektiert auch die Weisheit, die aus diesem direkten Verständnis entsteht. Es handelt sich dabei nicht um eine zufällige Sammlung von Techniken, die geschaffen wurden, um Schülern dabei zu helfen, bestimmte innere Zustände zu erreichen. Die Methodik wird nur dann erfolgreich sein, den Pfad zu illustrieren, wenn sie ein getreuer Ausdruck des speziellen Logos dieser Lehre ist. Man könnte auch sagen, dass die Praxis der Methodik einer Lehre der spezielle Schlüssel ist, der nötig ist, um die Tür zum Logos ihrer Erfahrung und zur Weisheit dieser Lehre zu öffnen.

Dieses Verständnis der Beziehung zwischen Logos, Lehre, Methodik und Realität hat noch eine andere wichtige Auswirkung. Wenn eine Methodik innerhalb des Logos einer speziellen Lehre praktiziert wird, wird sich die objektive Realität in Formen offenbaren, die relevant für die Reise der Selbsterkenntnis ist, wie sie durch die Lehre unternommen wird. Mit anderen Worten, eine tiefe und fundamentale Manifestation der Realität, die charakteristisch für eine Lehre ist, taucht für Anhänger einer anderen Lehre vielleicht nie auf, weil sich jede Lehre durch einen unterschiedlichen Logos an der Realität orientiert. Weil jede Lehre unterschiedliches Terrain auf ihrer sich entfaltenden Reise erkundet, kann man diesen Umstand so verstehen, dass dieselbe zugrunde liegende Realität auf dem Weg durch unterschiedliche Formen enthüllt wird.

Stellen Sie sich zum Beispiel einmal vor, dass die Inuit aus der Arktis mehr als 20 verschiedene Arten von Schnee und Eis kennen. Das sind real existierende Formen der physischen Realität, die jemand aus einer gemäßigteren Zone nie erkennen würde, weil das Klima und die Erfordernisse der Umgebung unterschiedlich sind. Auf ähnliche Weise werden die Anhänger einer spirituellen Lehre unterschiedliche Erfahrungen der objektiven Realität machen, die für die Reise der Seele, für die diese Lehre gedacht ist, passend sind.

Dieses Gewahrsein ist besonders wichtig, wenn man die Beschreibungen der essenziellen Realität in den Büchern, die aus dem Diamond Approach entstanden sind, verstehen möchte. Die Methodik des Diamond Approach bereitet die Seele darauf vor, zu erfahren, wahrzunehmen und wertzuschätzen, dass das Sein an jedem beliebigen Punkt auf der Reise der Seele nicht nur erscheint, weil es von der Seele gebraucht wird, sondern dass es sich auch in spezifischen Formen – die wir die essenziellen Aspekte nennen – zeigt, die als Antwort auf die sich permanent verändernden Bedürfnisse der individuellen Seele aufsteigen. Obwohl diese Zustände und Qualitäten für alle menschlichen Seelen und für die Realität universell und fundamental gültig sind, bedeutet das nicht, dass Menschen, die tiefgründige spirituelle Arbeit leisten, welche auf einem anderen Logos basiert, die Realität in Form der essenziellen Aspekte kennen lernen werden. Andere Lehren stimmen die Seele darauf ein, andere Wege der Verwirklichung zu gehen, daher mag sich die essenzielle Realität für sie auch anders darstellen.

Der zentrale Faden der Weisheit, der die Methodik des Diamond Approach durchdringt, verkündet, dass unser normales menschliches Bewusstsein nicht das Wissen oder das Geschick besitzt, um den inneren Pfad der Selbstverwirklichung zu bereisen. Dennoch tendiert die Intelligenz unserer zugrunde liegenden gemeinsamen spirituellen Grundlage dazu, unser Bewusstsein und unsere Erfahrung spontan zur Befreiung zu führen. Diese spirituelle Grundlage, die das letztendliche Wesen der Wirklichkeit ist, ist bedingungslos liebevoll und mitfühlend. Sie enthüllt ihre Schätze und Weisheit jedem, der dafür offen ist. Wir müssen einfach nur die Wahrheit bezüglich unserer jetzigen Erfahrung erkennen und die Haltungen und Fähigkeiten erlernen, die die Wahre Natur der Realität dazu einlädt, sich selbst zu enthüllen. Zu diesem Zweck kombiniert diese Methode klassische spirituelle Techniken und neue Praktiken, die uns dabei helfen können, offen und verwundbar für unsere Wahre Natur zu sein.

Die Aufgabe, die Lehre und den Logos dieser Methode zu kommunizieren, ist die Hauptfunktion der Ridhwan-Schule, ihrer Lehrer und der gesamten Literatur des Diamond Approach. Wie jede authentische spirituelle Lehre hängt das Maß, in dem der Logos sich offenbart, davon ab, wie gewissenhaft man die Methode anwendet. Das Geschick, die Methode anzuwenden, entwickelt sich im Laufe der Zeit, wenn die Erfahrung und das Verständnis der Lehre reifen.

Da diese Methode jedoch von einem wahren Logos der Realität stammt und daher der objektiven Realität innewohnt, steht sie allen zur Verfügung, unabhängig davon, ob sie in Kontakt mit der Ridhwan-Schule sind – falls sie in der Lage sind, die Wahrheit dieser Sichtweise für sich selbst zu erkennen. Das bedeutet, dass es möglich ist, sich mit diesem Logos zu verbinden und seine besondere Methode dadurch zu praktizieren, dass man die Lehren ernsthaft allein studiert. Aber um das zu tun, braucht man ein ungewöhnliches Maß an Seriosität, Hingabe und Intelligenz. Im Gegensatz zur direkten Übertragung, die durch den Kontakt mit einem Vertreter der Lehre zustande kommt, ist das gedruckte Wort leider sehr begrenzt. Daher können wir nur auf beschränkte Vorteile hoffen, wenn die Methode außerhalb der aktiven Führung der Lehre und des Lehrers geschieht.

Dennoch glauben wir an den Wert, der darin liegt, ein wenig Verständnis für die Methode des Diamond Approach anzubieten. Nicht nur zum Wohl der Schüler, die mit dieser Arbeit direkt beschäftigt sind, sondern auch für Leser, die für sich einige Elemente der Methode lernen und praktizieren wollen. Außerdem hoffen wir, dass diese Serie dabei helfen wird, den Beitrag dieser Herangehensweise wertzuschätzen, den sie zu einem umfassenden Verständnis der Realität und der menschlichen Natur leistet, und wertzuschätzen, was es bedeutet, das volle menschliche Potenzial zu verwirklichen.

Weil das Herz dieser Methode eine disziplinierte Einladung dazu ist, dass die Realität uns ihre Geheimnisse offenbart, bietet die Diamond-Body-Serie den einzigartigen Vorteil, sowohl dem inneren Pfad zur Selbstverwirklichung zu folgen, als auch der Erforschung der tieferen Prinzipien der Untersuchung nachgehen zu können, die für jede Untersuchungsdisziplin relevant sind. Wenn man die Elemente der Methodik des Diamond Approach anwendet, kann das nicht nur zu einer Beschleunigung und einer Offenheit für Aspekte unseres inneren Potenzials führen, sondern auch zur Entwicklung von Fähigkeiten, die für das Studium anderer Felder innerhalb der Natur- und Geisteswissenschaften nützlich sein können.

Das ist die universelle Botschaft des Diamond Approach: Wenn wir lernen, unsere Wahre Natur einzuladen, sich uns zu offenbaren, wird sie uns dazu führen, unsere spirituelle Grundlage zu erkennen und gleichzeitig unser Potenzial in allen Lebensbereichen zu verwirklichen.

Über den Diamond Approach

Der Diamond Approach wird durch Ridhwan-Lehrer verbreitet, die von der Ridhwan Foundation ausgebildet werden. Ridhwan-Lehrer sind auch Geistliche der Ridhwan Foundation. Sie werden vom DHAT Institut, dem pädagogischen Zweig der Ridhwan Foundation, in einem intensiven siebenjährigen Kursprogramm ausgebildet, das zusätzlich zu ihrer Arbeit und der Teilnahme als Schüler des Diamond Approach praktiziert wird. Der Prozess der Ordination stellt sicher, dass jeder Einzelne ein solides praktisches Verständnis des Diamond Approach und eine ausreichende Fähigkeit hat, ihn zu lehren, bevor er oder sie bevollmächtigt wird, als Ridhwan-Lehrer zu arbeiten.

Der Diamond Approach, so wie er in diesem Buch beschrieben wurde, wird in Gruppen und auch in privatem Rahmen überall in den Vereinigten Staaten, Kanada, Europa und Australien durch Ridhwan-Lehrer gelehrt. Wenn Sie Informationen über die verschiedenen Möglichkeiten haben wollen, diese Arbeit zu praktizieren, besuchen Sie bitte unsere Website **www.ridhwan.org**. Wenn Sie eine Gruppe in Ihrer Gegend aufbauen wollen, die von einem ordinierten Ridhwan-Lehrer geleitet werden soll, schreiben Sie bitte an:

Ridhwan Foundation
P.O. Box 10173
Berkeley, California 94709

Wenn Sie mehr Informationen über die Bücher von A. H. Almaas wünschen, gehen Sie bitte auf **www.ahalmaas.com**.